»Mein Schiller? Mein Schiller? Warum eigentlich? Und seit wann? Ich liebe Schiller, ich liebe ihn seit meiner Jugend, wenn nicht seit meiner Kindheit. Ich liebe den Dichter der Freiheit.

Ich schätze den engagierten Schriftsteller (übrigens gab es diesen Begriff damals noch nicht), ihn, der mit jeder seiner literarischen und philosophischen Arbeiten unbedingt etwas erreichen, etwas bewirken wollte.

Ich verehre den größten der deutschen Theaterautoren, ihn, dessen Dramen (und zwar ausnahmslos alle, von den *Räubern* bis zum *Wilhelm Tell*) mir zeigten, was die Bühne zu leisten imstande ist. Ich habe eine Schwäche für nicht wenige seiner geistreichen Gedichte, zumal für seine herrliche Ballade ›Die Kraniche des Ibycus‹, die ich nach wie vor von allen deutschen Balladen am meisten bewundere. Ähnlich wie seine Dramen machte sie mir die Möglichkeiten des Theaters bewußt. Schillers Aufsatz ›Die Schaubühne als eine moralische Anstalt betrachtet‹ entdeckte mir vollends den Sinn, die Aufgabe und die Bedeutung des Theaters.

Sein Werk hat mir die Augen geöffnet: Schiller war der erste Dichter, der mich in meiner frühen Jugend ahnen und vielleicht sogar begreifen ließ, daß Literatur Kritik der Gesellschaft ist, ja Kritik des Lebens. So wurde er mein Schiller.

Ich liebe Friedrich Schiller.« (Marcel Reich-Ranicki)

insel taschenbuch 3412
Marcel Reich-Ranicki
Mein Schiller

MARCEL REICH-RANICKI
MEIN SCHILLER

Insel Verlag

Einbandmotiv: Franz Gerhard von Kügelgen.
Friedrich von Schiller (Ausschnitt), 1808/09
Freies Deutsches Hochstift, Frankfurt am Main.
Foto: Ursula Edelmann

Alle Texte sind der Ausgabe Friedrich Schiller,
Werke und Briefe in zwölf Bänden,
Deutscher Klassiker Verlag Frankfurt am Main 1992 entnommen.

insel taschenbuch 3412
Originalausgabe
Erste Auflage 2009
© Insel Verlag Frankfurt am Main und Leipzig 2009
Vertrieb durch den Suhrkamp Taschenbuch Verlag
Satz: Jouve Germany, Kriftel
Druck: CPI – Ebner & Spiegel, Ulm
Printed in Germany
ISBN 978-3-458-35112-2

1 2 3 4 5 6 – 14 13 12 11 10 09

INHALT

DRAMA

MARCEL REICH-RANICKI
VORWORT

In Thomas Manns letztem großen Essay, im »Versuch über Schiller«, geschrieben 1955 zum 150. Todestag des Dichters, ist vom »großartigen Kindlichen« und vom »Ewig-Knabenhaften« in seinem Werk die Rede, ja sogar von der Lust am »höheren Indianerspiel«. Ich war überrascht und verblüfft.

Denn plötzlich verstand ich, warum ich vor langer Zeit, in meiner Jugend, wenn nicht noch früher, jedenfalls vor dem Krieg, von ihm, Friedrich Schiller aus Marbach in der schwäbischen Provinz, wortwörtlich verzaubert wurde.

Seitdem bewundere ich den Revolutionär, den Poeten der Freiheit, ich bewundere ihn immer noch. Ich schätze den Kämpfer mit der Feder, also den engagierten Schriftsteller (übrigens gab es diesen Begriff damals noch nicht). Ich verehre den Dichter, der mit jeder seiner literarischen, seiner philosophischen Arbeiten unbedingt etwas erreichen, etwas bewirken wollte.

Ich liebe den größten der deutschen Theaterautoren, ihn, der in seinen Dramen, von den »Räubern« bis zum »Wilhelm Tell«, niemals die Lust am Abenteuerlichen eingebüßt hat und der niemals vergaß, daß das Publikum – wie er selber provozierend sagte – das Vergnügen sucht, daß es vor allem unterhalten sein will. Was auf der Bühne geboten wird, soll »ein Spiel bleiben, aber ein poetisches«. Schiller zögerte nicht, klipp und klar zu behaupten: »Alle Kunst ist der Freude gewidmet, und es gibt keine höhere und keine ernsthaftere Aufgabe, als die Menschen zu beglücken.«

Ein Schiller-Lesebuch ohne seine Stücke – nein, das wäre undenkbar. Doch sind gerade die schönsten und die wichtigsten, die wir ihm verdanken, der »Don Carlos« und der »Wallenstein«, sehr umfangreich. Das ist erfreulich, aber es erschwert unsere Sache. Denn sie hätten unser Lesebuch gesprengt. Nun ist dem Dramatiker Schiller im Laufe der Zeit kein Unrecht geschehen: Alljährlich erinnert an seine Stücke das deutsche Theater und gelegentlich (viel zu selten) auch das deutsche Fernsehen. Was also tun? Es schien mir angemessen, mich für einen Kompromiß zu entscheiden: Ich habe in unser Lesebuch sein frühes und bis heute wohl erfolgreichstes Bühnenwerk, »Kabale und Liebe«, aufgenommen.

Schillers Rang und seine Bedeutung liegen ja in seinen Dramen. Aber er war auch ein vorzüglicher Geschichtenerzähler. Allerdings hat man zu seinen Lebzeiten für Geschichten nicht viel Sinn gehabt. Und als man ihren Reiz entdeckte, in der zweiten Hälfte des neunzehnten und am Anfang des zwanzigsten Jahrhunderts, da las man Autoren wie Gottfried Keller, Conrad Ferdinand Meyer, Theodor Storm oder Wilhelm Raabe und etwas später Thomas Mann oder Franz Kafka. Schillers Prosa galt schon als verstaubt.

Seine Kriminalerzählung »Verbrecher aus Infamie« und das Romanfragment »Der Geisterseher« sind inzwischen beinahe in Vergessenheit geraten, leider. Wir berücksichtigen hier den »Verbrecher aus Infamie«, müssen indes aus Umfanggründen auf den »Geisterseher« verzichten.

Etwas ungerecht scheint mir die übliche Beurteilung von Schillers Gedichten. Es sei, wurde oft gesagt, vornehmlich Gedankenlyrik, in der man mehr Gedanken als Lyrik finde. Das trifft schon zu. Doch hielt ich es für richtig und nötig, sie nicht ganz zu übergehen. Und die Balladen? Sie waren einst sehr populär, heute werden sie vorwiegend (und meist nicht freiwillig) von Schülern gelesen.

Aber ich will nicht verheimlichen, daß ich nach wie vor eine Schwäche für die »Kraniche des Ibycus« habe, die mir von allen deutschen Balladen am nächsten steht. Wenig später hat mir Schillers Aufsatz »Die Schaubühne als eine moralische Anstalt betrachtet« vollends den Sinn, die Aufgabe und die Bedeutung des Theaters entdeckt. Wer mir verübeln sollte, daß ich die Dramen etwas stiefmütterlich behandelt habe, der wird zugeben, daß dem Essayisten Schiller, einem der größten Essayisten in deutscher Sprache, mit gutem Grund nicht wenig Platz eingeräumt wurde.

Übertreibe ich, wenn ich jetzt sage, sein Werk habe mir in meiner Jugend die Augen geöffnet? Schiller war der erste Dichter, der mich ahnen und vielleicht auch begreifen ließ, daß Literatur Kritik der Gesellschaft ist, Kritik des Lebens. So wurde er mein Schiller.

GEDICHTE

AN DIE FREUDE

Freude, schöner Götterfunken,
  Tochter aus Elisium,
Wir betreten feuertrunken,
  Himmlische, dein Heiligtum.
Deine Zauber binden wieder,
  Was die Mode streng geteilt,
Alle Menschen werden Brüder,
  Wo dein sanfter Flügel weilt.

Chor
Seid umschlungen Millionen!
  Diesen Kuß der ganzen Welt!
  Brüder – überm Sternenzelt
Muß ein lieber Vater wohnen.

Wem der große Wurf gelungen,
  Eines Freundes Freund zu sein,
Wer ein holdes Weib errungen,
  Mische seinen Jubel ein!
Ja – wer auch nur eine Seele
  Sein nennt auf dem Erdenrund!
Und wer's nie gekonnt, der stehle
  Weinend sich aus diesem Bund!

Chor
Was den großen Ring bewohnet
  Huldige der Simpathie!
  Zu den Sternen leitet sie,
Wo der *Unbekannte* thronet.

Freude trinken alle Wesen
   An den Brüsten der Natur,
Alle Guten, alle Bösen
   Folgen ihrer Rosenspur.
Küsse gab sie *uns* und *Reben*,
   Einen Freund, geprüft im Tod,
Wollust ward dem Wurm gegeben,
   Und der Cherub steht vor Gott.

Chor
Ihr stürzt nieder, Millionen?
   Ahndest du den Schöpfer, Welt?
   Such ihn überm Sternenzelt,
Über Sternen muß er wohnen.

Freude heißt die starke Feder
   In der ewigen Natur.
Freude, Freude treibt die Räder
   In der großen Weltenuhr.
Blumen lockt sie aus den Keimen,
   Sonnen aus dem Firmament,
Sphären rollt sie in den Räumen,
   Die des Sehers Rohr nicht kennt.

Chor
Froh, wie seine Sonnen fliegen,
   Durch des Himmels prächt'gen Plan,
   Laufet Brüder eure Bahn,
Freudig wie ein Held zum siegen.

Aus der Wahrheit Feuerspiegel
   Lächelt *sie* den Forscher an.
Zu der Tugend steilem Hügel

Leitet *sie* des Dulders Bahn.
Auf des Glaubens Sonnenberge
Sieht man *ihre* Fahnen wehn,
Durch den Riß gesprengter Särge
Sie im Chor der Engel stehn.

Chor
Duldet mutig Millionen!
Duldet für die bess're Welt!
Droben überm Sternenzelt
Wird ein großer Gott belohnen.

Göttern kann man nicht vergelten,
Schön ist's ihnen gleich zu sein.
Gram und Armut soll sich melden,
Mit den Frohen sich erfreun.
Groll und Rache sei vergessen,
Unserm Todfeind sei verziehn.
Keine Träne soll ihn pressen,
Keine Reue nage ihn.

Chor
Unser Schuldbuch sei vernichtet!
Ausgesöhnt die ganze Welt!
Brüder – überm Sternenzelt
Richtet Gott, wie wir gerichtet.

Freude sprudelt in Pokalen,
In der Traube gold'nem Blut
Trinken Sanftmut Kannibalen,
Die Verzweiflung Heldenmut – –
Brüder fliegt von euren Sitzen,

Wenn der volle Römer kreist,
Laßt den Schaum zum Himmel spritzen:
Dieses Glas dem guten Geist!

Chor
Den der Sterne Wirbel loben,
   Den des Seraphs Hymne preist,
   Dieses Glas dem guten Geist,
Überm Sternenzelt dort oben!

Festen Mut in schwerem Leiden,
   Hülfe, wo die Unschuld weint,
Ewigkeit geschwor'nen Eiden,
   Wahrheit gegen Freund und Feind,
Männerstolz vor Königsthronen, –
   Brüder, gält es Gut und Blut –
Dem Verdienste seine Kronen,
   Untergang der Lügenbrut.

Chor
Schließt den heil'gen Zirkel dichter,
   Schwört bei diesem gold'nen Wein:
   Dem Gelübde treu zu sein,
Schwört es bei dem Sternenrichter!

WÜRDE DES MENSCHEN

Nichts mehr davon, ich bitt euch. Zu essen gebt ihm,
                                        zu wohnen,
  Habt ihr die Blöße bedeckt, gibt sich die Würde von selbst.

DIE TEILUNG DER ERDE

Da! Nehmt sie hin, die Welt! rief Zevs von seinen Höhen
　　Den Menschenkindern zu. Nehmt! Sie soll euer sein.
Euch schenk ich sie zum ewgen Lehen,
　　Doch teilt euch brüderlich darein!

Da griff, was Hände hatte, zu, sich einzurichten,
　　Es regte sich geschäftig Jung und Alt.
Der Ackermann griff nach des Feldes Früchten,
　　Der Junker birschte durch den Wald.

Der Kaufmann füllte hurtig sein Gewölb, die Scheune
　　Der Fermier, das Faß der Seelenhirt,
Der König sagte: Jeglichem das Seine:
　　Und mein ist – was geerntet wird!

Ganz spät erschien, nachdem die Teilung längst geschehen,
　　Auch der Poet, (er kam aus weiter Fern)
Ach! Da war überall nichts mehr zu sehen,
　　Und alles hatte seinen Herrn.

»Weh mir! So soll denn ich allein von allen
　　Vergessen sein, ich dein getreuster Sohn!«
So ließ er laut der Klage Ruf erschallen,
　　Und warf sich hin vor Jovis Thron.

Wenn du zu lang dich in der Träume Land verweilet,
　　Antwortete der Gott, so hadre nicht mit mir.
Wo warst du denn, als man die Welt geteilet?
　　»Ich war, sprach der Poet, bei dir.«

»Mein Auge hing an deinem Strahlenangesichte,
   An deines Himmels Harmonie mein Ohr,
Verzeih dem Geiste, der von deinem Lichte
   Berauscht, das Irdische verlor!«

Was kann ich tun, spricht Zevs. Die Welt ist weggegeben,
   Der Herbst, die Jagd, der Markt ist nicht mehr mein.
Willst du in meinem Himmel mit mir leben?
   So oft du kommst, er soll dir offen sein.

DIE KRANICHE DES IBYCUS
Ballade

Zum Kampf der Wagen und Gesänge,
Der auf Corinthus Landesenge
Der Griechen Stämme froh vereint,
Zog Ibycus, der Götterfreund.
Ihm schenkte des Gesanges Gabe,
Der Lieder süßen Mund Apoll,
So wandert' er, an leichtem Stabe,
Aus Rhegium, des Gottes voll.

Schon winkt auf hohem Bergesrücken
Acrocorinth des Wandrers Blicken,
Und in Poseidons Fichtenhain
Tritt er mit frommem Schauder ein.
Nichts regt sich um ihn her, nur Schwärme
Von Kranichen begleiten ihn,
Die fernhin nach des Südens Wärme
In graulichtem Geschwader ziehn.

»Seid mir gegrüßt, befreundte Scharen!
Die mir zur See Begleiter waren,
Zum guten Zeichen nehm ich euch,
Mein Los, es ist dem euren gleich.
Von fernher kommen wir gezogen,
Und flehen um ein wirtlich Dach.
Sei uns der Gastliche gewogen,
Der von dem Fremdling wehrt die Schmach!«

Und munter fördert er die Schritte,
Und sieht sich in des Waldes Mitte,
Da sperren, auf gedrangem Steg,
Zwei Mörder plötzlich seinen Weg.
Zum Kampfe muß er sich bereiten,
Doch bald ermattet sinkt die Hand,
Sie hat der Leier zarte Saiten,
Doch nie des Bogens Kraft gespannt.

Er ruft die Menschen an, die Götter,
Sein Flehen dringt zu keinem Retter,
Wie weit er auch die Stimme schickt,
Nichts lebendes wird hier erblickt.
»So muß ich hier verlassen sterben,
Auf fremdem Boden, unbeweint,
Durch böser Buben Hand verderben,
Wo auch kein Rächer mir erscheint!«

Und schwer getroffen sinkt er nieder,
Da rauscht der Kraniche Gefieder,
Er hört, schon kann er nicht mehr sehn,
Die nahen Stimmen furchtbar krähn.
»Von euch ihr Kraniche dort oben!
Wenn keine andre Stimme spricht,
Sei meines Mordes Klag' erhoben!«
Er ruft es, und sein Auge bricht.

Der nackte Leichnam wird gefunden,
Und bald, obgleich entstellt von Wunden,
Erkennt der Gastfreund in Corinth,
Die Züge, die ihm teuer sind.
»Und muß ich so dich wiederfinden,
Und hoffte mit der Fichte Kranz

Des Sängers Schläfe zu umwinden,
Bestrahlt von seines Ruhmes Glanz!«

Und jammernd hören's alle Gäste,
Versammelt bei Poseidons Feste,
Ganz Griechenland ergreift der Schmerz,
Verloren hat ihn jedes Herz,
Und stürmend drängt sich zum Prytanen
Das Volk, es fodert seine Wut,
Zu rächen des Erschlag'nen Manen,
Zu sühnen mit des Mörders Blut.

Doch wo die Spur, die aus der Menge,
Der Völker flutendem Gedränge,
Gelocket von der Spiele Pracht,
Den schwarzen Täter kenntlich macht?
Sind's Räuber, die ihn feig erschlagen?
Tat's neidisch ein verborgner Feind?
Nur Helios vermag's zu sagen,
Der alles Irdische bescheint.

Er geht vielleicht mit frechem Schritte
Jetzt eben durch der Griechen Mitte,
Und während ihn die Rache sucht,
Genießt er seines Frevels Frucht.
Auf ihres eignen Tempels Schwelle
Trotzt er vielleicht den Göttern, mengt
Sich dreist in jene Menschenwelle,
Die dort sich zum Theater drängt.

Denn Bank an Bank gedränget sitzen,
Es brechen fast der Bühne Stützen,
Herbeigeströmt von Fern und Nah,

Der Griechen Völker wartend da,
Dumpfbrausend wie des Meeres Wogen,
Von Menschen wimmelnd, wächst der Bau,
In weiter stets geschweiftem Bogen
Hinauf bis in des Himmels Blau.

Wer zählt die Völker, nennt die Namen,
Die gastlich hier zusammen kamen?
Von Theseus Stadt, von Aulis Strand,
Von Phocis, vom Spartanerland,
Von Asiens entlegner Küste,
Von allen Inseln kamen sie,
Und horchen von dem Schaugerüste
Des *Chores* grauser Melodie,

Der streng und ernst, nach alter Sitte,
Mit langsam abgemeßnem Schritte,
Hervortritt aus dem Hintergrund,
Umwandelnd des Theaters Rund.
So schreiten keine ird'schen Weiber,
Die zeugete kein sterblich Haus!
Es steigt das Riesenmaß der Leiber
Hoch über menschliches hinaus.

Ein schwarzer Mantel schlägt die Lenden,
Sie schwingen in entfleischten Händen
Der Fackel düsterrote Glut,
In ihren Wangen fließt kein Blut.
Und wo die Haare lieblich flattern,
Um Menschenstirnen freundlich wehn,
Da sieht man Schlangen hier und Nattern
Die giftgeschwollnen Bäuche blähn.

Und schauerlich gedreht im Kreise,
Beginnen sie des Hymnus Weise,
Der durch das Herz zerreißend dringt,
Die Bande um den Sünder schlingt.
Besinnungraubend, Herzbetörend
Schallt der Erinnyen Gesang,
Er schallt, des Hörers Mark verzehrend,
Und duldet nicht der Leier Klang:

»Wohl dem, der frei von Schuld und Fehle
Bewahrt die kindlich reine Seele!
Ihm dürfen wir nicht rächend nahn,
Er wandelt frei des Lebens Bahn.
Doch wehe wehe, wer verstohlen
Des Mordes schwere Tat vollbracht,
Wir heften uns an seine Sohlen,
Das furchtbare Geschlecht der Nacht!

Und glaubt er fliehend zu entspringen,
Geflügelt sind wir da, die Schlingen
Ihm werfend um den flücht'gen Fuß,
Daß er zu Boden fallen muß.
So jagen wir ihn, ohn' Ermatten,
Versöhnen kann uns keine Reu,
Ihn fort und fort bis zu den Schatten,
Und geben ihn auch dort nicht frei.«

So singend tanzen sie den Reigen,
Und Stille wie des Todes Schweigen
Liegt über'm ganzen Hause schwer,
Als ob die Gottheit nahe wär'.
Und feierlich, nach alter Sitte
Umwandelnd des Theaters Rund,

Mit langsam abgemeßnem Schritte,
Verschwinden sie im Hintergrund.

Und zwischen Trug und Wahrheit schwebet
Noch zweifelnd jede Brust und bebet,
Und huldiget der furchtbar'n Macht,
Die richtend im Verborg'nen wacht,
Die unerforschlich, unergründet,
Des Schicksals dunkeln Knäuel flicht,
Dem tiefen Herzen sich verkündet,
Doch fliehet vor dem Sonnenlicht.

Da hört man auf den höchsten Stufen
Auf einmal eine Stimme rufen:
»Sieh da! Sieh da, Timotheus,
Die Kraniche des Ibycus!« –
Und finster plötzlich wird der Himmel,
Und über dem Theater hin,
Sieht man, in schwärzlichtem Gewimmel
Ein Kranichheer vorüberziehn.

»Des Ibycus!« – Der teure Name
Rührt jede Brust mit neuem Grame,
Und, wie im Meere Well auf Well,
So läuft's von Mund zu Munde schnell:
»Des Ibycus, den wir beweinen,
Den eine Mörderhand erschlug!
Was ist's mit dem? Was kann er meinen?
Was ist's mit diesem Kranichzug?« –

Und lauter immer wird die Frage,
Und ahnend flieg'ts, mit Blitzesschlage,
Durch alle Herzen. »Gebet acht!

Das ist der Eumeniden Macht!
Der fromme Dichter wird gerochen,
Der Mörder bietet selbst sich dar!
Ergreift ihn, der das Wort gesprochen,
Und ihn, an den's gerichtet war.«

Doch dem war kaum das Wort entfahren,
Möcht' er's im Busen gern bewahren;
Umsonst, der schreckenbleiche Mund
Macht schnell die Schuldbewußten kund.
Man reißt und schleppt sie vor den Richter,
Die Szene wird zum Tribunal,
Und es gestehn die Bösewichter,
Getroffen von der Rache Strahl.

NÄNIE

Auch das Schöne muß sterben! Das Menschen und Götter
bezwinget,
  Nicht die eherne Brust rührt es des stygischen Zeus.
Einmal nur erweichte die Liebe den Schattenbeherrscher,
  Und an der Schwelle noch, streng, rief er zurück sein
Geschenk.
Nicht stillt Afrodite dem schönen Knaben die Wunde,
  Die in den zierlichen Leib grausam der Eber geritzt.
Nicht errettet den göttlichen Held die unsterbliche Mutter,
  Wann er, am skäischen Tor fallend, sein Schicksal erfüllt.
Aber sie steigt aus dem Meer mit allen Töchtern des Nereus,
  Und die Klage hebt an um den verherrlichten Sohn.
Siehe! Da weinen die Götter, es weinen die Göttinnen alle,
  Daß das Schöne vergeht, daß das Vollkommene stirbt.
Auch ein Klaglied zu sein im Mund der Geliebten ist herrlich,
  Denn das Gemeine geht klanglos zum Orkus hinab.

ERZÄHLUNG

VERBRECHER AUS INFAMIE

EINE WAHRE GESCHICHTE

Die Heilkunst und Diätetik, wenn die Ärzte aufrichtig sein wollen, haben ihre besten Entdeckungen und heilsamsten Vorschriften vor Kranken- und Sterbe-Betten gesammelt. Leichenöffnungen, Hospitäler und Narrenhäuser haben das helleste Licht in der Physiologie angezündet. Die Seelenlehre, die Moral, die gesetzgebende Gewalt sollten billig diesem Beispiel folgen, und ähnlicherweise aus Gefängnissen, Gerichtshöfen und Kriminalakten – den Sektionsberichten des Lasters – sich Belehrungen holen.

In der ganzen Geschichte des Menschen ist kein Kapitel unterrichtender für Herz und Geist, als die Annalen seiner Verirrungen. Bei jedem großen Verbrechen war eine verhältnismäßig große Kraft in Bewegung. Wenn sich das geheime Spiel der Begehrungskraft bei dem matteren Licht gewöhnlicher Affekte versteckt, so wird es im Zustand gewaltsamer Leidenschaft desto hervorspringender, koloßalischer, lauter; der feinere Menschenforscher welcher weiß, wie viel man auf die Mechanik der menschlichen Freiheit eigentlich rechnen darf, und wie weit es erlaubt ist, analogisch zu schließen, wird manche Erfahrung aus diesem Gebiete in seine Seelenlehre herübertragen, und für das sittliche Leben verarbeiten.

Es ist etwas so einförmiges, und doch wieder so zusammengesetztes, das menschliche Herz. Eine und eben dieselbe Fertigkeit oder Begierde kann in tausenderlei Formen und Richtungen spielen, kann tausend widersprechende Phänomene bewirken, kann in tausend Charakteren anders gemischt erscheinen, und tausend ungleiche Charaktere und Handlungen können wieder aus einerlei Neigung gesponnen sein, wenn auch der Mensch, von welchem die Rede ist, nichts weniger denn eine solche Verwandtschaft ahndet. Stünde einmal, wie für die übrigen Reiche der Natur, auch für das Menschengeschlecht ein Linnäus auf, welcher nach Trieben und Neigungen klassifizierte, wie sehr würde man erstaunen, wenn man so manchen, dessen Laster in einer engen bürgerlichen Sphäre, und in der schmalen Umzäunung der Gesetze jetzt ersticken muß, mit dem Ungeheuer *Borgia* in einer Ordnung beisammen fände, vielleicht mit besserem Grunde beisammen fände, als der Ritter gehabt hat, den eßbaren und giftigen Schwamm in *Eine* Klasse zu werfen.

Von dieser Seite betrachtet, läßt sich manches gegen die gewöhnliche Behandlung der Geschichte einwenden, und hier, vermute ich, liegt auch die Schwierigkeit, warum das Studium derselben für das bürgerliche Leben noch immer so fruchtlos geblieben. Zwischen der heftigen Gemütsbewegung des handelnden Menschen, und der ruhigen Stimmung des Lesers, welchem diese Handlung vorgelegt wird, herrscht ein so widriger Kontrast, liegt ein so breiter Zwischenraum, daß es dem letztern schwer, ja unmöglich wird, einen Zusammenhang nur zu ahnden. Es bleibt eine Lücke zwischen dem historischen Subjekt und dem Leser, die alle Möglichkeit einer Vergleichung oder Anwendung abschneidet, und statt jenes heilsamen Schreckens, der die stolze Gesundheit warnet, ein Kopfschütteln der Befremdung erweckt. Wir sehen den Unglücklichen, der doch in eben der Stunde, wo er die Tat beging, so wie in der, wo er dafür büßet, Mensch war wie wir, für ein Geschöpf fremder Gattung an, dessen Blut anders umläuft, als das unsrige, dessen Wille andern Regeln gehorcht, als der unsrige; seine Schicksale rühren uns wenig, denn Rührung gründet sich ja nur auf ein dunkles Bewußtsein ähnlicher Gefahr, und wir sind weit entfernt eine solche

Ähnlichkeit auch nur zu träumen. Die Belehrung geht mit der Beziehung verloren, und die Geschichte, anstatt eine Schule der Bildung zu sein, muß sich mit einem armseligen Verdienste um unsre Neugier begnügen. Soll sie uns mehr sein und ihren großen Zirkel umreichen, so muß sie notwendig unter diesen beiden Methoden wählen – Entweder der Leser muß warm werden wie der Held, oder der Held wie der Leser erkalten.

Ich weiß, daß von den besten Geschichtschreibern neuerer Zeit und des Altertums manche sich an die erste Methode gehalten, und das Herz ihres Lesers durch hinreißenden Vortrag bestochen haben. Aber diese Manier ist eine Usurpation des Schriftstellers und beleidigt die republikanische Freiheit des lesenden Publikums, dem es zukömmt, selbst zu Gericht zu sitzen; sie ist zugleich eine Verletzung der Grenzengerechtigkeit, denn diese Methode gehört ausschließend und eigentümlich dem Redner und Dichter. Dem Geschichtschreiber bleibt nur die letztere übrig.

Der Held muß kalt werden wie der Leser, oder, was hier eben soviel sagt, wir müssen mit ihm bekannt werden, *eh'* er handelt, wir müssen ihn seine Handlung nicht bloß *vollbringen*, sondern auch *wollen* sehen. An seinen Gedanken liegt uns unendlich mehr, als an seinen Taten, und noch weit mehr an den Quellen dieser Gedanken, als an den Folgen jener Taten. Man hat das Erdreich des Vesuvs untersucht, sich die Entstehung seines Brandes zu erklären, warum schenkt man einer moralischen Erscheinung weniger Aufmerksamkeit als einer physischen? Warum achtet man nicht in eben dem Grade auf die Beschaffenheit und Stellung der Dinge welche einen solchen Menschen umgaben, bis der gesammelte Zunder in seinem innwendigen Feuer fing? Den Träumer, der das Wunderbare liebt, reizt eben das seltsame und abenteuerliche einer solchen Erscheinung; der Freund der Wahrheit sucht eine

Mutter zu diesen verlorenen Kindern. Er sucht sie in der *unveränderlichen* Struktur der menschlichen Seele, und in den *veränderlichen* Bedingungen, welche sie von außen bestimmten, und in diesen beiden findet er sie gewiß. Ihn überrascht es nun nicht mehr, in dem nämlichen Beete, wo sonst überall heilsame Kräuter blühen, auch den giftigen Schierling gedeihen zu sehen, Weisheit und Torheit, Laster und Tugend in *einer* Wiege beisammen zu finden.

Wie manches Mädchen von feiner Erziehung würde seine Unschuld gerettet haben, wenn es früher gelernt hätte, seine gefallene Schwestern in den Häusern der Freude minder lieblos zu richten! Wie manche Familie, von einem elenden Hirngespinnst politischer Ehre zu Grund gerichtet, würde noch blühen, wenn sie den Baugefangenen, der seine Verschwendung zu büßen die Gassen säubert, um seine Lebensgeschichte hätte befragen wollen! Wenn ich auch keinen der Vorteile hier in Anschlag bringe, welche die Seelenkunde aus einer solchen Behandlungsart der Geschichte zieht, so behält sie schon allein darum den Vorzug, weil sie den grausamen Hohn und die stolze Sicherheit ausrottet, womit gemeiniglich die ungeprüfte aufrechtstehende Tugend auf die gefallne herunter blickt, weil sie den sanften Geist der Duldung verbreitet, ohne welchen kein Flüchtling zurückkehrt, keine Aussöhnung des Gesetzes mit seinem Beleidiger statt findet, kein angestecktes Glied der Gesellschaft von dem gänzlichen Brande gerettet wird.

Ob der Verbrecher, von dem ich jetzt sprechen werde, auch noch ein Recht gehabt hätte, an jenen Geist der Duldung zu appellieren? ob er wirklich ohne Rettung für den Körper des Staats verloren war? – Ich will dem Ausspruch des Lesers nicht vorgreifen. Unsre Gelindigkeit fruchtet ihm nichts mehr, denn er starb durch des Henkers Hand – aber die Leichenöffnung seines Lasters unterrichtet vielleicht die Menschheit, und – es ist möglich, auch die Gerechtigkeit.

Christian Wolf war der Sohn eines Gastwirts in einer ... schen Landstadt (deren Namen man, aus Gründen die sich in der Folge aufklären, verschweigen mußte) und half seiner Mutter, denn der Vater war tot, bis in sein zwanzigstes Jahr die Wirtschaft besorgen. Die Wirtschaft war schlecht, und Wolf hatte müßige Stunden. Schon von der Schule her war er für einen losen Buben bekannt. Erwachsene Mädchen führten Klage über seine Frechheit, und die Jungen des Städtgens huldigten seinem erfindrischen Kopfe. Die Natur hatte seinen Körper verabsäumt. Eine kleine unscheinbare Figur, krauses Haar von einer unangenehmen Schwärze, eine plattgedrückte Nase und eine geschwollene Oberlippe, welche noch überdies durch den Schlag eines Pferdes aus ihrer Richtung gewichen war, gaben seinem Anblick eine Widrigkeit, welche alle Weiber von ihm zurückscheuchte, und dem Witz seiner Kameraden eine reichliche Nahrung bot. Die Verachtung seiner Person hatte früh seinen Stolz verwundet, und zündete endlich einen schleichenden Unmut in seinem Herzen an, welcher nie mehr erloschen ist.

Er wollte ertrotzen, was ihm verweigert war; weil er mißfiel, setzte er sich vor zu gefallen. Er war sinnlich, und beredete sich daß er liebe. Das Mädchen das er wählte, mißhandelte ihn, er hatte Ursache zu fürchten, daß seine Nebenbuhler glücklicher wären; doch das Mädchen war arm. Ein Herz, das seinen Beteurungen verschlossen blieb, öffnete sich vielleicht seinen Geschenken, aber ihn selbst drückte Mangel, und der eitle Versuch, seine Außenseite gelten zu machen, verschlang vollends das wenige, was er durch eine schlechte Wirtschaft erwarb. Zu bequem und zu unwissend, seinem zerrütteten Hauswesen durch Spekulation aufzuhelfen, zu stolz, auch zu weichlich den Herrn der er bisher gewesen war, mit dem Bauer zu vertauschen, und seiner angebeteten Freiheit zu entsagen, sah er nur einen Ausweg vor sich – den tausende vor ihm und nach ihm mit besserem Glücke ergriffen haben – den Ausweg *honett* zu *stehlen*. Seine Vaterstadt grenzte an eine landesherrliche Waldung, er wurde Wilddieb, und der Ertrag seines Raubes wanderte treulich in die Hände seiner Geliebten.

Unter den Liebhabern Hannchens war *Robert*, ein Jägerbursche des Försters. Frühzeitig merkte dieser den Vorteil, den die Freigebigkeit seines Nebenbuhlers über ihn gewonnen hatte, und mit Scheelsucht forschte er nach den Quellen dieser Veränderung. Er zeigte sich fleißiger in der *Sonne* – dies war das Schild zu dem Wirtshaus – sein laurendes Auge von Eifersucht und Neide geschärft, entdeckte ihm bald, woher dieses Geld floß. Nicht lange vorher war ein strenges Edikt gegen die Wildschützen erneuert worden, welches den Übertreter zum Zuchthaus verdammte. Robert war unermüdet, die geheimen Gänge seines Feinds zu beschleichen, endlich gelang es ihm auch, den Unbesonnenen über der Tat zu ergreifen. Wolf wurde eingezogen, und nur mit Aufopferung seines ganzen Vermögens brachte er es mühsam dahin, die zuerkannte Strafe durch eine Geldbuße abzuwenden.

Robert triumphierte. Sein Nebenbuhler war aus dem Felde geschlagen, und Hannchens Gunst für den Bettler verloren. Wolf kannte seinen Feind, und dieser Feind war der glückliche Besitzer seiner Johanne. Drückendes Gefühl des Mangels gesellte sich zu beleidigtem Stolze, Not und Eifersucht stürmen vereinigt auf seine Empfindlichkeit ein, der Hunger treibt ihn hinaus in die weite Welt, Rache und Leidenschaft halten ihn fest. Er wird zum zweitenmal Wilddieb, aber Roberts verdoppelte Wachsamkeit überlistet ihn zum zweitenmal wieder. Jetzt erfährt er die ganze Schärfe des Gesetzes: denn er hat nichts mehr zu geben, und in wenigen Wochen wird er in das Zuchthaus der Residenz abgeliefert.

Das Strafjahr war überstanden, seine Leidenschaft durch

die Entfernung gewachsen, und sein Trotz unter dem Gewicht des Unglücks gestiegen. Kaum erlangt er die Freiheit, so eilt er nach seinem Geburtsort, sich seiner Johanne zu zeigen. Er erscheint: man flieht ihn. Die dringende Not hat endlich seinen Hochmut gebeugt, und seine Weichlichkeit überwunden – er bietet sich den Reichen des Orts an, und will für den Taglohn dienen. Der Bauer zuckt über den schwachen Zärtling die Achsel; der derbe Knochenbau seines handfesten Mitbewerbers sticht ihn bei diesem fühllosen Gönner aus. Er wagt einen letzten Versuch. *Ein* Amt ist noch ledig, der äußerste verlorne Posten des ehrlichen Namens – er meldet sich zum Hirten des Städtgens, aber der Bauer will seine Schweine keinem Taugenichts anvertrauen. In allen Entwürfen getäuscht, an allen Orten zurückgewiesen, wird er zum drittenmal Wilddieb, und zum drittenmal trifft ihn das Unglück seinem wachsamen Feind in die Hände zu fallen.

Der doppelte Rückfall hatte seine Verschuldung erschwert. Die Richter sahen in das Buch der Gesetze, aber nicht *einer* in die Gemütsfassung des Beklagten. Das Mandat gegen die Wilddiebe bedurfte einer solennen und exemplarischen Genugtuung, und Wolf ward verurteilt, das Zeichen des Galgens auf den Rücken gebrannt, drei Jahre auf der Festung zu arbeiten.

Auch diese Periode verlief, und er ging von der Festung – aber ganz anders, als er dahin gekommen war. Hier fängt eine neue Epoche in seinem Leben an; man höre ihn selbst, wie er nachher gegen seinen geistlichen Beistand, und vor Gerichte bekannt hat: »Ich betrat die Festung, sagte er, als ein Verirrter, und verließ sie als ein Lotterbube. Ich hatte noch etwas in der Welt gehabt das mir teuer war, und mein Stolz krümmte sich unter der Schande. Wie ich auf die Festung gebracht war, sperrte man mich zu drei und zwanzig Gefangenen ein, unter denen zwei Mörder, und die übrigen alle berüchtigte Diebe

und Vagabunden waren. Man verhöhnte mich, wenn ich von
Gott sprach, und setzte mir zu, schändliche Lästerungen gegen den Erlöser zu sagen. Man sang mir Hurenlieder vor, die
ich, ein lüderlicher Bube, nicht ohne Ekel und Entsetzen
hörte, aber was ich ausüben sah, empörte meine Schamhaftig-
keit noch mehr. Kein Tag verging, wo nicht irgend ein
schändlicher Lebenslauf wiederholt, irgend ein schlimmer
Anschlag geschmiedet ward. Anfangs floh ich dieses Volk,
und verkroch mich vor ihren Gesprächen, so gut mirs möglich
war, aber ich brauchte ein Geschöpf, und die Barbarei meiner
Wächter hatte mir auch meinen Hund abgeschlagen. Die Arbeit war hart und tirannisch, mein Körper kränklich, ich
brauchte Beistand, und wenn ichs aufrichtig sagen soll, ich
brauchte Bedaurung, und diese mußte ich mit dem letzten
Überrest meines Gewissens erkaufen. So gewöhnte ich mich
endlich an das abscheulichste, und im letzten Vierteljahr hatte
ich meine Lehrmeister übertroffen.

   Von jetzt an lechzte ich nach dem Tag meiner Freiheit, wie
ich nach Rache lechzte. Alle Menschen hatten mich beleidigt,
denn alle waren besser und glücklicher als ich. Ich betrachtete
mich als den Märtyrer des natürlichen Rechts, und als ein
Schlachtopfer der Gesetze. Zähneknirschend rieb ich meine
Ketten, wenn die Sonne hinter meinem Festungsberg herauf-
kam, eine weite Aussicht ist zwiefache Hölle für einen Gefangenen. Der freie Zugwind der durch die Luftlöcher meines
Turmes pfeifte, und die Schwalbe die sich auf dem eisernen
Stab meines Gitters niederließ, schienen mich mit ihrer Freiheit zu necken, und machten mir meine Gefangenschaft desto
gräßlicher. Damals gelobte ich unversöhnlichen glühenden
Haß allem was dem Menschen gleicht, und was ich gelobte,
hab ich redlich gehalten.

   Mein erster Gedanke, sobald ich mich frei sah, war meine
Vaterstadt. So wenig auch für meinen künftigen Unterhalt da

zu hoffen war, so viel versprach sich mein Hunger nach Rache. Mein Herz klopfte wilder, als der Kirchturm von weitem aus dem Gehölze stieg. Es war nicht mehr das herzliche Wohlbehagen, wie ichs bei meiner ersten Wallfahrt empfunden hatte – Das Andenken alles Ungemachs, aller Verfolgungen die ich dort einst erlitten hatte, erwachte mit einemmal aus einem schrecklichen Todesschlaf, alle Wunden bluteten wieder, alle Narben gingen auf. Ich verdoppelte meine Schritte, denn es erquickte mich im voraus, meine Feinde durch meinen plötzlichen Anblick in Schrecken zu setzen, und ich dürstete jetzt eben so sehr nach neuer Erniedrigung, als ich ehmals davor gezittert hatte.

Die Glocken lauteten zur Vesper, als ich mitten auf dem Markte stand. Die Gemeine wimmelte zur Kirche. Man erkannte mich schnell, jedermann der mir aufstieß, trat scheu zurück. Ich hatte von jeher die kleinen Kinder sehr lieb gehabt, und auch jetzt übermannte michs unwillkürlich, daß ich einem Knaben, der neben mir vorbeihüpfte, einen Groschen bot. Der Knabe sah mich einen Augenblick starr an, und warf mir den Groschen ins Gesichte. Wäre mein Blut nur etwas ruhiger gewesen, so hätte ich mich erinnert, daß der Bart den ich noch von der Festung mitbrachte, meine Gesichtszüge bis zum gräßlichen entstellte – aber mein böses Herz hatte meine Vernunft angesteckt. Tränen, wie ich sie nie geweint hatte, liefen über meine Backen.

Der Knabe weiß nicht wer ich bin noch woher ich komme, sagte ich halb laut zu mir selbst, und doch meidet er mich, wie ein schändliches Tier. Bin ich denn irgendwo auf der Stirne gezeichnet, oder habe ich aufgehört, einem Menschen ähnlich zu sehen, weil ich fühle, daß ich keinen mehr lieben kann? – Die Verachtung dieses Knaben schmerzte mich bitterer, als dreijähriger Galliotendienst, denn ich hatte ihm Gutes getan, und konnte *ihn* keines persönlichen Hasses beschuldigen.

Ich setzte mich auf einen Zimmerplatz, der Kirche gegenüber, was ich eigentlich wollte, weiß ich nicht; doch ich weiß noch, daß ich mit Erbitterung aufstand, als von allen meinen vorübergehenden Bekannten keiner mich nur eines Grußes gewürdigt hatte, auch nicht einer. Unwillig verließ ich meinen Standort, eine Herberge aufzusuchen; als ich an der Ecke einer Gasse umlenkte, rannte ich gegen meine Johanne. Sonnenwirt! schrie sie laut auf, und machte eine Bewegung mich zu umarmen, »Du wieder da, lieber Sonnenwirt, Gott sei Dank, daß du wiederkömmst!« Hunger und Elend sprach aus ihrer Bedeckung, eine schändliche Krankheit aus ihrem Gesichte, ihr Anblick verkündigte die verworfenste Kreatur, zu der sie erniedrigt war. Ich ahndete schnell, was hier geschehen sein möchte, einige fürstliche Dragoner, die mir eben begegnet waren, ließen mich erraten, daß Garnison in dem Städtchen lag. »Soldatendirne!« rief ich, und drehte ihr lachend den Rücken zu. Es tat mir wohl, daß noch *ein* Geschöpf *unter* mir war im Rang der Lebendigen. Ich hatte sie niemals geliebt.

Meine Mutter war tot. Mit meinem kleinen Hause hatten sich meine Kreditoren bezahlt gemacht. Ich hatte niemand und nichts mehr. Alle Welt floh mich wie einen Giftigen, aber ich hatte endlich verlernt mich zu schämen. Vorher hatte ich mich dem Anblick der Menschen entzogen, weil Verachtung mir unerträglich war. Jetzt drang ich mich auf, und ergötzte mich sie zu verscheuchen. Es war mir wohl, weil ich nichts mehr zu verlieren, und nichts mehr zu hüten hatte. Ich brauchte keine gute Eigenschaft mehr, weil man keine mehr bei mir vermutete. Man ließ mich Schandtaten büßen, die ich noch nicht begangen hatte; ich hatte noch schlechte Streiche bei dem Menschengeschlecht gut, weil ich im voraus dafür gelitten hatte. Meine Infamie war das niedergelegte Kapital, von dessen Zinsen ich noch lange Zeit schwelgen konnte.

Die ganze Welt stand mir offen, ich hätte vielleicht in einer

fremden Provinz für einen ehrlichen Mann gegolten, aber ich
hatte den Mut verloren, es auch nur zu scheinen. Verzweiflung
und Schande hatten mir endlich diese Sinnesart aufgezwun-
gen. Es war die letzte Ausflucht die mir übrig war, die *Ehre*
entbehren zu lernen, weil ich an keine mehr Anspruch machen durfte. Hätten meine Eitelkeit und mein Stolz meine
Infamie erlebt, so hätte ich mich selber entleiben müssen.

Was ich nunmehr eigentlich beschlossen hatte, war mir
selber noch unbekannt. Ich wollte Böses tun, soviel erinnere
ich mich noch dunkel. Ich wollte mein Schicksal verdienen.
Die Gesetze, meinte ich, wären Wohltaten für die Welt, also
faßte ich den Vorsatz, sie zu verletzen; ehmals hatte ich aus
Notwendigkeit und *Leichtsinn* gesündigt, jetzt tat ichs aus freier Wahl zu meinem Vergnügen.

Mein erstes war, daß ich mein Wildschießen fortsetzte. Die
Jagd überhaupt war mir nach und nach zur Leidenschaft geworden, und außerdem mußte ich ja leben. Aber dies war es
nicht allein; es kitzelte mich das fürstliche Edikt zu verhöhnen
und meinem Landesherrn nach allen Kräften zu schaden.
Ergriffen zu werden, besorgte ich nicht mehr, denn jetzt hatte
ich eine Kugel für meinen Entdecker bereit, und das wußte
ich, daß mein Schuß seinen Mann nicht fehlte. Ich erlegte
alles Wild das mir aufstieß, nur weniges machte ich auf der
Grenze zu Gelde, das meiste ließ ich verwesen. Ich lebte küm-
merlich, um nur den Aufwand an Blei und Pulver zu bestrei-
ten. Meine Verheerungen in der großen Jagd wurden rucht-
bar, aber mich drückte kein Verdacht mehr. Mein Anblick
löschte ihn aus. Mein Name war vergessen.

Diese Lebensart trieb ich mehrere Monate. Eines Morgens
hatte ich nach meiner Gewohnheit das Holz durchstrichen,
die Fährte eines Hirsches zu verfolgen. Zwei Stunden hatte ich
mich vergeblich ermüdet, und schon fing ich an, meine Beute
verloren zu geben, als ich sie auf einmal in schußgerechter

Entfernung entdecke. Ich will anschlagen und abdrücken –
aber plötzlich erschröckt mich der Anblick eines Hutes, der
wenige Schritte vor mir auf der Erde liegt. Ich forsche genauer,
und erkenne den Jäger Robert, der hinter dem dicken Stamm
einer Eiche auf eben das Wild anschlägt, dem ich den Schuß
bestimmt hatte. Eine tödliche Kälte fährt bei diesem Anblick
durch meine Gebeine. Just das war der Mensch, den ich unter
allen lebendigen Dingen am gräßlichsten haßte, und dieser
Mensch war in die Gewalt meiner Kugel gegeben. In diesem
Augenblick dünkte michs, als ob die ganze Welt in meinem
Flintenschuß läge, und der Haß meines ganzen Lebens in die
einzige Fingerspitze sich zusammendrängte, womit ich den
mördrischen Druck tun sollte. Eine unsichtbare fürchterliche
Hand schwebte über mir, der Stunden-Weiser meines Schicksals zeigte unwiderruflich auf diese schwarze Minute. Der
Arm zitterte mir, da ich meiner Flinte die schreckliche Wahl
erlaubte – meine Zähne schlugen zusammen wie im Fieber-
frost, und der Odem sperrte sich erstickend in meiner Lunge.
Eine Minute lang blieb der Lauf meiner Flinte ungewiß zwischen dem Menschen und dem Hirsch mitten inne schwan-
ken – eine Minute – und noch eine – und wieder eine. Rache
und Gewissen rangen hartnäckig und zweifelhaft, aber die
Rache gewanns, und der Jäger lag tot am Boden.

Mein Gewehr fiel mit dem Schusse ... *Mörder* ... stam-
melte ich langsam – der Wald war still wie ein Kirchhof – ich
hörte deutlich, daß ich *Mörder* sagte. Als ich näher schlich,
starb der Mann. Lange stand ich sprachlos vor dem Toten, ein
helles Gelächter endlich machte mir Luft. »Wirst du jetzt
reinen Mund halten, guter Freund!« sagte ich, und trat keck
hin, indem ich zugleich das Gesicht des Ermordeten auswärts
kehrte. Die Augen standen ihm weit auf. Ich wurde ernsthaft,
und schwieg plötzlich wieder stille. Es fing mir an, seltsam zu
werden.

Bis hieher hatte ich auf Rechnung meiner Schande gefre-
velt, jetzt war etwas geschehen, wofür ich noch nicht gebüßt
hatte. Eine Stunde vorher, glaube ich, hätte mich kein Mensch
überredet, daß es noch etwas schlechteres, als mich, unter dem
Himmel gebe; jetzt fing ich an zu mutmaßen, daß ich vor
einer Stunde wohl gar zu beneiden war.

Gottes Gerichte fielen mir nicht ein – wohl aber eine, ich
weiß nicht welche? verwirrte Erinnerung an Strang und
Schwert, und die Exekution einer Kindermörderin, die ich
als Schuljunge mit angesehen hatte. Etwas ganz besonders
schreckbares lag für mich in dem Gedanken, daß von jetzt
an mein Leben verwirkt sei. Auf mehreres besinne ich mich
nicht mehr. Ich wünschte gleich darauf, daß er noch lebte. Ich
tat mir Gewalt an, mich lebhaft an alles Böse zu erinnern, das
mir der Tote im Leben zugefügt hatte, aber sonderbar! mein
Gedächtnis war wie ausgestorben. Ich konnte nichts mehr
von alle dem hervorrufen, was mich vor einer Viertelstunde
zum Rasen gebracht hatte. Ich begriff gar nicht, wie ich zu
dieser Mordtat gekommen war.

Noch stand ich vor der Leiche, noch immer. Das Knallen
einiger Peitschen, und das Geknarre von Frachtwagen, die
durchs Holz fuhren, brachte mich zu mir selbst. Es war kaum
eine Viertelmeile abseits der Heerstraße, wo die Tat geschehen
war. Ich mußte auf meine Sicherheit denken.

Unwillkürlich verlor ich mich tiefer in den Wald. Auf dem
Wege fiel mir ein, daß der Entleibte sonst eine Taschenuhr
besessen hätte. Ich brauchte Geld, um die Grenze zu erreichen – und doch fehlte mir der Mut, nach dem Platz umzu-
wenden, wo der Tote lag. Hier erschröckte mich ein Gedanke
an den Teufel, und eine Allgegenwart Gottes. Ich raffte meine
ganze Kühnheit zusammen; entschlossen, es mit der ganzen
Hölle aufzunehmen, ging ich nach der Stelle zurück. Ich fand,
was ich erwartet hatte, und in einer grünen Börse noch etwas

weniges über einen Taler an Gelde. Eben da ich beides zu mir stecken wollte, hielt ich plötzlich inn, und überlegte. Es war keine Anwandlung von Scham, auch nicht Furcht, mein Verbrechen durch Plünderung zu vergrößern – Trotz, glaube ich, war es, daß ich die Uhr wieder von mir warf, und von dem Gelde nur die Hälfte behielt. Ich wollte für einen persönlichen Feind des Erschossenen, aber nicht für seinen Räuber gehalten sein.

Jetzt floh ich waldeinwärts. Ich wußte, daß das Holz sich vier deutsche Meilen nordwärts erstreckte, und dort an die Grenzen des Landes stieß. Bis zum hohen Mittage lief ich atemlos. Die Eilfertigkeit meiner Flucht hatte meine Gewissensangst zerstreut, aber sie kam schrecklicher zurück, wie meine Kräfte mehr und mehr ermatteten. Tausend gräßliche Gestalten gingen an mir vorüber, und schlugen wie schneidende Messer in meine Brust. Zwischen einem Leben voll rastloser Todesfurcht, und einer gewaltsamen Entleibung, war mir jetzt eine schreckliche Wahl gelassen, und ich *mußte* wählen. Ich hatte das Herz nicht, durch Selbstmord aus der Welt zu gehn, und entsetzte mich vor der Aussicht, darin zu bleiben. Geklemmt zwischen die gewisse Qualen des Lebens, und die ungewisse Schrecken der Ewigkeit, gleich fähig zu leben und zu sterben brachte ich die sechste Stunde meiner Flucht dahin, eine Stunde voll gepreßt von Qualen, wovon noch kein lebendiger Mensch zu erzählen weiß, die mir Gottes Barmherzigkeit auf dem Rabensteine erlassen wird.

In mich gekehrt und langsam, ohne mein Wissen den Hut tief ins Gesicht gedrückt, als ob mich das vor dem Auge der leblosen Natur hätte unkenntlich machen sollen, hatte ich unvermerkt einen schmalen Fußsteig verfolgt, der mich durch das dunkelste Dickigt führte – als plötzlich eine rauhe befehlende Stimme vor mir her Halt! rufte. Die Stimme war ganz nahe, meine Zerstreuung und der heruntergedrückte Hut hatten mich verhindert um mich herum zu schauen. Ich schlug die Augen auf, und sah einen wilden Mann auf mich zu kommen, der eine große knotigte Keule trug. Seine Figur ging ins Riesenmäßige – meine erste Bestürzung wenigstens hatte mich des glauben gemacht – und die Farbe seiner Haut war von einer gelben Mulattenschwärze, woraus das weiße eines schielenden Auges bis zum Graßen hervortrat. Er hatte statt eines Gurts ein dickes Seil zweifach um einen grünen wollenen Rock geschlagen, worin ein breites Schlachtmesser bei einer Pistole stak. Der Ruf wurde wiederholt, und ein kräftiger Arm hielt mich fest. Der Laut eines Menschen hatte mich in Schrecken gejagt, aber der Anblick eines Bösewichts gab mir Herz. In der Lage worin ich jetzt war, hatte ich Ursache vor jedem redlichen Mann, aber keine mehr vor einem Schurken zu zittern.

›Wer da?‹ sagte diese Erscheinung.

›Deines gleichen, war meine Antwort, wenn du *der* wirklich bist, dem du gleich siehst.‹

›Dahinaus geht der Weg nicht. Was hast du hier zu suchen?‹

›Was hast du hier zu fragen?‹ versetzte ich trotzig.

Der Mann betrachtete mich zweimal vom Fuß bis zum Wirbel. Es schien, als ob er meine Figur gegen die seinige, und meine Antwort gegen meine Figur halten wollte – ›Du sprichst brutal wie ein Bettler‹, sagte er endlich.

›Das mag sein. Ich bins noch gestern gewesen.‹

Der Mann lachte. ›Man sollte drauf schwören, rief er, du wolltest auch noch jetzt für nichts bessers gelten.‹

›Für etwas schlechteres also – –‹ Ich wollte weiter.

›Sachte Freund. Was jagt dich denn so? Was hast du für Zeit zu verlieren?‹

Ich besann mich einen Augenblick. Ich weiß nicht, wie mir das Wort auf die Zunge kam. ›Das Leben ist kurz, sagte ich langsam, und die Hölle währt ewig.‹

Er sah mich stier an. ›Ich will verdammt sein‹, sagte er endlich, ›oder du bist irgend an einem Galgen hart vorbeigestreift.‹

›Das mag wohl noch kommen. Also auf *Wiedersehen*, Kamerade!‹

›Top *Kamerade*! – –‹ schrie er, indem er eine zinnerne Flasche aus seiner Jagdtasche hervorlangte, einen kräftigen Schluck daraus tat, und mir sie reichte. Flucht und Beängstigung hatten meine Kräfte aufgezehrt, und diesen ganzen entsetzlichen Tag war noch nichts über meine Lippen gekommen. Schon fürchtete ich in dieser Waldgegend zu verschmachten, wo auf drei Meilen in der Runde kein Labsal für mich zu hoffen war. Man urteile, wie froh ich auf diese angebotne Gesundheit Bescheid tat. Neue Kraft floß mit diesem Erquicktrunk in meine Gebeine, und frischer Mut in mein Herz, und Hoffnung und Liebe zum Leben. Ich fing an zu glauben, daß ich doch wohl nicht ganz elend wäre, soviel konnte dieser willkommene Trank. Ja ich bekenne es, mein Zustand grenzte wieder an einen glücklichen, denn endlich, nach tausend fehlgeschlagenen Hoffnungen endlich, hatte ich eine Kreatur angetroffen, die mir ähnlich schien. In dem Zustande, worein ich versunken war, hätte ich mit dem höllischen Geiste Kameradschaft getrunken, um einen Vertrauten zu haben.

Der Mann hatte sich aufs Gras hingestreckt, ich tat ein Gleiches.

›Dein Trunk hat mir wohl getan, sagte ich. Wir müssen bekannter werden.‹

Er schlug Feuer seine Pfeife zu zünden.

›Treibst du das Handwerk schon lange?‹

Er sah mich fest an. ›Was willst du damit sagen?‹

›War *das* schon oft blutig?‹ Ich zog das Messer aus seinem Gürtel.

›Wer bist du?‹ sagte er schröcklich und legte die Pfeife von sich.

›Ein Mörder wie du – aber nur erst ein Anfänger.‹

Der Mann sah mich steif an, und nahm seine Pfeife wieder.

›Du bist nicht hier zu Hause‹, sagte er endlich!

›Drei Meilen von hier. Der Sonnenwirt in . . . wenn du von mir gehört hast.‹

Der Mann sprang auf wie ein Beseßner. ›Der Wildschütze Wolf?‹ schrie er hastig.

›Der nämliche.‹

›Willkommen Kamerad! Willkommen! rief er und schüttelte mir kräftig die Hände. Das ist brav, daß ich dich endlich habe, Sonnenwirt. Jahr und Tag schon sinn ich darauf, dich zu kriegen. Ich kenne dich recht gut. Ich weiß um alles. Ich habe lange auf dich gerechnet.‹

›Auf mich gerechnet? Wozu denn?‹

›Die ganze Gegend ist voll von dir. Du hast Feinde, ein Amtmann hat dich gedrückt, Wolf. Man hat dich zu Grunde gerichtet, himmelschreiend ist man mit dir umgegangen.‹

Der Mann wurde hitzig – ›Weil du ein paar Schweine geschossen hast, die der Fürst auf unsern Äckern und Feldern füttert, haben sie dich Jahre lang im Zuchthaus und auf der Festung herumgezogen, haben sie dich um Haus und Wirtschaft bestohlen, haben sie dich zum Bettler gemacht. Ist es dahin gekommen, Bruder, daß der Mensch nicht mehr gelten soll als ein Hase? Soll ein Untertan des Fürsten für eine wilde Sau des Fürsten zum Geisel dienen? Sind wir nicht besser, als das Vieh auf dem Felde? – Und ein Kerl wie du konnte das dulden?‹

›Konnt' ichs ändern?‹

›Das werden wir ja wohl sehen. Aber sage mir doch, woher kömmst du denn jetzt, und was führst du im Schilde?‹

Ich erzählte ihm meine ganze Geschichte. Der Mann, ohne

abzuwarten, bis ich zu Ende war, sprang mit froher Ungeduld auf, und mich zog er nach. ›Komm Bruder Sonnenwirt, sagte er, *jetzt* bist du *reif,* jetzt hab ich dich, wo ich dich brauchte. Ich werde Ehre mit dir einlegen. Folge mir.‹

›Wo willst du mich hinführen?‹

›Frage nicht lange. Folge!‹ – Er schleppte mich mit Gewalt fort.

Wir waren eine kleine Viertelmeile gegangen. Der Wald wurde immer abschüssiger, unwegsamer und wilder, keiner von uns sprach ein Wort, bis mich endlich die Pfeife meines Führers aus meinen Betrachtungen aufschröckte. Ich schlug die Augen auf, wir standen am schroffen Absturz eines Felsen, der sich in eine tiefe Kluft hinunterbückte. Eine zwote Pfeife antwortete aus dem innersten Bauche des Felsen, und eine Leiter kam, wie von sich selbst, langsam aus der Tiefe gestiegen. Mein Führer kletterte zuerst hinunter, mich hieß er warten, bis er wieder käme. ›Erst muß ich den Hund an Ketten legen lassen, setzte er hinzu, du bist hier fremd, die Bestie würde dich zerreißen.‹ Damit ging er.

Jetzt stand ich *Allein* vor dem Abgrund, und ich wußte recht gut, daß ich allein war. Die Unvorsichtigkeit meines Führers entging meiner Aufmerksamkeit nicht. Es hätte mich nur einen beherzten Entschluß gekostet, die Leiter heraufzuziehen, so war ich frei, und meine Flucht war gesichert. Ich gestehe, daß ich das einsah. Ich sah in den Schlund hinab, der mich jetzt aufnehmen sollte, es erinnerte mich dunkel an den Abgrund der Hölle, woraus keine Erlösung mehr ist. Mir fing an vor der Laufbahn zu schaudern, die ich nunmehr betreten wollte, nur eine schnelle Flucht konnte mich retten. Ich beschließe diese Flucht – schon strecke ich den Arm nach der Leiter aus – aber auf einmal donnerts in meinen Ohren, es umhallt mich wie Hohngelächter der Hölle: *›Was hat ein Mörder zu wagen?‹* – und mein Arm fällt gelähmt zurück. Meine Rechnung war völlig, die Zeit der Reue war dahin, mein begangener Mord lag hinter mir aufgetürmt wie ein Fels, und sperrte meine Rückkehr auf ewig. Zugleich erschien auch mein Führer wieder, und kündigte mir an, daß ich kommen sollte. Jetzt war ohnehin keine Wahl mehr. Ich kletterte hinunter.

Wir waren wenige Schritte unter der Felsmauer weggegangen, so erweiterte sich der Grund, und einige Hütten wurden sichtbar. Mitten zwischen diesen öffnete sich ein runder Rasenplatz, auf welchem sich eine Anzahl von achtzehn bis zwanzig Menschen um ein Kohlfeuer gelagert hatte. Hier Kameraden, sagte mein Führer, und stellte mich mitten in den Kreis. Unser Sonnenwirt! heißt ihn willkommen!

Sonnenwirt! schrie alles zugleich, und alles fuhr auf, und drängte sich um mich her, Männer und Weiber. Soll ichs gestehn? Die Freude war ungeheuchelt und herzlich, Vertrauen, Achtung sogar erschien auf jedem Gesichte, dieser drückte mir die Hand, jener schüttelte mich vertraulich am Kleide, der Auftritt war wie das Wiedersehen eines alten Bekannten, der einem wert ist. Meine Ankunft hatte den Schmaus unterbrochen, der eben anfangen sollte. Man setzte ihn sogleich fort, und nötigte mich, den Willkomm zu trinken. Wildpret aller Art war die Mahlzeit, und die Weinflasche wanderte unermüdet von Nachbar zu Nachbar. Wohlleben und Einigkeit schien die ganze Bande zu beseelen, und alles wetteiferte seine Freude über mich zügelloser an den Tag zu legen.

Man hatte mich zwischen zwei Weibspersonen sitzen lassen, welches der Ehrenplatz an der Tafel war. Ich erwartete den Auswurf ihres Geschlechts, aber wie groß war meine Verwunderung, als ich unter dieser schändlichen Rotte die schönste weibliche Gestalten entdeckte, die mir jemals vor Augen gekommen. Margarete die älteste und schönste von beiden ließ sich Jungfer nennen, und konnte kaum fünf und zwanzig sein. Sie sprach sehr frech, und ihre Gebärden sagten noch mehr.

Marie die jüngere war verheuratet, aber einem Manne ent-
laufen, der sie mißhandelt hatte. Sie war feiner gebildet, sah
aber blaß aus und schmächtig, und fiel weniger ins Auge als
ihre feurige Nachbarin. Beide Weiber eiferten auf einander,
meine Begierden zu entzünden, die schöne Margarete kam
meiner Blödigkeit durch freche Scherze zuvor, aber das ganze
Weib war mir zuwider, und mein Herz hatte die schüchterne
Marie auf immer gefangen.

›Du siehst Bruder Sonnenwirt, fing der Mann jetzt an, der
mich hergebracht hatte, du siehst, wie wir unter einander
leben, und jeder Tag ist dem heutigen gleich. Nicht wahr
Kameraden?‹

›Jeder Tag wie der heutige‹, wiederholte die ganze Bande.

›Kannst du dich also entschließen, an unserer Lebensart
Gefallen zu finden, so schlag ein und sei unser Anführer.
Bis jetzt bin *ich* es gewesen, aber *dir* will ich weichen. Seid
ihrs zufrieden, Kameraden?‹

Ein fröhliches *Ja!* antwortete aus allen Kehlen.

Mein Kopf glühte, mein Gehirne war betäubt, von Wein
und Wollust siedete mein Blut. Die Welt hatte mich ausge-
worfen wie einen Verpesteten – hier fand ich brüderliche
Aufnahme, Wohlleben und Ehre. Welche Wahl ich auch tref-
fen wollte, so erwartete mich Tod; hier aber konnte ich wenigstens mein Leben für einen höheren Preis verkaufen. Wollust war meine wütendste Neigung, das andere Geschlecht
hatte mir bis jetzt nur Verachtung bewiesen, hier erwarteten
mich Gunst und zügellose Vergnügungen. Mein Entschluß
kostete mich wenig. »Ich bleibe bei *euch* Kameraden, rief ich
laut mit Entschlossenheit, und trat mitten unter die Bande,
ich bleibe bei euch, rief ich nochmals, wenn ihr mir meine
schöne Nachbarin abtretet.« – Alle kamen überein, mein Verlangen zu bewilligen, ich war erklärter Eigentümer einer Hure, und das Haupt einer Diebesbande.«

Den folgenden Teil der Geschichte übergehe ich ganz, das bloß abscheuliche hat nichts unterrichtendes für den Leser. Ein Unglücklicher, der bis zu dieser Tiefe herunter sank, mußte sich endlich alles erlauben was die Menschheit empört – aber einen zweiten Mord beging er nicht mehr, wie er selbst auf der Folter bezeugte.

Der Ruf dieses Menschen verbreitete sich in kurzem durch die ganze Provinz. Die Landstraßen wurden unsicher, nächtliche Einbrüche beunruhigten den Bürger, der Name des Sonnenwirts wurde der Schröcken des Landvolks, die Gerechtigkeit suchte ihn auf, und eine Prämie wurde auf seinen Kopf gesetzt. Er war so glücklich, jeden Anschlag auf seine Freiheit zu vereiteln, und verschlagen genug den Aberglauben des wundersüchtigen Bauren zu seiner Sicherheit zu benutzen. Seine Gehilfen mußten aussprengen, er habe einen Bund mit dem Teufel gemacht, und könne hexen. Der Distrikt, auf welchem er seine Rolle spielte, gehörte damals noch weniger als jetzt zu den aufgeklärten Deutschlands, man glaubte diesem Gerüchte und seine Person war gesichert. Niemand zeigte Lust, mit dem gefährlichen Kerl anzubinden, dem der Teufel zu Diensten stund.

Ein Jahr schon hatte er das traurige Handwerk getrieben, als es anfing ihm unerträglich zu werden. Die Rotte an deren Spitze er sich gestellt hatte, erfüllte seine glänzenden Erwartungen nicht. Eine verführerische Außenseite hatte ihn damals im Taumel des Weines geblendet, jetzt wurde er mit Schrecken gewahr, wie abscheulich man ihn hintergangen hatte. Hunger und Mangel traten an die Stelle des Überflusses, womit man ihn eingewiegt hatte; sehr oft mußte er sein Leben an eine Mahlzeit wagen, die kaum hinreichte, ihn vor dem Verhungern zu schützen. Das Schattenbild jener brüderlichen Eintracht verschwand, Neid und Argwohn, zwo scheußliche Harpyen, wüteten im Herzen dieser verworfenen Bande. Die

Gerechtigkeit hatte demjenigen, der ihn lebendig ausliefern würde, Belohnung, und wenn es ein Mitschuldiger wäre, noch eine feierliche Begnadigung zugesagt – eine mächtige Versuchung für den Auswurf der Erde! Der Unglückliche kannte seine Gefahr. Die Redlichkeit derjenigen, die Menschen und Gott verrieten, war ein schlechtes Unterpfand seines Lebens. Sein Schlaf war, von jetzt an dahin, ewige Todesangst zerfraß seine Ruhe, das gräßliche Gespenst des Argwohns rasselte hinter ihm wo er hinfloh, peinigte ihn, wenn er wachte, bettete sich neben ihm, wenn er schlafen ging, und schröckte ihn in entsetzlichen Träumen. Das verstummte Gewissen gewann zugleich seine Sprache wieder, und die schlafende Natter der Reue wachte bei diesem allgemeinen Sturm seines Busens auf. Sein ganzer Haß wandte sich jetzt von der Menschheit, und kehrte seine schreckliche Schneide gegen ihn selber. Er vergab jetzt der ganzen Natur, und fand niemand, als sich allein zu verfluchen.

Das Laster hatte seinen Unterricht an dem Unglücklichen vollendet, sein natürlich guter Verstand siegte endlich über die traurige Täuschung. Jetzt fühlte er, wie tief er gefallen war, eine tiefe Schwermut trat an die Stelle knirschender Verzweiflung. Er wünschte mit Tränen die Vergangenheit zurück, jetzt wußte er gewiß, daß er sie ganz anders wiederholen würde. Er fing an zu hoffen, daß er noch rechtschaffen werden *dürfte*, weil er bei sich empfand, daß er es *könnte*. Auf dem höchsten Gipfel seiner Verschlimmerung war er dem Guten näher, als er vielleicht vor seinem ersten Fehltritt gewesen war.

Um eben diese Zeit war der siebenjährige Krieg ausgebrochen, und die Werbungen gingen stark. Der Unglückliche schöpfte Hoffnung von diesem Umstand, und schrieb einen Brief an seinen Landesherrn, den ich auszugsweise hier einrücke.

»Wenn Ihre fürstliche Huld sich nicht ekelt, bis zu *mir*

herunter zu steigen, wenn Verbrecher *meiner* Art nicht au-
ßerhalb Ihrer Erbarmung liegen, so gönnen *Sie* mir Gehör,
durchlauchtigster Oberherr. Ich bin Mörder und Dieb, das
Gesetz verdammt mich zum Tode, die Gerichte suchen
mich auf – und ich biete mich an, mich freiwillig zu stellen.
Aber ich bringe zugleich eine seltsame Bitte vor Ihren
Thron. Ich verabscheue mein Leben, und fürchte den Tod
nicht, aber schrecklich ist mirs zu sterben, ohne gelebt zu
haben. Ich möchte leben, um einen Teil des Vergangenen
gut zu machen; ich möchte leben, um den Staat zu versöhnen den ich beleidigt habe. Meine Hinrichtung wird ein
Beispiel sein für die Welt, aber kein Ersatz meiner Taten. Ich
hasse das Laster, und sehne mich feurig nach Rechtschaf-
fenheit und Tugend. Ich habe Fähigkeiten gezeigt, meinem
Vaterland furchtbar zu werden, ich hoffe, daß mir noch
einige übrig geblieben sind, ihm zu nützen.
Ich weiß, daß ich etwas unerhörtes begehre. Mein Leben ist
verwirkt, mir steht es nicht an, mit der Gerechtigkeit Un-
terhandlung zu pflegen. Aber ich erscheine nicht in Ketten
und Banden vor Ihnen – noch bin ich frei – und meine
Furcht hat den kleinsten Anteil an meiner Bitte. Es ist
Gnade um was ich flehe. Einen Anspruch auf Gerechtigkeit, wenn ich auch einen hätte, wage ich nicht mehr gelten
zu machen – Doch an etwas darf ich meinen Richter erinnern. ›Die Zeitrechnung meiner Verbrechen fängt mit
dem Urteilspruch an, der mich auf immer um meine Ehre
brachte.‹ Wäre mir damals die Billigkeit minder versagt
worden, so würde ich jetzt vielleicht keiner Gnade bedürfen.
Lassen *Sie* Gnade für Recht ergehen mein Fürst. Wenn es in
Ihrer fürstlichen Macht steht, das Gesetz für mich zu erbitten, so schenken Sie mir das Leben. Es soll Ihrem Dienste von nun an gewidmet sein. Wenn *Sie* es können, so

lassen *Sie* mich Ihren gnädigsten Willen aus öffentlichen Blättern vernehmen, und ich werde mich auf Ihr fürstliches Wort in der Hauptstadt stellen. Haben Sie es anders mit mir beschlossen, so tue die Gerechtigkeit denn das ihrige, ich muß das meinige tun.«

Diese Bittschrift blieb ohne Antwort, wie auch eine zwote und dritte, worin der Supplikant um eine Reuterstelle im Dienste des Fürsten bat. Seine Hoffnung zu einem Pardon erlosch gänzlich, er faßte also den Entschluß aus dem Land zu fliehen, und im Dienste des Königs von Preußen als ein braver Soldat zu sterben.

Er entwischte glücklich seiner Bande, und trat diese Reise an. Der Weg führte ihn durch eine kleine Landstadt, wo er übernachten wollte. Kurze Zeit vorher waren durch das ganze Land geschärftere Mandate zu strenger Untersuchung der Reisenden ergangen, weil der Landesherr, ein Reichsfürst, im Kriege Partei genommen hatte. Einen solchen Befehl hatte auch der Torschreiber dieses Städtgens, der auf einer Bank vor dem Schlage saß, als der Sonnenwirt geritten kam. Der Aufzug dieses Mannes hatte etwas possierliches, und zugleich etwas schreckliches und wildes. Der hagre Klepper, den er ritt, und die burleske Wahl seiner Kleidungsstücke, wobei wahrscheinlich weniger sein Geschmack als die Chronologie seiner Entwendungen zu Rat gezogen war, kontrastierte seltsam genug mit einem Gesicht, worauf so viele wütende Affekte, gleich den verstümmelten Leichen auf einem Wahlplatz, verbreitet lagen. Der Torschreiber stutzte beim Anblick dieses seltsamen Wanderers. Er war am Schlagbaum grau geworden, und eine vierzigjährige Amtsführung hatte in ihm einen unfehlbaren Physiognomen aller Landstreicher erzogen. Der Falkenblick dieses Spürers verfehlte auch hier seinen Mann nicht. Er sperrte sogleich das Stadttor, und foderte dem Reuter den Paß ab, indem er sich seines Zügels versicherte. Wolf war auf Fälle dieser Art vorbereitet, und führte auch wirklich einen Paß bei sich, den er ohnlängst von einem geplünderten Kaufmann erbeutet hatte. Aber dieses einzelne Zeugnis war nicht genug, eine vierzigjährige Observanz umzustoßen, und das Orakel am Schlagbaum zu einem Widerruf zu bewegen. Der Torschreiber glaubte seinen Augen mehr als diesem Papiere, und Wolf war genötigt ihm nach dem Amthaus zu folgen.

Der Oberamtmann des Orts untersuchte den Paß, und erklärte ihn für richtig. Er war ein starker Anbeter der Neuigkeit, und liebte besonders bei einer Bouteille über die Zeitung zu plaudern. Der Paß sagte ihm, daß der Besitzer geradeswegs aus den feindlichen Ländern käme, wo der Schauplatz des Krieges war. Er hoffte Privatnachrichten aus dem Fremden herauszulocken, und schickte einen Sekretär mit dem Paß zurück, ihn auf eine Flasche Wein einzuladen.

Unterdessen hält der Sonnenwirt vor dem Amthaus; das lächerliche Schauspiel hat den Janhagel des Städtgens scharenweis um ihn her versammelt. Man murmelt sich in die Ohren, deutet wechselsweis auf das Roß und den Reuter, der Mutwille des Pöbels steigt endlich bis zu einem lauten Tumult. Unglücklicherweise war das Pferd, worauf jetzt alles mit Fingern wies, ein geraubtes; er bildet sich ein, das Pferd sei in Steckbriefen beschrieben und erkannt. Die unerwartete Gastfreundlichkeit des Oberamtmanns vollendet seinen Verdacht. Jetzt hält er's für ausgemacht, daß die Betrügerei seines Passes verraten, und diese Einladung nur die Schlinge sei, ihn lebendig und ohne Widersetzung zu fangen. Böses Gewissen macht ihn zum Dummkopf, er gibt seinem Pferde die Sporen, und rennt davon, ohne Antwort zu geben.

Diese plötzliche Flucht ist die Losung zum Aufstand. »Ein Spitzbube:« ruft alles, und alles stürzt hinter ihm her. Dem Reuter gilt es um Leben und Tod, er hat schon den Vorsprung, seine Verfolger keuchen atemlos nach, er ist seiner Rettung nahe – aber eine schwere Hand drückt unsichtbar gegen ihn, die Uhr seines Schicksals ist abgelaufen, die unerbittliche Nemesis hält ihren Schuldner an. Die Gasse, der er sich anvertraute, endigt in einem Sack, er muß rückwärts gegen seine Verfolger umwenden.

Der Lärm dieser Begebenheit hat unterdessen das ganze Städtgen in Aufruhr gebracht, Haufen sammeln sich zu Haufen, alle Gassen sind gesperrt, ein Heer von Feinden kömmt im Anmarsch gegen ihn her. Er zeigt eine Pistole, das Volk weicht, er will sich mit Macht einen Weg durchs Gedränge bahnen. »Dieser Schuß, ruft er, soll dem Tollkühnen, der mich halten will.« – Die Furcht gebietet eine allgemeine Pause – ein beherzter Schlossergeselle endlich fällt ihm von hinten her in den Arm, und faßt den Finger, womit der Rasende eben losdrücken will, und drückt ihn aus dem Gelenke. Die Pistole fällt, der wehrlose Mann wird vom Pferde herabgerissen, und im Triumphe nach dem Amthaus zurück geschleppt.

»Wer seid ihr?« frägt der Richter mit ziemlich brutalem Ton.

»Ein Mann, der entschlossen ist, auf keine Frage zu antworten, bis man sie höflicher einrichtet.«

»Wer sind *Sie*?«

»Für was ich mich ausgab. Ich habe ganz Deutschland durchreist, und die Unverschämtheit nirgends, als hier, zu Hause gefunden.«

»Ihre schnelle Flucht macht sie sehr verdächtig. Warum flohen sie?«

»Weil ich's müde war, der Spott ihres Pöbels zu sein.«

»Sie drohten, Feuer zu geben.«

»Meine Pistole war nicht geladen.« Man untersuchte das Gewehr, es war keine Kugel darin.

»Warum führen sie heimliche Waffen bei sich?«

»Weil ich Sachen von Wert bei mir trage, und weil man

mich vor einem gewissen Sonnenwirt gewarnt hat, der in diesen Gegenden streifen soll.«

»Ihre Antworten beweisen sehr viel für ihre Dreistigkeit, aber nichts für ihre gute Sache. Ich gebe ihnen Zeit bis morgen, ob sie mir die Wahrheit entdecken wollen.«

»Ich werde bei meiner Aussage bleiben.«

»Man führe ihn nach dem Turm.«

»Nach dem Turm? – Herr Oberamtmann, ich hoffe, es gibt noch Gerechtigkeit in diesem Lande. Ich werde Genugtuung fodern.«

»Ich werde sie ihnen geben, sobald sie gerechtfertigt sind.«

Den Morgen darauf überlegte der Oberamtmann, der Fremde möchte doch wohl unschuldig sein, die befehlshaberische Sprache würde nichts über seinen Starrsinn vermögen, es wäre vielleicht besser getan, ihm mit Anstand und Mäßigung zu begegnen. Er versammelte die Geschwornen des Orts, und ließ den Gefangenen vorführen.

»Verzeihen sie es der ersten Aufwallung, mein Herr, wenn ich sie gestern etwas hart anließ.«

»Sehr gern, wenn sie mich so fassen.«

»Unsre Gesetze sind strenge, und ihre Begebenheit machte Lärm. Ich kann sie nicht frei geben, ohne meine Pflicht zu verletzen. Der Schein ist gegen sie. Ich wünschte, sie sagten mir etwas, wodurch er widerlegt werden könnte.«

»Wenn ich nun nichts wüßte?«

»So muß ich den Vorfall an die Regierung berichten, und sie bleiben so lang in fester Verwahrung.«

»Und dann?«

»Dann laufen sie Gefahr, als ein Landstreicher über die Grenze gepeitscht zu werden, oder wenns gnädig geht, unter die Werber zu fallen.«

Er schwieg einige Minuten, und schien einen heftigen Kampf zu kämpfen; dann drehte er sich rasch zu dem Richter.

»Kann ich auf eine Viertelstunde mit ihnen allein sein?«

Die Geschwornen sahen sich zweideutig an, entfernten sich aber auf einen gebietenden Wink ihres Herrn.

»Nun, was verlangen sie?«

»Ihr gestriges Betragen, Herr Oberamtmann, hätte mich nimmermehr zu einem Geständnis gebracht, denn ich trotze der Gewalt. Die Bescheidenheit, womit sie mich heute behandeln, hat mir Vertrauen und Achtung gegen sie gegeben. Ich glaube, daß sie ein edler Mann sind.«

»Was haben sie mir zu sagen?«

»Ich sehe, daß sie ein edler Mann sind. Ich habe mir längst einen Mann gewünscht wie sie. Erlauben sie mir ihre rechte Hand.«

»Wo will das hinaus?«

»Dieser Kopf ist grau und ehrwürdig. Sie sind lang in der Welt gewesen – haben der Leiden wohl viele gehabt – Nicht wahr? und sind menschlicher worden?«

»Mein Herr – Wozu soll das?«

»Sie stehen noch einen Schritt von der Ewigkeit, bald – bald brauchen sie Barmherzigkeit bei Gott. Sie werden sie Menschen nicht versagen. – – Ahnden sie nichts? Mit wem glauben sie, daß sie reden?«

»Was ist das? Sie erschröcken mich.«

»Ahnden sie noch nicht? – Schreiben sie es ihrem Fürsten, wie sie mich fanden, und daß ich selbst aus freier Wahl mein Verräter war – daß *ihm* Gott einmal gnädig sein werde, wie *er* jetzt mir es sein wird – bitten sie für mich, alter Mann, und lassen sie dann auf ihren Bericht eine Träne fallen: Ich bin der Sonnenwirt.«

ESSAYS

WAS KANN EINE GUTE STEHENDE
SCHAUBÜHNE EIGENTLICH WIRKEN?

EINE VORLESUNG,

gehalten zu Mannheim in der öffentlichen Sitzung
der kurpfälzischen deutschen Gesellschaft am 26sten des Junius 1784.
von F. *Schiller*, Mitglied dieser Gesellschaft,
und herzogl. Weimarischen Rat.

Wenn uns der natürliche Stolz – so nenne ich die erlaubte
Schätzung unsers eigentümlichen Werts – in keinem Verhältnis des bürgerlichen Lebens verlassen soll, so ist wohl das erste
dieses, daß wir uns selbst zuvor die Frage beantworten, ob das
Geschäft, dem wir jetzt den besten Teil unsrer Geisteskraft
hingeben, mit der Würde unsers Geists sich vertrage, und die
gerechten Ansprüche des Ganzen auf unsern Beitrag erfülle.
Nicht immer bloß die höchste Spannung der Kräfte – nur ihre
edelste Anwendung kann Größe gewähren. Je erhabner das
Ziel ist, nach welchem wir streben, je weiter je mehr umfassend der Kreis, worin wir uns üben, desto höher steigt unser
Mut, desto reiner wird unser Selbstvertrauen, desto unabhän-
giger von der Meinung der Welt. Dann nur, wenn wir bei uns
selbst erst entschieden haben, was wir sind, und was wir nicht
sind, nur dann sind wir der Gefahr entgangen, von fremdem
Urteil zu leiden – durch Bewunderung aufgeblasen, oder
durch Geringschätzung feig zu werden.

Woher kommt es denn aber – diese Bemerkung hat sich
mir aufgedrungen, seitdem ich Menschen beobachte – woher
kommt es, daß der Amtsstolz so gern im entgegengesetzten
Verhältnis mit dem wahren Verdienste steht? Daß die Meisten
ihre Anfoderungen an die Achtung der Gesellschaft in eben
dem Grade verdoppeln, in welchem sich ihr Einfluß auf die-

selbe vermindert? – Wie bescheiden erscheint nicht oft der
Minister, der das Steuerruder des Landes führt, und das große
System der Regierung mit Riesenkraft wälzt, neben dem kleinen Histrionen, der seine Verordnungen zu Papier bringt –
wie bescheiden der große Gelehrte, der die Grenzen des
menschlichen Denkens erweiterte, und die Fackel der Aufklärung über Weltteilen schimmern ließ, neben dem dumpfen Pedanten, der seine Quartbände hütet? – Man verurteilt
den jungen Mann, der gedrungen von innrer Kraft, aus dem
engen Kerker einer Brotwissenschaft heraustritt, und dem
Rufe des Gottes folgt, der in ihm ist? – Ist das die Rache
der kleinen Geister an dem Genie, dem sie nachzuklimmen
verzagen? Rechnen sie vielleicht ihre Arbeit darum so hoch an,
weil sie ihnen so sauer wurde? – Trockenheit, Ameisenfleiß
und gelehrte Taglöhnerei werden unter den ehrwürdigen Namen Gründlichkeit, Ernst und Tiefsinn geschätzt, bezahlt
und bewundert. Nichts ist bekannter, und nichts gereicht
zugleich der gesunden Vernunft mehr zur Schande, als der
unversöhnliche Haß, die stolze Verachtung, womit Fakultäten
auf freie Künste heruntersehen – und diese Verhältnisse werden forterben, bis sich Gelehrsamkeit und Geschmack, Wahrheit und Schönheit, als zwo versöhnte Geschwister umarmen.

Es ist leicht einzusehen, in wie fern diese Bemerkung mit der
Frage zusammenhängt: *»Was wirkt die Bühne?«* – Die höchste
und letzte Foderung, welche der Philosoph und Gesetzgeber
einer öffentlichen Anstalt nur machen können, ist Beförderung
allgemeiner Glückseligkeit. Was die Dauer des physischen
Lebens erhält, wird immer sein erstes Augenmerk sein; was
die Menschheit innerhalb ihres Wesens veredelt, sein höchstes.
Bedürfnis des *Tiermenschen* ist älter und drängender – *Bedürfnis*
des *Geistes* vorzüglicher, unerschöpflicher. Wer also unwidersprechlich beweisen kann, daß die Schaubühne Menschen-

und Volksbildung wirkte, hat ihren Rang neben den ersten Anstalten des Staats entschieden.

Die dramatische Kunst setzt mehr voraus, als jede andre von ihren Schwestern. Das höchste Produkt dieser Gattung ist *vielleicht* auch das höchste des menschlichen Geistes. Das System der körperlichen Anziehung und Shakespears Julius Cesar – es steht dahin, ob die Zunge der Waage, worin höhere Geister die menschlichen wägen, um einen mathematischen Punkt überschlagen wird. Wenn dies entschieden ist – und entschied nicht der unbestechlichste Richter, die Nachwelt? – warum sollte man nicht vor allen Dingen dahin beflissen sein, die Würde einer Kunst außer Zweifel zu setzen, deren Ausübung alle Kräfte der Seele, des Geistes und des Herzens beschäftigt? – Es ist Verbrechen gegen sich selbst, Mord der Talente, wenn das nämliche Maß von Fähigkeit, welches dem höchsten Interesse der Menschheit würde gewuchert haben, an einem minder wichtigen Gegenstand undankbar verschwendet wird. Ist es wirklich noch zweifelhaft, ob du vom Himmel herabstammst, sind alle deine geprahlten Einflüsse wirklich nur schöne Schimären deiner Bewunderer, ist die Menschheit nicht deine Schuldnerin – o so zerreiße deinen unsterblichen Lorbeer, Thalia, laß deine Posaune von ihr schweigen, ewige Fama! – Jene bewunderte Iphigenia war nichts als ein schwacher Augenblick ihres Schöpfers, der seiner Würde vergaß – der gepriesene Hamlet nichts als eine Majestätsverletzung des Dichters gegen den himmlischen Genius.

Über keine Kunst ist – so viel ich weiß – mehr gesagt und geschrieben worden, als über diese; über keine weniger entschieden. Die Welt hat sich hier, mehr als irgendwo, in Vergötterung und Verdammung geteilt, und die Wahrheit ging verloren durch Übertreibung. Der härteste Angriff, den sie erleiden mußte, geschah von einer Seite, wo er nicht zu er-

warten war. – Der Leichtsinn, die Frechheit, auch selbst die
Abscheulichkeit derer die sie ausüben, kann der Kunst selbst
nicht zur Last fallen. Die meisten eurer dramatischen Schilde-
rungen, und selbst die am meisten gepriesenen, was sind sie
anders, spricht man, als feine versteckte Giftmischerei, künstlich aufgeputzte Laster, weichliche oder großsprechende Tugenden? – Eure Repräsentanten der Menschheit, eure Künstler und Künstlerinnen, wie oft Brandmark des Namens den
sie tragen, Parodien ihres geweihten Amtes, wie oft Auswurf
der Menschheit? Eure gerühmte Schule der Sitten, wie oft nur
die letzte Zuflucht des gesättigten Luxus? ein Hinterhalt des
Mutwillens und der Satyre? Wie oft diese hohe göttliche Thalia eine Spaßmacherin des Pöbels, oder Staubleckerin an sehr
kleinen Thronen? – Alle diese Ausrufungen sind unwiderleg-
lich wahr, doch trifft keine einzge die Bühne. Christus Religion war das Feldgeschrei, als man Amerika entvölkerte –
Christus Religion zu verherrlichen mordeten Damiens und
Ravaillac, und schoß Karl der Neunte auf die fliehenden Hu-
genotten zu Paris. – Wem aber wird es einfallen, die sanftmü-
tigste der Religionen einer Schandtat zu bezüchtigen, von der
auch die rohe Tierheit sich feierlich lossagen würde?

Eben so wenig darf die Kunst es entgelten, daß sie in Europa nicht ist, was sie in Asien war, im achtzehnten Jahrhundert nicht ist, was unter Aspasia und Perikles. Genug für sie,
daß sie es *damals* gewesen, und daß die Nation, bei welcher sie
blühte, noch jetzt unser Muster ist – Aber ich schreite zur
Untersuchung selbst.

Ein allgemeiner unwiderstehlicher Hang nach dem neuen
und außerordentlichen, ein Verlangen, sich in einem leiden-
schaftlichen Zustande zu fühlen, hat, nach Sulzers Ausdruck,
die Bühne hervorgebracht. Erschöpft von den höhern Anstrengungen des Geistes, ermattet von den einförmigen, oft

niederdrückenden Geschäften des Berufs, und von Sinnlichkeit gesättigt, mußte der Mensch eine Leerheit in seinem
Wesen fühlen, die dem ewigen Trieb nach Tätigkeit zuwider
war. Unsre Natur, gleich unfähig, länger im Zustand des Tiers
fortzudauern, als die feinern Arbeiten des Verstands fortzu-
setzen, verlangte einen mittleren Zustand, der beide widersprechenden Enden vereinigte, die harte Spannung zu sanfter
Harmonie herabstimmte, und den wechselsweisen Übergang
eines Zustands in den andern erleichterte. Diesen Nutzen
leistet überhaupt nun der ästhetische Sinn, oder das Gefühl
für das Schöne. Da aber eines weisen Gesetzgebers erstes Augenmerk sein muß, unter zwo Wirkungen die höchste heraus
zu lesen, so wird er sich nicht begnügen, die Neigungen seines
Volks nur entwaffnet zu haben; er wird sie auch, wenn es
irgend nur möglich ist, als Werkzeuge höherer Plane gebrauchen, und in Quellen von Glückseligkeit zu verwandeln be-
müht sein, und darum wählte er vor allen andern die Bühne,
die dem nach Tätigkeit dürstenden Geist einen unendlichen
Kreis eröffnet, jeder Seelenkraft Nahrung gibt, ohne eine einzige zu überspannen, und die Bildung des Verstands und des
Herzens mit der edelsten Unterhaltung vereinigt.

Derjenige, welcher zuerst die Bemerkung machte, daß eines Staats festeste Säule *Religion* sei – daß ohne sie die Gesetze
selbst ihre Kraft verlieren, hat vielleicht, ohne es zu wollen
oder zu wissen, die Schaubühne von ihrer edelsten Seite verteidigt. Eben diese Unzulänglichkeit, diese schwankende Eigenschaft der politischen Gesetze, welche dem Staat die Religion unentbehrlich macht, bestimmt auch den ganzen Einfluß der Bühne. Gesetze, wollte er sagen, drehen sich nur um
verneinende Pflichten – Religion dehnt ihre Foderungen auf
wirkliches Handeln aus. Gesetze hemmen nur Wirkungen die
den Zusammenhang der Gesellschaft auflösen – Religion befiehlt solche, die ihn inniger machen. Jene herrschen nur über

die offenbaren Äußerungen des Willens, nur Taten sind ihnen
untertan – diese setzt ihre Gerichtsbarkeit bis in die verbor-
gensten Winkel des Herzens fort, und verfolgt den Gedanken
bis an die innerste Quelle. Gesetze sind glatt und geschmei-
dig, wandelbar wie Laune und Leidenschaft – Religion bindet
streng und ewig. Wenn wir nun aber auch voraussetzen wollten, was nimmermehr ist – wenn wir der Religion diese große
Gewalt über jedes Menschenherz einräumen, wird sie oder
kann sie die ganze Bildung vollenden? – Religion (ich trenne
hier ihre politische Seite von ihrer göttlichen) Religion wirkt
im Ganzen mehr auf den sinnlichen Teil des Volks – sie wirkt
vielleicht durch das Sinnliche allein so unfehlbar. Ihre Kraft ist
dahin, wenn wir ihr dieses nehmen – und wodurch wirkt die
Bühne? Religion ist dem größern Teile der Menschen nichts
mehr, wenn wir ihre Bilder, ihre Probleme vertilgen, wenn wir
ihre Gemälde von Himmel und Hölle zernichten – und doch
sind es nur Gemälde der Phantasie, Rätsel ohne Auflösung,
Schreckbilder und Lockungen aus der Ferne. Welche Verstär-
kung für Religion und Gesetze, wenn sie mit der Schaubühne
in Bund treten, wo Anschauung und lebendige Gegenwart ist,
wo Laster und Tugend, Glückseligkeit und Elend, Torheit
und Weisheit in tausend Gemälden faßlich und wahr an
dem Menschen vorübergehen, wo die Vorsehung ihre Rätsel
auflöst, ihren Knoten vor seinen Augen entwickelt, wo das
menschliche Herz auf den Foltern der Leidenschaft seine leisesten Regungen beichtet, alle Larven fallen, alle Schminke
verfliegt, und die Wahrheit unbestechlich wie Rhadamanthus
Gericht hält.

Die Gerichtsbarkeit der Bühne fängt an, wo das Gebiet der
weltlichen Gesetze sich endigt. Wenn die Gerechtigkeit für
Gold verblindet, und im Solde der Laster schwelgt, wenn die
Frevel der Mächtigen ihrer Ohnmacht spotten, und Men-
schenfurcht den Arm der Obrigkeit bindet, übernimmt die

Schaubühne Schwert und Waage, und reißt die Laster vor einen schrecklichen Richterstuhl. Das ganze Reich der Phantasie und Geschichte, Vergangenheit und Zukunft stehen ihrem Wink zu Gebot. Kühne Verbrecher, die längst schon im Staub vermodern, werden durch den allmächtigen Ruf der Dichtkunst jetzt vorgeladen, und wiederholen zum schauervollen Unterricht der Nachwelt ein schändliches Leben. Ohnmächtig, gleich den Schatten in einem Hohlspiegel wandeln die Schrecken ihres Jahrhunderts vor unsern Augen vorbei, und mit wollüstigem Entsetzen verfluchen wir ihr Gedächtnis. Wenn keine Moral mehr gelehrt wird, keine Religion mehr Glauben findet, wenn kein Gesetz mehr vorhanden ist, wird uns *Medea* noch anschauern, wenn sie die Treppen des Palastes herunter wankt, und der Kindermord jetzt geschehen ist. Heilsame Schauer werden die Menschheit ergreifen, und in der Stille wird jeder sein gutes Gewissen preisen, wenn *Lady Makbeth*, eine schreckliche Nachtwandlerin, ihre Hände wäscht, und alle Wohlgerüche Arabiens herbeiruft, den häßlichen Mordgeruch zu vertilgen. Wer von uns sah ohne Beben zu, wen durchdrang nicht lebendige Glut zur Tugend, brennender Haß des Lasters, als, aufgeschröckt aus Träumen der Ewigkeit, von den Schrecknissen des *nahen* Gerichts umgeben, *Franz von Moor* aus dem Schlummer sprang, als er, die Donner des erwachten Gewissens zu übertäuben, Gott aus der Schöpfung leugnete, und seine gepreßte Brust, zum letzten Gebete vertrocknet, in frechen Flüchen sich Luft machte? – – Es ist nicht Übertreibung, wenn man behauptet, daß diese auf der Schaubühne aufgestellten Gemälde mit der Moral des gemeinen Manns endlich in eins zusammen fließen, und in einzelnen Fällen seine Empfindung bestimmen. Ich selbst bin mehr als einmal ein Zeuge gewesen, als man seinen ganzen Abscheu vor schlechten Taten in dem Scheltwort zusammenhäufte: Der Mensch ist ein Franz Moor. Diese

Eindrücke sind unauslöschlich, und bei der leisesten Berührung steht das ganze abschröckende Kunstgemälde im Herzen des Menschen wie aus dem Grabe auf. So gewiß sichtbare Darstellung mächtiger wirkt, als toder Buchstabe und kalte Erzählung, so gewiß wirkt die Schaubühne tiefer und daurender als Moral und Gesetze.

Aber hier *unterstützt* sie die weltliche Gerechtigkeit nur – ihr ist noch ein weiteres Feld geöffnet. Tausend Laster, die jene ungestraft duldet, straft sie; tausend Tugenden, wovon jene schweigt, werden von der Bühne empfohlen. Hier begleitet sie die Weisheit und die Religion. Aus dieser reinen Quelle schöpft sie ihre Lehren und Muster, und kleidet die strenge Pflicht in ein reizendes lockendes Gewand. Mit welch herrlichen Empfindungen, Entschlüssen, Leidenschaften schwellt sie unsere Seele, welche göttliche Ideale stellt sie uns zur Nacheiferung aus! – Wenn der gütige August dem Verräter Cinna, der schon den tödlichen Spruch auf seinen Lippen zu lesen meint, groß wie seine Götter, die Hand reicht: »Laß uns Freunde sein Cinna!« – Wer unter der Menge wird in *dem* Augenblick nicht gern seinem Todfeind die Hand drücken wollen, dem göttlichen Römer zu gleichen? – Wenn *Franz* von Sickingen, auf dem Wege einen Fürsten zu züchtigen und für fremde Rechte zu kämpfen, unversehens hinter sich schaut, und den Rauch aufsteigen sieht von seiner Veste, wo Weib und Kind hilflos zurückblieben, und *er* – weiter zieht, Wort zu halten – wie groß wird mir da der Mensch, wie klein und verächtlich das gefürchtete unüberwindliche Schicksal!

Eben so häßlich, als liebenswürdig die Tugend, malen sich die Laster in ihrem furchtbaren Spiegel ab. Wenn der hilflose kindische *Lear* in Nacht und Ungewitter vergebens an das Haus seiner Töchter pocht, wenn er sein weißes Haar in die Lüfte streut, und den tobenden Elementen erzählt, wie unnatürlich seine Regan gewesen, wenn sein wütender Schmerz zuletzt in den schrecklichen Worten von ihm strömt: »Ich gab euch Alles!« – Wie abscheulich zeigt sich uns da der Undank? Wie feierlich geloben wir Ehrfurcht und kindliche Liebe! – Unsre Schaubühne hat noch eine große Eroberung ausstehen, von deren Wichtigkeit erst der Erfolg sprechen wird. Shakespears Timon von Athen ist, so weit ich mich besinnen kann, noch auf keiner deutschen Bühne erschienen, und, so gewiß ich den Menschen vor allem andern zuerst im Shakespear aufsuche, so gewiß weiß ich im ganzen Shakespear kein Stück, wo er wahrhaftiger vor mir stünde, wo er lauter und beredter zu meinem Herzen spräche, wo ich mehr Lebensweisheit lernte, als im Timon von Athen. Es ist wahres Verdienst um die Kunst, dieser Goldader nachzugraben.

Aber der Wirkungskreis der Bühne dehnt sich noch weiter aus. Auch da, wo Religion und Gesetze es unter ihrer Würde achten, Menschenempfindungen zu begleiten, ist *sie* für unsere Bildung noch geschäftig. Das Glück der Gesellschaft wird eben so sehr durch Torheit als durch Verbrechen und Laster gestört. Eine Erfahrung lehrt es, die so alt ist als die Welt, daß im Gewebe menschlicher Dinge oft die größten Gewichte an den kleinsten und zärtesten Fäden hangen, und, wenn wir Handlungen zu ihrer Quelle zurückbegleiten, wir zehenmal lächeln müssen, ehe wir uns einmal entsetzen. Mein Verzeichnis von Bösewichtern wird mit jedem Tage, den ich älter werde, kürzer, und mein Register von Toren vollzähliger und länger. Wenn die ganze moralische Verschuldung des einen Geschlechtes aus einer und eben der Quelle hervorspringt, wenn alle die ungeheuren Extreme von Laster, die es jemals gebrandmarkt haben, nur veränderte Formen, nur höhere Grade einer Eigenschaft sind, die wir zuletzt alle einstimmig belächeln und lieben, warum sollte die Natur bei dem andern Geschlechte nicht die nämliche Wege gegangen sein? Ich kenne nur *ein* Geheimnis, den Menschen vor Verschlimmerung zu bewahren, und dieses ist – sein Herz gegen Schwächen zu schützen.

Einen großen Teil dieser Wirkung können wir von der Schaubühne erwarten. Sie ist es, die der großen Klasse von Toren den Spiegel vorhält, und die tausendfachen Formen derselben mit heilsamem Spott beschämt. Was sie oben durch Rührung und Schrecken wirkte, leistet sie hier, (schneller vielleicht, und unfehlbarer) durch Scherz und Satire. Wenn wir es unternehmen wollten, Lustspiel und Trauerspiel nach dem Maß der erreichten Wirkung zu schätzen, so würde vielleicht die Erfahrung dem ersten den Vorrang geben. Spott und Verachtung verwunden den Stolz des Menschen empfindlicher, als Verabscheuung sein Gewissen foltert. Vor dem Schrecklichen verkriecht sich unsre Feigheit, aber eben diese Feigheit überliefert uns dem Stachel der Satire. Gesetz und Gewissen schützen uns *oft* für Verbrechen und Lastern – Lächerlichkeiten verlangen einen eigenen feinern Sinn, den wir nirgends mehr als vor dem Schauplatze üben. Vielleicht, daß wir einen Freund bevollmächtigen unsre Sitten und unser Herz anzugreifen, aber es kostet uns Mühe, ihm ein einziges Lachen zu vergeben. Unsre Vergehungen ertragen einen Aufseher und Richter, unsre Unarten kaum einen Zeugen – Die Schaubühne allein kann unsre Schwächen belachen, weil sie unsrer Empfindlichkeit schont, und den schuldigen Toren nicht wissen will – Ohne rot zu werden sehen wir unsre Larve aus ihrem Spiegel fallen, und danken ingeheim für die sanfte Ermahnung.

Aber ihr großer Wirkungskreis ist noch lange nicht geendigt. Die Schaubühne ist mehr als jede andere öffentliche Anstalt des Staats eine Schule der praktischen Weisheit, ein Wegweiser durch das bürgerliche Leben, ein unfehlbarer Schlüssel zu den geheimsten Zugängen der menschlichen Seele. Ich gebe zu, daß Eigenliebe und Abhärtung des Gewissens nicht selten ihre beste Wirkung vernichten, daß sich noch tausend Laster mit frecher Stirne vor ihrem Spiegel behaupten, tausend gute Gefühle vom kalten Herzen des Zuschauers fruchtlos zurückfallen – ich selbst bin der Meinung, daß vielleicht Molieres Harpagon noch keinen Wucherer besserte, daß der Selbstmörder Beverlei noch wenige seiner Brüder von der abscheulichen Spielsucht zurückzog, daß Karl Moors unglückliche Räubergeschichte die Landstraßen nicht viel sicherer machen wird – aber wenn wir auch diese große Wirkung der Schaubühne einschränken, wenn wir so ungerecht sein wollen, sie gar aufzuheben – wie unendlich viel bleibt noch von ihrem Einfluß zurück? Wenn sie die Summe der Laster weder tilgt noch vermindert, hat sie uns nicht mit denselben bekannt gemacht? – Mit diesen Lasterhaften, diesen Toren müssen wir leben. Wir müssen ihnen ausweichen oder begegnen; wir müssen sie untergraben, oder ihnen unterliegen. Jetzt aber überraschen sie uns nicht mehr. Wir sind auf ihre Anschläge vorbereitet. Die Schaubühne hat uns das Geheimnis verraten, sie ausfündig und unschädlich zu machen. *Sie* zog dem Heuchler die künstliche Maske ab, und entdeckte das Netz, womit uns List und Kabale umstrickten. Betrug und Falschheit riß sie aus krummen Labirinthen hervor, und zeigte ihr schreckliches Angesicht dem Tag. Vielleicht, daß die sterbende Sara nicht *einen* Wollüstling schröckt, daß alle Gemälde gestrafter Verführung seine Glut nicht erkälten, und daß selbst die verschlagene Spielerin diese Wirkung ernstlich zu verhüten bedacht ist – glücklich genug, daß die arglose Unschuld jetzt seine Schlingen kennt, daß die Bühne sie lehrte, seinen Schwüren mißtrauen, und vor seiner Anbetung zittern.

Nicht bloß auf Menschen und Menschencharakter, auch auf Schicksale macht uns die Schaubühne aufmerksam, und lehrt uns die große Kunst, sie zu ertragen. Im Gewebe unsers Lebens spielen *Zufall* und *Plan* eine gleich große Rolle; den

letztern lenken *wir*, dem erstern müssen wir uns blind unterwerfen. Gewinn genug, wenn unausbleibliche Verhängnisse
uns nicht ganz ohne Fassung finden, wenn unser Mut, unsre
Klugheit sich einst schon in ähnlichen übten, und unser Herz
zu dem Schlag sich gehärtet hat. Die Schaubühne führt uns
eine mannichfaltige Szene menschlicher Leiden vor. Sie zieht
uns künstlich in fremde Bedrängnisse, und belohnt uns das
augenblickliche Leiden mit wollüstigen Tränen, und einem
herrlichen Zuwachs an Mut und Erfahrung. Mit ihr folgen
wir der verlassenen *Ariadne* durch das wiederhallende Naxos,
steigen mit ihr in den Hungerturm Ugolinos hinunter, betreten mit ihr das entsetzliche Blutgerüste, und behorchen mit
ihr die feierliche Stunde des Todes. Hier hören wir, was unsre
Seele in leisen Ahndungen fühlte, die überraschte Natur laut
und unwidersprechlich bekräftigen. Im Gewölbe des *Towrs*
verläßt den betrogenen Liebling die Gunst seiner Königin –
Jetzt da er sterben soll, entfliegt dem geängstigten *Moor* seine
treulose sophistische Weisheit. Die Ewigkeit entläßt einen
Toten, Geheimnisse zu offenbaren, die kein Lebendiger wissen kann, und der sichere Bösewicht verliert seinen letzten
gräßlichen Hinterhalt, weil auch Gräber noch ausplaudern.

Aber nicht genug, daß uns die Bühne mit Schicksalen der
Menschheit bekannt macht, sie lehrt uns auch gerechter gegen
den Unglücklichen sein, und nachsichtsvoller über ihn richten. Dann nur, wenn wir die Tiefe seiner Bedrängnisse aus-
messen, dörfen wir das Urteil über ihn aussprechen. Kein
Verbrechen ist schändender, als das Verbrechen des Diebs –
aber mischen wir nicht alle eine Träne des Mitleids in unsern
Verdammungsspruch, wenn wir uns in den schrecklichen
Drang verlieren, worin *Eduard Ruhberg* die Tat vollbringt? –
Selbstmord wird allgemein als Frevel verabscheut; wenn aber,
bestürmt von den Drohungen eines wütenden Vaters, bestürmt von Liebe, von der Vorstellung schrecklicher Kloster-

mauren, *Mariane* den Gift trinkt, wer von uns will der erste sein, der über dem beweinenswürdigen Schlachtopfer einer verruchten Maxime den Stab bricht? – Menschlichkeit und Duldung fangen an der herrschende Geist unsrer Zeit zu werden; ihre Strahlen sind bis in die Gerichtssäle, und noch weiter – in das Herz unsrer Fürsten gedrungen. Wie viel Anteil an diesem göttlichen Werk gehört unsern Bühnen? Sind *sie* es nicht, die den Menschen mit dem Menschen bekannt machten, und das geheime Räderwerk aufdeckten, nach welchem er handelt?

Eine merkwürdige Klasse von Menschen hat Ursache, dankbarer als alle übrigen gegen die Bühne zu sein. Hier nur hören die Großen der Welt, was sie nie oder selten hören – Wahrheit; was sie nie oder selten sehen, sehen sie hier – den Menschen.

So groß und vielfach ist das Verdienst der bessern Bühne um die sittliche Bildung; kein geringeres gebührt ihr um die ganze Aufklärung des Verstandes. Eben hier in dieser höhern Sphäre weiß der große Kopf, der feurige Patriot sie erst ganz zu gebrauchen.

Er wirft einen Blick durch das Menschengeschlecht, vergleicht Völker mit Völkern, Jahrhunderte mit Jahrhunderten, und findet, wie sklavisch die größere Masse des Volks an Ketten des Vorurteils und der Meinung gefangen liegt, die seiner Glückseligkeit ewig entgegen arbeiten – daß die reinern Strahlen der Wahrheit nur wenige *einzelne* Köpfe beleuchten, welche den kleinen Gewinn vielleicht mit dem Aufwand eines ganzen Lebens erkauften. Wodurch kann der weise Gesetzgeber die Nation derselben teilhaftig machen?

Die Schaubühne ist der gemeinschaftliche Kanal, in welchen von dem denkenden bessern Teile des Volks das Licht der Weisheit herunterströmt, und von da aus in mildern Strahlen durch den ganzen Staat sich verbreitet. Richtigere

Begriffe, geläuterte Grundsätze, reinere Gefühle fließen von
hier durch alle Adern des Volks; der Nebel der Barbarei, des
finstern Aberglaubens verschwindet, die Nacht weicht dem
siegenden Licht. Unter so vielen herrlichen Früchten der bessern Bühne will ich nur zwo auszeichnen. Wie allgemein ist
nur seit wenigen Jahren die Duldung der Religionen und
Sekten geworden? – Noch ehe uns Nathan der Jude, und
Saladin der Sarazene beschämten, und die göttliche Lehre
uns predigten, daß Ergebenheit in Gott von unserm Wähnen
über Gott so gar nicht abhängig sei – ehe noch Joseph der
Zweite die fürchterliche Hyder des frommen Hasses be-
kämpfte, pflanzte die Schaubühne Menschlichkeit und Sanftmut in unser Herz, die abscheulichen Gemälde heidnischer
Pfaffenwut lehrten uns Religionshaß vermeiden – in diesem
schrecklichen Spiegel wusch das Christentum seine Flecken
ab. Mit eben so glücklichem Erfolge würden sich von der
Schaubühne Irrtümer der *Erziehung* bekämpfen lassen; das
Stück ist noch zu hoffen, wo dieses merkwürdige Thema behandelt wird. Keine Angelegenheit ist dem Staat durch ihre
Folgen so wichtig als diese, und doch ist keine so Preis gegeben, keine dem Wahne, dem Leichtsinn des Bürgers so unein-
geschränkt anvertraut, wie es diese ist. Nur die Schaubühne
könnte die unglücklichen Schlachtopfer vernachlässigter Erziehung in rührenden erschütternden Gemälden an ihm vorüber führen; hier könnten unsre Väter eigensinnigen Maximen entsagen, unsre Mütter vernünftiger lieben lernen. Falsche Begriffe führen das beste Herz des Erziehers irre; desto
schlimmer, wenn sie sich noch mit *Methode* brüsten, und den
zarten Schößling in Philanthropinen und Gewächshäusern
systematisch zu Grund richten. Der gegenwärtig herrschende
Kitzel, mit Gottes Geschöpfen Christmarkt zu spielen, diese
berühmte Raserei, Menschen zu drechseln, und es Deukalion
gleich zu tun, (mit dem Unterschied freilich, daß man aus

Menschen nunmehr Steine macht, wie jener aus Steinen Menschen) verdiente es mehr als jede andere Ausschweifung der
Vernunft den Geißel der Satire zu fühlen.

Nicht weniger ließen sich – verstünden es die Oberhäupter
und Vormünder des Staats – von der Schaubühne aus, die
Meinungen der Nation über Regierung und Regenten zu-
rechtweisen. Die gesetzgebende Macht spräche hier durch
fremde Symbolen zu dem Untertan, verantwortete sich gegen
seine Klagen, noch ehe sie laut werden, und bestäche seine
Zweifelsucht, ohne es zu scheinen. Sogar Industrie und Erfindungsgeist könnten und würden vor dem Schauplatze Feuer
fangen, wenn die Dichter es der Mühe wert hielten Patrioten
zu sein, und der Staat sich herablassen wollte, sie zu hören.

Unmöglich kann ich hier den großen Einfluß übergehen,
den eine gute stehende Bühne auf den Geist der Nation haben
würde. Nationalgeist eines Volks nenne ich die Ähnlichkeit
und Übereinstimmung seiner Meinungen und Neigungen bei
Gegenständen, worüber eine andere Nation anders meint und
empfindet. Nur der Schaubühne ist es möglich, diese Übereinstimmung in einem hohen Grad zu bewirken, weil sie das
ganze Gebiet des menschlichen Wissens durchwandert, alle
Situationen des Lebens erschöpft, und in alle Winkel des
Herzens hinunter leuchtet; weil sie alle Stände und Klassen
in sich vereinigt, und den gebahntesten Weg zum Verstand
und zum Herzen hat. Wenn in allen unsern Stücken *ein*
Hauptzug herrschte, wenn unsre Dichter unter sich einig
werden, und einen festen Bund zu diesem Endzweck errichten
wollten – wenn strenge Auswahl ihre Arbeiten leitete, ihr
Pinsel nur Volksgegenständen sich weihte – mit einem Wort,
wenn wir es erlebten eine Nationalbühne zu haben, so würden
wir auch eine Nation. Was kettete Griechenland so fest aneinander? Was zog das Volk so unwiderstehlich nach seiner Bühne? – Nichts anders als der vaterländische Inhalt der Stücke,

der griechische Geist, das große überwältigende Interesse des Staats, der besseren Menschheit, das in denselbigen atmete.

Noch ein Verdienst hat die Bühne – ein Verdienst, das ich jetzt um so lieber in Anschlag bringe, weil ich vermute, daß ihr Rechtshandel mit ihren Verfolgern ohnehin schon gewonnen sein wird. Was bis hieher zu beweisen unternommen worden, daß sie auf Sitten und Aufklärung wesentlich wirke, war zweifelhaft – daß sie unter allen Erfindungen des Luxus, und allen Anstalten zur gesellschaftlichen Ergötzlichkeit den Vorzug verdiene, haben selbst ihre Feinde gestanden. Aber was sie hier leistet ist wichtiger, als man gewohnt ist zu glauben.

Die menschliche Natur erträgt es nicht, ununterbrochen und ewig auf der Folter der Geschäfte zu liegen, die Reize der Sinne sterben mit ihrer Befriedigung. Der Mensch, überladen von tierischem Genuß, der langen Anstrengung müde, vom ewigen Triebe nach Tätigkeit gequält, dürstet nach bessern auserlesnern Vergnügungen, oder stürzt zügellos in wilde Zerstreuungen, die seinen Hinfall beschleunigen, und die Ruhe der Gesellschaft zerstören. Bacchantische Freuden, verderbliches Spiel, tausend Rasereien, die der Müßiggang ausheckt sind unvermeidlich, wenn der Gesetzgeber diesen Hang des Volks nicht zu lenken weiß. Der Mann von Geschäften ist in Gefahr, ein Leben, das er dem Staat so großmütig hinopferte, mit dem unseligen Spleen abzubüßen – der Gelehrte zum dumpfen Pedanten herabzusinken – der Pöbel zum Tier. Die Schaubühne ist die Stiftung, wo sich Vergnügen mit Unterricht, Ruhe mit Anstrengung, Kurzweil mit Bildung gattet, wo keine Kraft der Seele zum Nachteil der andern gespannt, kein Vergnügen auf Unkosten des Ganzen genossen wird. Wenn Gram an dem Herzen nagt, wenn trübe Laune unsre einsame Stunden vergiftet, wenn uns Welt und Geschäfte anekeln, wenn tausend Lasten unsre Seele drücken, und unsre

Reizbarkeit unter Arbeiten des Berufs zu ersticken droht, so empfängt uns die Bühne – in dieser künstlichen Welt träumen wir die wirkliche hinweg, wir werden uns selbst wieder gegeben, unsre Empfindung erwacht, heilsame Leidenschaften erschüttern unsre schlummernde Natur, und treiben das Blut in frischeren Wallungen. Der Unglückliche weint hier mit fremdem Kummer seinen eigenen aus, – der Glückliche wird nüchtern, und der Sichere besorgt. Der empfindsame Weichling härtet sich zum Manne, der rohe Unmensch fängt hier zum erstenmal zu empfinden an. Und dann endlich – welch ein Triumph für dich, Natur – so oft zu Boden getretene, so oft wieder auferstehende Natur – wenn Menschen aus allen Kreisen und Zonen und Ständen, abgeworfen jede Fessel der Künstelei und der Mode, herausgerissen aus jedem Drange des Schicksals, durch *eine* allwebende Sympathie verbrüdert, in *Ein* Geschlecht wieder aufgelöst, ihrer selbst und der Welt vergessen, und ihrem himmlischen Ursprung sich nähern. Jeder Einzelne genießt die Entzückungen aller, die verstärkt und verschönert aus hundert Augen auf ihn zurück fallen, und seine Brust gibt jetzt nur *Einer* Empfindung Raum – es ist diese: ein *Mensch* zu sein.

WAS HEISST UND ZU WELCHEM ENDE
STUDIERT MAN UNIVERSALGESCHICHTE?

Erfreuend und ehrenvoll ist mir der Auftrag, meine h. H. H.,
an Ihrer Seite künftig ein Feld zu durchwandern, das dem
denkenden Betrachter so viele Gegenstände des Unterrichts,
dem tätigen Weltmann so herrliche Muster zur Nachahmung,
dem Philosophen so wichtige Aufschlüsse, und jedem ohne
Unterschied so reiche Quellen des edelsten Vergnügens eröffnet – das große weite Feld der allgemeinen Geschichte. Der
Anblick so vieler vortrefflichen jungen Männer, die eine edle
Wißbegierde um mich her versammelt, und in deren Mitte
schon manches wirksame Genie für das kommende Zeitalter
aufblüht, macht mir meine Pflicht zum Vergnügen, läßt mich
aber auch die Strenge und Wichtigkeit derselben in ihrem
ganzen Umfang empfinden. Je größer das Geschenk ist, das
ich Ihnen zu übergeben habe – und was hat der Mensch dem
Menschen größeres zu geben, als Wahrheit? – destomehr muß
ich Sorge tragen, daß sich der Wert desselben unter meiner
Hand nicht verringere. Je lebendiger und reiner ihr Geist in
dieser glücklichsten Epoche seines Wirkens empfängt, und je
rascher sich ihre jugendlichen Gefühle entflammen, desto
mehr Aufforderung für mich, zu verhüten, daß sich dieser
Enthusiasmus, den die Wahrheit allein das Recht hat zu erwek-
ken, an Betrug und Täuschung nicht unwürdig verschwende.

Fruchtbar und weit umfassend ist das Gebiet der Geschich-
te; in ihrem Kreise liegt die ganze moralische Welt. Durch alle
Zustände, die der Mensch erlebte, durch alle abwechselnde
Gestalten der Meinung, durch seine Torheit und seine Weis-

heit, seine Verschlimmerung und seine Veredlung, begleitet sie ihn, von allem was er sich *nahm* und *gab*, muß sie Rechenschaft ablegen. Es ist keiner unter Ihnen allen, dem Geschichte nicht etwas wichtiges zu sagen hätte; alle noch so verschiedenen Bahnen Ihrer künftigen Bestimmung verknüpfen sich irgendwo mit derselben; aber Eine Bestimmung teilen Sie alle auf gleiche Weise mit einander, diejenige, welche Sie auf die Welt mitbrachten – sich als Menschen auszubilden – und zu dem Menschen eben redet die Geschichte.

Ehe ich es aber unternehmen kann, meine H. H., Ihre Erwartungen von diesem Gegenstande Ihres Fleißes genauer zu bestimmen, und die Verbindung anzugeben, worin derselbe mit dem eigentlichen Zweck Ihrer so verschiedenen Studien steht, wird es nicht überflüssig sein, mich *über diesen Zweck Ihrer Studien selbst* vorher mit Ihnen einzuverstehen. Eine vorläufige Berichtigung dieser Frage, welche mir passend und würdig genug scheint, unsre künftige akademische Verbindung zu eröffnen, wird mich in den Stand setzen, Ihre Aufmerksamkeit so gleich auf die würdigste Seite der Weltgeschichte hinzuweisen.

Anders ist der Studierplan, den sich der Brotgelehrte, anders derjenige, den der philosophische Kopf sich vorzeichnet. Jener, dem es bei seinem Fleiß einzig und allein darum zu tun ist, die Bedingungen zu erfüllen, unter denen er zu einem Amte fähig und der Vorteile desselben teilhaftig werden kann, der nur darum die Kräfte seines Geistes in Bewegung setzt, um dadurch seinen sinnlichen Zustand zu verbessern und eine kleinliche Ruhmsucht zu befriedigen, – ein solcher wird beim Eintritt in seine akademische Laufbahn keine wichtigere Angelegenheit haben, als die Wissenschaften, die er Brotstudien nennt, von allen übrigen, die den Geist nur als Geist vergnügen, auf das sorgfältigste abzusondern. Alle Zeit, die er diesen letztern widmete, würde er seinem künftigen Berufe zu ent-

ziehen glauben, und sich diesen Raub nie vergeben. Seinen
ganzen Fleiß wird er nach den Foderungen einrichten, die von
dem künftigen Herrn seines Schicksals an ihn gemacht werden, und alles getan zu haben glauben, wenn er sich fähig
gemacht hat, diese Instanz nicht zu fürchten. Hat er seinen
Kursus durchlaufen und das Ziel seiner Wünsche erreicht, so
entläßt er seine Führerinnen – denn wozu noch weiter sie
bemühen? Seine größte Angelegenheit ist jetzt, die zusammen
gehäuften Gedächtnisschätze zur Schau zu tragen, und ja zu
verhüten, daß sie in ihrem Werte nicht sinken. Jede Erweiterung seiner Brotwissenschaft beunruhigt ihn, weil sie ihm
neue Arbeit zusendet, oder die vergangene unnütz macht; jede
wichtige Neuerung schreckt ihn auf, denn sie zerbricht die alte
Schulform, die er sich so mühsam zu eigen machte, sie setzt
ihn in Gefahr, die ganze Arbeit seines vorigen Lebens zu verlieren. Wer hat über Reformatoren mehr geschrien, als der
Haufe der Brotgelehrten? Wer hält den Fortgang nützlicher
Revolutionen im Reich des Wissens mehr auf, als eben diese?
Jedes Licht, das durch ein glückliches Genie, in welcher Wissenschaft es sei, angezündet wird, macht ihre Dürftigkeit
sichtbar; sie fechten mit Erbitterung, mit Heimtücke, mit
Verzweiflung, weil sie bei dem Schulsystem, das sie verteidigen, zugleich für ihr ganzes Dasein fechten. Darum kein un-
versöhnlicherer Feind, kein neidischerer Amtsgehülfe, kein
bereitwilligerer Ketzermacher, als der Brotgelehrte. Je weniger
seine Kenntnisse *durch sich selbst* ihn belohnen, desto größere
Vergeltung heischt er von außen; für das Verdienst der Hand-
arbeiter und das Verdienst der Geister hat er nur *Einen* Maßstab, *die Mühe*. Darum hört man niemand über Undank
mehr klagen, als den Brotgelehrten; nicht bei seinen Gedan-
kenschätzen sucht er seinen Lohn, seinen Lohn erwartet er
von fremder Anerkennung, von Ehrenstellen, von Versor-
gung. Schlägt ihm dieses fehl, wer ist unglücklicher als der

Brotgelehrte? Er hat umsonst gelebt, gewacht, gearbeitet; er hat umsonst nach Wahrheit geforscht, wenn sich Wahrheit, für ihn nicht in Gold, in Zeitungslob, in Fürstengunst verwandelt.

Beklagenswerter Mensch, der mit dem edelsten aller Werkzeuge, mit Wissenschaft und Kunst, nichts höheres will und ausrichtet, als der Taglöhner mit dem schlechtesten! der im Reiche der vollkommensten Freiheit eine Sklavenseele mit sich herum trägt! – Noch beklagenswerter aber ist der junge Mann von Genie, dessen natürlich schöner Gang durch schädliche Lehren und Muster auf diesen traurigen Abweg verlenkt wird, der sich überreden ließ, für seinen künftigen Beruf mit dieser kümmerlichen Genauigkeit zu sammeln. Bald wird seine Berufswissenschaft als ein Stückwerk ihn anekeln; Wünsche werden in ihm aufwachen, die sie nicht zu befriedigen vermag, sein Genie wird sich gegen seine Bestimmung auflehnen. Als Bruchstück erscheint ihm jetzt alles was er tut, er sieht keinen Zweck seines Wirkens, und doch kann er Zwecklosigkeit nicht ertragen. Das Mühselige, das Geringfügige in seinen Berufsgeschäften drückt ihn zu Boden, weil er ihm den frohen Mut nicht entgegen setzen kann, der nur die helle Einsicht, nur die geahndete Vollendung begleitet. Er fühlt sich abgeschnitten, herausgerissen aus dem Zusammenhang der Dinge, weil er unterlassen hat, seine Tätigkeit an das große Ganze der Welt anzuschließen. Dem Rechtsgelehrten entleidet seine Rechtswissenschaft, sobald der Schimmer besserer Kultur ihre Blößen ihm beleuchtet, anstatt daß er jetzt streben sollte, ein neuer Schöpfer derselben zu sein, und den entdeckten Mangel aus innerer Fülle zu verbessern. Der Arzt entzweiet sich mit seinem Beruf, sobald ihm wichtige Fehlschläge die Unzuverlässigkeit seiner Systeme zeigen; der Theolog verliert die Achtung für den Seinigen, sobald sein Glaube an die Unfehlbarkeit seines Lehrgebäudes wankt.

Wie ganz anders verhält sich der philosophische Kopf! – Eben so sorgfältig, als der Brotgelehrte seine Wissenschaft von allen übrigen absondert, bestrebt sich jener, ihr Gebiet zu erweitern, und ihren Bund mit den übrigen wieder herzustellen – *herzustellen*, sage ich, denn nur der abstrahierende Verstand hat jene Grenzen gemacht, hat jene Wissenschaften von einander geschieden. Wo der Brotgelehrte trennt, vereinigt der philosophische Geist. Frühe hat er sich überzeugt, daß im Gebiete des Verstandes, wie in der Sinnenwelt, alles in einander greife, und sein reger Trieb nach Übereinstimmung kann sich mit Bruchstücken nicht begnügen. Alle seine Bestrebungen sind auf Vollendung seines Wissens gerichtet; seine edle Ungeduld kann nicht ruhen, bis alle seine Begriffe zu einem harmonischen Ganzen sich geordnet haben, bis er im Mittelpunkt seiner Kunst, seiner Wissenschaft steht, und von hier aus ihr Gebiet mit befriedigtem Blick überschauet. Neue Entdeckungen im Kreise seiner Tätigkeit, die den *Brotgelehrten* niederschlagen, entzücken den philosophischen Geist. Vielleicht füllen sie eine Lücke, die das werdende Ganze seiner Begriffe noch verunstaltet hatte, oder setzen den letzten noch fehlenden Stein an sein Ideengebäude, der es vollendet. Sollten sie es aber auch zertrümmern, sollte eine neue Gedankenreihe, eine neue Naturerscheinung, ein neu entdecktes Gesetz in der Körperwelt, den ganzen Bau seiner Wissenschaft umstürzen: so hat er *die Wahrheit immer mehr geliebt als sein System*, und gerne wird er die alte mangelhafte Form mit einer neuern und schönern vertauschen. Ja, wenn kein Streich von außen sein Ideengebäude erschüttert, so ist er selbst, von einem ewig wirksamen Trieb nach Verbesserung gezwungen, er selbst ist der Erste, der es unbefriedigt aus einander legt, um es vollkommener wieder herzustellen. Durch immer neue und immer schönere Gedanken-Formen schreitet der philosophische Geist zu höherer Vortrefflichkeit fort, wenn der Brotgelehrte, in ewigem Geistesstillstand, das unfruchtbare Einerlei seiner Schulbegriffe hütet.

Kein gerechterer Beurteiler fremden Verdiensts, als der philosophische Kopf. Scharfsichtig und erfinderisch genug, um jede Tätigkeit zu nutzen, ist er auch billig genug, den Urheber auch der kleinsten zu ehren. *Für ihn* arbeiten alle Köpfe – alle Köpfe arbeiten *gegen* den Brotgelehrten. Jener weiß alles was um ihn geschiehet und gedacht wird, in sein Eigentum zu verwandeln – zwischen denkenden Köpfen gilt eine innige Gemeinschaft aller Güter des Geistes; was Einer im Reiche der Wahrheit erwirbt, hat er Allen erworben – Der Brotgelehrte verzäunet sich gegen alle seine Nachbarn, denen er neidisch Licht und Sonne mißgönnt, und bewacht mit Sorge die baufällige Schranke, die ihn nur schwach gegen die siegende Vernunft verteidigt. Zu allem was der Brotgelehrte unternimmt, muß er Reiz und Aufmunterung von außen her borgen: der philosophische Geist findet in seinem Gegenstand, in seinem Fleiße selbst, Reiz und Belohnung. Wie viel begeisterter kann er sein Werk angreifen, wieviel lebendiger wird sein Eifer, wieviel ausdaurender sein Mut und seine Tätigkeit sein, da bei ihm die Arbeit sich durch die Arbeit verjüngt. Das Kleine selbst gewinnt Größe unter seiner schöpferischen Hand, da er dabei immer das Große im Auge hat, dem es dienet, wenn der Brotgelehrte in dem Großen selbst nur das Kleine sieht. Nicht *was* er treibt, sondern *wie* er das, was er treibt, behandelt, unterscheidet den philosophischen Geist. Wo er auch stehe und wirke, er steht immer im Mittelpunkt des Ganzen; und so weit ihn auch das Objekt seines Wirkens von seinen übrigen Brüdern entferne, er ist ihnen verwandt und *nahe* durch einen harmonisch wirkenden Verstand, er begegnet ihnen wo alle helle Köpfe einander finden. Soll ich diese Schilderung noch weiter fortführen, meine H. H. oder darf ich hoffen, daß es bereits bei Ihnen entschieden sei, welches von den beiden Gemälden, die ich Ihnen hier vorgehalten habe, Sie Sich zum Muster nehmen wollen? Von der Wahl, die Sie zwischen beiden getroffen haben, hängt es ab, ob Ihnen das Studium der Universalgeschichte empfohlen oder erlassen werden kann. Mit dem *Zweiten* allein habe ich es zu tun; denn bei dem Bestreben, sich dem *Ersten* nützlich zu machen, möchte sich die Wissenschaft selbst allzuweit von ihrem höhern Endzweck entfernen, und einen kleinen Gewinn mit einem zu großen Opfer erkaufen.

Über den Gesichtspunkt mit Ihnen einig, aus welchem der Wert einer Wissenschaft zu bestimmen ist, kann ich mich dem Begriff der Universalgeschichte selbst, dem Gegenstand der heutigen Vorlesung, nähern.

Die Entdeckungen, welche unsre europäischen Seefahrer in fernen Meeren und auf entlegenen Küsten gemacht haben, geben uns ein eben so lehrreiches als unterhaltendes Schauspiel. Sie zeigen uns Völkerschaften, die auf den mannichfaltigsten Stufen der Bildung um uns herum gelagert sind, wie Kinder verschiednen Alters um einen Erwachsenen herum stehen, und durch ihr Beispiel ihm in Erinnerung bringen, was er selbst vormals gewesen, und wovon er ausgegangen ist. Eine weise Hand scheint uns diese rohen Völkerstämme bis auf den Zeitpunkt aufgespart zu haben, wo wir in unsrer eignen Kultur weit genug würden fortgeschritten sein, um von dieser Entdeckung eine nützliche Anwendung auf uns selbst zu machen, und den verlornen Anfang unsers Geschlechts aus diesem Spiegel wieder herzustellen. Wie beschämend und traurig aber ist das Bild, das uns diese Völker von unserer Kindheit geben! und doch ist es nicht einmal die erste Stufe mehr, auf der wir sie erblicken. Der Mensch fing noch verächtlicher an. Wir finden jene doch schon als Völker, als politische Körper: aber der Mensch mußte sich erst durch eine außerordentliche Anstrengung zur Gesellschaft erheben.

Was erzählen uns die Reisebeschreiber nun von diesen Wilden? Manche fanden sie ohne Bekanntschaft mit den unentbehrlichsten Künsten, ohne das Eisen, ohne den Pflug, einige sogar ohne den Besitz des Feuers. Manche rangen noch mit wilden Tieren um Speise und Wohnung, bei vielen hatte sich die Sprache noch kaum von tierischen Tönen zu verständlichen Zeichen erhoben. Hier war nicht einmal das so einfache Band der *Ehe,* dort noch keine Kenntnis des *Eigentums;* hier konnte die schlaffe Seele noch nicht einmal eine Erfahrung fest halten, die sie doch täglich wiederholte; sorglos sah man den Wilden das Lager hingeben, worauf er heute schlief, weil ihm nicht einfiel, daß er morgen wieder schlafen würde. Krieg hingegen war bei allen, und das Fleisch des überwundenen Feindes nicht selten der Preis des Sieges. Bei andern, die mit mehrern Gemächlichkeiten des Lebens vertraut, schon eine höhere Stufe der Bildung erstiegen hatten, zeigten Knechtschaft und Despotismus ein schauderhaftes Bild. Dort sah man einen Despoten Afrikas seine Untertanen für einen Schluck Brandwein verhandeln: – hier wurden sie auf seinem Grab abgeschlachtet, ihm in der Unterwelt zu dienen. Dort wirft sich die fromme Einfalt vor einen lächerlichen Fetisch, und hier vor einem grausenvollen Scheusal nieder; in seinen Göttern malt sich der Mensch. So tief ihn dort Sklaverei, Dummheit und Aberglauben niederbeugen, so elend ist er hier durch das andre Extrem gesetzloser Freiheit. Immer zum Angriff und zur Verteidigung gerüstet, von jedem Geräusch aufgescheucht, reckt der Wilde sein scheues Ohr in die Wüste; *Feind* heißt ihm alles was neu ist, und wehe dem Fremdling den das Ungewitter an seine Küste schleudert! Kein wirtlicher Herd wird ihm rauchen, kein süßes Gastrecht ihn erfreuen. Aber selbst da, wo sich der Mensch von einer feindseligen Einsamkeit zur Gesellschaft, von der Not zum Wohlleben, von der Furcht zu der Freude erhebt – wie abenteuerlich und ungeheuer zeigt er sich unsern Augen! Sein roher Geschmack sucht Fröhlichkeit in der Betäubung, Schönheit in der Verzerrung, Ruhm in der Übertreibung; Entsetzen erweckt uns selbst seine Tugend, und das was er seine Glückseligkeit nennt, kann uns nur Ekel oder Mitleid erregen.

So waren *wir*. Nicht viel besser fanden uns Cäsar und Tacitus vor achtzehn hundert Jahren.

Was sind wir jetzt? – Lassen Sie mich einen Augenblick bei dem Zeitalter stille stehen, worin wir leben, bei der gegenwärtigen Gestalt der Welt, die wir bewohnen.

Der menschliche Fleiß hat sie angebaut, und den widerstrebenden Boden durch sein Beharren und seine Geschicklichkeit überwunden. Dort hat er dem Meere Land abgewonnen, hier dem dürren Lande Ströme gegeben. Zonen und Jahrszeiten hat der Mensch durch einander gemengt, und die weichlichen Gewächse des Orients zu seinem rauheren Himmel abgehärtet. Wie er Europa nach Westindien und dem Südmeere trug, hat er Asien in Europa auferstehen lassen. Ein heitrer Himmel lacht jetzt über Germaniens Wäldern, welche die starke Menschenhand zerriß und dem Sonnenstrahl auftat, und in den Wellen des Rheins spiegeln sich Asiens Reben. An seinen Ufern erheben sich volkreiche Städte, die Genuß und Arbeit in munterm Leben durchschwärmen. Hier finden wir den Menschen, in seines Erwerbes friedlichem Besitz sicher unter einer Million, ihn, dem sonst ein einziger Nachbar den Schlummer raubte. Die Gleichheit, die er durch seinen Eintritt in die Gesellschaft verlor, hat er wieder gewonnen durch weise Gesetze. Von dem blinden Zwange des Zufalls und der Not hat er sich unter die sanftere Herrschaft der Verträge geflüchtet, und die Freiheit des Raubtiers hingegeben, um die edlere Freiheit des Menschen zu retten. Wohltätig haben sich seine Sorgen getrennt, seine Tätigkeiten verteilt. Jetzt nötigt ihn das gebieterische Bedürfnis nicht mehr an die Pflugschar, jetzt fordert ihn kein Feind mehr von dem Pflug auf das Schlachtfeld, Vaterland und Herd zu verteidigen. Mit dem Arme des Landmanns füllt er seine Scheunen, mit den Waffen des Kriegers schützt er sein Gebiet. Das Gesetz wacht über sein Eigentum – und *ihm* bleibt das unschätzbare Recht, sich selbst seine Pflicht auszulesen.

Wie viele Schöpfungen der Kunst, wie viele Wunder des Fleißes, welches Licht in allen Feldern des Wissens, seitdem der Mensch in der traurigen Selbstverteidigung seine Kräfte nicht mehr unnütz verzehrt, seitdem es in seine Willkür gestellt worden, sich mit der Not abzufinden, der er nie ganz entfliehen soll, seitdem er das kostbare Vorrecht errungen hat, über seine Fähigkeit frei zu gebieten, und dem Ruf seines Genius zu folgen! Welche rege Tätigkeit überall, seitdem die vervielfältigten Begierden dem Erfindungsgeist neue Flügel gaben, und dem Fleiß neue Räume auftaten! – Die Schranken sind durchbrochen, welche Staaten und Nationen in feindseligem Egoismus absonderten. Alle denkenden Köpfe verknüpft jetzt ein weltbürgerliches Band, und alles Licht seines Jahrhunderts kann nunmehr den Geist eines neuern Galilei und Erasmus bescheinen.

Seitdem die Gesetze zu der Schwäche des Menschen herunterstiegen, kam der Mensch auch den Gesetzen entgegen. Mit ihnen ist er sanfter geworden, wie er mit ihnen verwilderte; ihren barbarischen Strafen folgen die barbarischen Verbrechen allmählig in die Vergessenheit nach. Ein großer Schritt zur Veredlung ist geschehen, daß die Gesetze tugendhaft sind, wenn auch gleich noch nicht die Menschen. Wo die Zwangspflichten von dem Menschen ablassen, übernehmen ihn die Sitten. Den keine Strafe schreckt und kein Gewissen zügelt, halten jetzt die Gesetze des Anstands und der Ehre in Schranken.

Wahr ist es, auch in unser Zeitalter haben sich noch manche barbarische Überreste aus den vorigen eingedrungen, Geburten des Zufalls und der Gewalt, die das Zeitalter der Vernunft nicht hätte verewigen sollen. Aber wieviel Gestalt hat der Verstand des Menschen auch diesem barbarischen Nachlaß der ältern und mittlern Jahrhunderte anerschaffen! Wie unschädlich, ja wie nützlich hat er oft gemacht, was er umzustürzen noch nicht wagen konnte! Auf dem rohen Grunde der Lehen-Anarchie führte Teutschland das System seiner politischen und kirchlichen Freiheit auf. Das Schattenbild des römischen Imperators, das sich diesseits der Apenninen erhalten, leistet der Welt jetzt unendlich mehr Gutes, als sein schreckhaftes Urbild im alten Rom – denn es hält ein nützliches Staatssystem durch *Eintracht* zusammen: jenes drückte die tätigsten Kräfte der Menschheit in einer sklavischen *Einförmigkeit* darnieder. Selbst unsre Religion – so sehr entstellt durch die untreuen Hände, durch welche sie uns überliefert worden – wer kann in ihr den veredelnden Einfluß der bessern Philosophie verkennen? Unsre Leibnitze und Locke machten sich um das *Dogma* und um die *Moral* des Christentums eben so verdient, als – der Pinsel eines Raphael und Correggio um die heilige Geschichte.

Endlich unsre Staaten – mit welcher Innigkeit, mit welcher Kunst sind sie einander verschlungen! wie viel dauerhafter durch den wohltätigen Zwang der Not als vormals durch die feierlichsten Verträge verbrüdert! Den Frieden hütet jetzt ein ewig geharnischter Krieg, und die Selbstliebe eines Staats setzt ihn zum Wächter über den Wohlstand des andern. Die europäische Staatengesellschaft scheint in eine große Familie verwandelt. Die Hausgenossen können einander anfeinden, aber nicht mehr zerfleischen.

Welche entgegengesetzte Gemälde! Wer sollte in dem verfeinerten Europäer des achtzehnten Jahrhunderts nur einen fortgeschrittnen Bruder des neuern Kanadiers, des alten Celten vermuten? Alle diese Fertigkeiten, Kunsttriebe, Erfahrungen, alle diese Schöpfungen der Vernunft sind im Raume von wenigen Jahrtausenden in dem Menschen angepflanzt und entwickelt worden; alle diese Wunder der Kunst, diese Riesenwerke des Fleißes sind aus ihm heraus gerufen worden. Was weckte jene zum Leben, was lockte diese heraus? Welche Zustände durchwanderte der Mensch, bis er von *jenem* Äußersten zu *diesem* Äußersten, vom ungeselligen Höhlenbewohner – zum geistreichen Denker, zum gebildeten Weltmann hinaufstieg? – Die allgemeine Weltgeschichte gibt Antwort auf diese Frage.

So unermeßlich ungleich zeigt sich uns das nämliche Volk auf dem nämlichen Landstriche, wenn wir es in verschiedenen Zeiträumen anschauen! Nicht weniger auffallend ist der Unterschied, den uns das gleichzeitige Geschlecht, aber in verschiedenen Ländern, darbietet. Welche Mannigfaltigkeit in Gebräuchen, Verfassungen und Sitten! Welcher rasche Wechsel von Finsternis und Licht, von Anarchie und Ordnung, von Glückseligkeit und Elend, wenn wir den Menschen auch nur in dem kleinen Weltteil Europa aufsuchen! Frei an der Themse, und für diese Freiheit sein eigener Schuldner; hier unbezwingbar zwischen seinen Alpen, dort zwischen seinen Kunstflüssen und Sümpfen unüberwunden. An der Weichsel kraftlos und elend durch seine Zwietracht; jenseits der Pyrenäen durch seine Ruhe kraftlos und elend. Wohlhabend und gesegnet in Amsterdam ohne Ernte; dürftig und unglücklich an des Ebro unbenutztem Paradiese. Hier zwei entlegene Völker durch ein Weltmeer getrennt, und zu Nachbarn gemacht durch Bedürfnis, Kunstfleiß und politische Bande; dort die Anwohner Eines Stroms durch eine andere Liturgie unermeßlich geschieden! Was führte Spaniens Macht über den atlantischen Ozean in das Herz von Amerika, und nicht einmal über den Tajo und Guadiana hinüber? Was erhielt in Italien und Teutschland so viele Thronen, und ließ in Frankreich alle, bis auf Einen, verschwinden? – Die Universalgeschichte löst diese Frage.

Selbst daß *wir* uns in diesem Augenblick hier zusammen fanden, uns mit diesem Grade von Nationalkultur, mit dieser Sprache, diesen Sitten, diesen bürgerlichen Vorteilen, diesem Maß von Gewissensfreiheit zusammen fanden, ist das Resultat vielleicht *aller* vorhergegangenen Weltbegebenheiten: die *ganze* Weltgeschichte würde wenigstens nötig sein, dieses einzige Moment zu erklären. Daß wir uns als Christen zusammen fanden, mußte diese Religion, durch unzählige Revolutionen vorbereitet, aus dem Judentum hervorgehen, mußte sie den römischen Staat genau *so* finden, als sie ihn fand, um sich mit schnellem siegendem Lauf über die Welt zu verbreiten und den Thron der Cäsarn endlich selbst zu besteigen. Unsre rauhen Vorfahren in den thüringischen Wäldern mußten der Übermacht der Franken unterliegen, um ihren Glauben anzunehmen. Durch seine wachsenden Reichtümer, durch die Unwissenheit der Völker und durch die Schwäche ihrer Beherrscher mußte der Klerus verführt und begünstigt werden, sein Ansehen zu mißbrauchen, und seine stille *Gewissensmacht* in ein weltliches Schwert umzuwandeln. Die Hierarchie mußte in einem *Gregor* und *Innozenz* alle ihre Greuel auf das Menschengeschlecht ausleeren, damit das überhandnehmende Sittenverderbnis und des geistlichen Despotismus schreiendes Skandal einen unerschrockenen Augustinermönch auffordern konnte, das Zeichen zum Abfall zu geben, und dem römischen Hierarchen eine Hälfte Europens zu entreißen, – wenn wir uns als protestantische Christen hier versammeln sollten. Wenn dies geschehen sollte, so mußten die Waffen unsrer Fürsten Karln V. einen Religionsfrieden abnötigen; ein Gustav Adolf mußte den Bruch dieses Friedens rächen, und ein neuer allgemeiner Friede ihn auf ewig begründen. Städte mußten sich in Italien und Teutschland erheben, dem Fleiß ihre Tore öffnen, die Ketten der Leibeigenschaft zerbrechen, unwissenden Tyrannen den Richterstab aus den Händen ringen, und durch eine kriegerische Hansa sich in Achtung setzen, wenn Gewerbe und Handel blühen, und der Überfluß den Künsten der Freude rufen, wenn der Staat den nützlichen Landmann ehren, und in dem wohltätigen *Mittelstande*, dem Schöpfer unsrer ganzen Kultur, ein dauerhaftes Glück für die Menschheit heran reifen sollte. Teutschlands Kaiser mußten sich in Jahrhundertlangen Kämpfen mit dem römischen Stuhl, mit ihren Vasallen, und mit eifersüchtigen Nachbarn entkräften – Europa sich seines gefährlichen Überflusses in Asiens Gräbern entladen; und der trotzige Lehen-Adel in einem mörderischen Faustrecht, Römerzügen und heiligen Fahrten seinen Empörungsgeist ausbluten: wenn das verworrene Chaos sich sondern, und die streitenden Mächte des Staats in dem gesegneten Gleichgewicht ruhen sollten, wovon unsre jetzige Muße der Preis ist. Wenn sich unser Geist aus der Unwissenheit herausringen sollte, worin geistlicher und weltlicher Zwang ihn gefesselt hielt: so mußte der lang erstickte Keim der Gelehrsamkeit unter ihren wütendsten Verfolgern aufs neue hervorbrechen, und ein *Al Mamun* den Wissenschaften den Raub vergüten, den ein Omar an ihnen verübt hatte. Das unerträgliche Elend der Barbarei mußte unsre Vorfahren von den blutigen *Urteilen Gottes* zu menschlichen Richterstühlen treiben, verheerende Seuchen die verirrte Heilkunst zur Betrachtung der Natur zurückrufen, der Müßiggang der Mönche mußte für das Böse, das ihre Werktätigkeit schuf, von ferne einen Ersatz zubereiten, und der profane Fleiß in den Klöstern die zerrütteten Reste des Augustischen Weltalters bis zu den Zeiten der Buchdruckerkunst hinhalten. An griechischen und römischen Mustern mußte der niedergedrückte Geist nordi-

scher Barbaren sich aufrichten, und die Gelehrsamkeit einen
Bund mit den Musen und Grazien schließen, wann sie einen
Weg zu dem Herzen finden, und den Namen einer Men-
schenbildnerin sich verdienen sollte. – Aber hätte Griechenland
wohl einen Thucydides, einen Plato, einen Aristoteles, hätte
Rom einen Horaz, einen Cicero, einen Virgil und Livius geboren, wenn diese beiden Staaten nicht zu derjenigen Höhe
des politischen Wohlstands emporgedrungen wären, welche
sie wirklich erstiegen haben? Mit einem Wort – wenn nicht
ihre *ganze* Geschichte vorhergegangen wäre? Wie viele Erfindungen, Entdeckungen, Staats- und Kirchenrevolutionen
mußten *zusammentreffen*, diesen neuen, noch zarten Keimen
von Wissenschaft und Kunst, Wachstum und Ausbreitung zu
geben! Wie viele Kriege mußten geführt, wie viele Bündnisse
geknüpft, zerrissen und aufs neue geknüpft werden, um endlich Europa zu dem Friedensgrundsatz zu bringen, welcher
allein den Staaten wie den Bürgern vergönnt, ihre Aufmerksamkeit auf sich selbst zu richten, und ihre Kräfte zu einem
verständigen Zwecke zu versammeln!

Selbst in den alltäglichsten Verrichtungen des bürgerlichen
Lebens können wir es nicht vermeiden, die Schuldner ver-
gangener Jahrhunderte zu werden; die ungleichartigsten Pe-
rioden der Menschheit steuern zu unsrer Kultur, wie die ent-
legensten Weltteile zu unserm Luxus. Die Kleider, die wir
tragen, die Würze an unsern Speisen und der Preis, um den
wir sie kaufen, viele unsrer kräftigsten Heilmittel, und eben so
viele neue Werkzeuge unsers Verderbens – setzen sie nicht
einen *Columbus* voraus, der Amerika entdeckte, einen *Vasco
de Gama*, der die Spitze von Afrika umschiffte?

Es zieht sich also eine lange Kette von Begebenheiten von
dem gegenwärtigen Augenblicke bis zum Anfange des Men-
schengeschlechts hinauf, die wie Ursache und Wirkung in
einander greifen. *Ganz* und *vollzählich* überschauen kann

sie nur der unendliche Verstand; dem Menschen sind engere Grenzen gesetzt. I. Unzählig viele dieser Ereignisse haben entweder keinen menschlichen Zeugen und Beobachter gefunden, oder sie sind durch kein Zeichen fest gehalten worden. Dahin gehören alle, die dem Menschengeschlechte selbst und der Erfindung der Zeichen vorhergegangen sind. Die Quelle aller Geschichte ist Tradition, und das Organ der Tradition ist die Sprache. Die ganze Epoche *vor der Sprache*, so folgenreich sie auch für die *Welt* gewesen, ist für die *Weltgeschichte* verloren. II. Nachdem aber auch Sprache erfunden, und durch sie die Möglichkeit vorhanden war, geschehene Dinge auszudrücken und weiter mitzuteilen, so geschah diese Mitteilung anfangs durch den unsichern und wandelbaren Weg der *Sagen*. Von Munde zu Munde pflanzte sich eine solche Begebenheit durch eine lange Folge von Geschlechtern fort, und da sie durch Media ging, die verändert werden und verändern, so mußte sie diese Veränderungen mit erleiden. Die lebendige Tradition oder die mündliche Sage ist daher eine sehr unzuverlässige Quelle für die Geschichte, daher sind alle Begebenheiten *vor dem Gebrauche der Schrift* für die Weltgeschichte so gut als verloren. III. Die Schrift ist aber selbst nicht unvergänglich; unzählich viele Denkmäler des Altertums haben Zeit und Zufälle zerstört, und nur wenige Trümmer haben sich aus der Vorwelt in die Zeiten der Buchdruckerkunst gerettet. Bei weitem der größre Teil ist mit den Aufschlüssen, die er uns geben sollte, für die Weltgeschichte verloren. IV. Unter den wenigen endlich, welche die Zeit verschonte, ist die größere Anzahl durch die *Leidenschaft*, durch den *Unverstand*, und oft selbst durch das *Genie* ihrer Beschreiber verunstaltet und unkennbar gemacht. Das Mißtrauen erwacht bei dem ältesten historischen Denkmal, und es verläßt uns nicht einmal bei einer Chronik des heutigen Tages. Wenn wir über eine Begebenheit, die sich heute erst, und unter Menschen mit denen wir leben, und in der Stadt die wir bewohnen, ereignet, die Zeugen abhören, und aus ihren widersprechenden Berichten Mühe haben die Wahrheit zu enträtseln: welchen Mut können wir zu Nationen und Zeiten mitbringen, die durch Fremdartigkeit der Sitten weiter als durch ihre Jahrtausende von uns entlegen sind? – Die kleine Summe von Begebenheiten, die nach allen bisher geschehenen Abzügen zurückbleibt, ist der Stoff der Geschichte in ihrem weitesten Verstande. *Was* und *wieviel* von diesem historischen Stoff gehört nun der *Universalgeschichte*?

Aus der ganzen Summe dieser Begebenheiten hebt der Universalhistoriker diejenigen heraus, welche auf die *heutige* Gestalt der Welt und den Zustand der jetzt lebenden Generation einen wesentlichen, unwidersprechlichen und leicht zu verfolgenden Einfluß gehabt haben. Das Verhältnis eines historischen Datums zu der *heutigen* Weltverfassung ist es also, worauf gesehen werden muß, um Materialien für die Weltgeschichte zu sammeln. Die Weltgeschichte geht also von einem Prinzip aus, das dem Anfang der Welt gerade entgegensteht. Die wirkliche Folge der Begebenheiten steigt von dem Ursprung der Dinge zu ihrer neuesten Ordnung herab, der Universalhistoriker rückt von der neuesten Weltlage aufwärts dem Ursprung der Dinge entgegen. Wenn er von dem laufenden Jahr und Jahrhundert zu dem nächst vorhergegangenen in Gedanken hinaufsteigt, und unter den Begebenheiten, die das Letztere ihm darbietet, diejenigen sich merkt, welche den Aufschluß über die nächstfolgenden enthalten – wenn er diesen Gang schrittweise fortgesetzt hat bis zum Anfang – nicht der Welt, denn dahin führt ihn kein Wegweiser – bis zum Anfang der Denkmäler, dann steht es bei ihm, auf dem gemachten Weg umzukehren, und an dem Leitfaden dieser bezeichneten Fakten, ungehindert und leicht, vom Anfang der Denkmäler bis zu dem neuesten Zeitalter herunter zu steigen.

Dies ist die Weltgeschichte, die wir haben, und die Ihnen wird vorgetragen werden.

Weil die Weltgeschichte von dem Reichtum und der Armut an Quellen abhängig ist, so müssen eben so viele Lücken in der Weltgeschichte entstehen, als es leere Strecken in der Überlieferung gibt. So gleichförmig, notwendig und bestimmt sich die Weltveränderungen auseinander entwickeln, so unterbrochen und zufällig werden sie in der Geschichte in einander gefügt sein. Es ist daher zwischen dem Gange der *Welt* und dem Gange der *Weltgeschichte* ein merkliches Mißverhältnis sichtbar. Jenen möchte man mit einem ununterbrochen fortfließenden Strom vergleichen, wovon aber in der Weltgeschichte nur hie und da eine Welle beleuchtet wird. Da es ferner leicht geschehen kann, daß der Zusammenhang einer entfernten Weltbegebenheit mit dem Zustand des laufenden Jahres früher in die Augen fällt, als die Verbindung, worin sie mit Ereignissen stehet, die ihr vorhergingen oder gleichzeitig waren: so ist es ebenfalls unvermeidlich, daß Begebenheiten, die sich mit dem neuesten Zeitalter aufs genaueste binden, in dem Zeitalter, dem sie eigentlich angehören nicht selten *isoliert* erscheinen. Ein Faktum dieser Art wäre z.B. der Ursprung des Christentums und besonders der christlichen Sittenlehre. Die christliche Religion hat an der gegenwärtigen Gestalt der Welt einen so vielfältigen Anteil, daß ihre Erscheinung das wichtigste Faktum für die Weltgeschichte wird: aber weder in der Zeit, wo sie sich zeigte, noch in dem Volke, bei dem sie aufkam, liegt (aus Mangel der Quellen) ein befriedigender Erklärungsgrund ihrer Erscheinung.

So würde denn unsre Weltgeschichte nie etwas anders als ein Aggregat von Bruchstücken werden, und nie den Namen einer Wissenschaft verdienen. Jetzt also kommt ihr der philosophische Verstand zu Hülfe, und, indem er diese Bruchstücke durch künstliche Bindungsglieder verkettet, erhebt er das Aggregat zum System, zu einem vernunftmäßig zusammenhängenden Ganzen. Seine Beglaubigung dazu liegt in der Gleichförmigkeit und unveränderlichen Einheit der Naturgesetze und des menschlichen Gemüts, welche Einheit Ursache ist, daß die Ereignisse des entferntesten Altertums, unter dem Zusammenfluß ähnlicher Umstände von außen, in den neuesten Zeitläuften wiederkehren; daß also von den neuesten Erscheinungen, die im Kreis unsrer Beobachtung liegen, auf diejenigen, welche sich in geschichtlosen Zeiten verlieren, rückwärts ein Schluß gezogen und einiges Licht verbreitet werden kann. Die Methode, nach der Analogie zu schließen, ist, wie überall so auch in der Geschichte ein mächtiges Hülfsmittel: aber sie muß durch einen erheblichen Zweck gerechtfertigt, und mit eben soviel Vorsicht als Beurteilung in Ausübung gebracht werden.

Nicht lange kann sich der philosophische Geist bei dem Stoffe der Weltgeschichte verweilen, so wird ein neuer Trieb in ihm geschäftig werden, der nach Übereinstimmung strebt – der ihn unwiderstehlich reizt, alles um sich herum seiner eigenen vernünftigen Natur zu assimilieren, und jede ihm vorkommende Erscheinung zu der höchsten Wirkung die er erkannt, zum *Gedanken* zu erheben. Je öfter also und mit je glücklicherm Erfolge er den Versuch erneuert, das Vergangene mit dem Gegenwärtigen zu verknüpfen: desto mehr wird er geneigt, was er als *Ursache* und *Wirkung* in einander greifen sieht, als *Mittel* und *Absicht* zu verbinden. Eine Erscheinung nach der andern fängt an, sich dem blinden Ohngefähr, der gesetzlosen Freiheit zu entziehen, und sich einem übereinstimmenden Ganzen (das freilich nur in seiner Vorstellung vorhanden ist) als ein passendes Glied anzureihen. Bald fällt es ihm schwer, sich zu überreden, daß diese Folge von Erscheinungen, die in seiner Vorstellung soviel Regelmäßigkeit und

Absicht annahm, diese Eigenschaften in der Wirklichkeit ver-
leugne; es fällt ihm schwer, wieder unter die blinde Herrschaft
der Notwendigkeit zu geben, was unter dem geliehenen Lichte des Verstandes angefangen hatte eine so heitre Gestalt zu
gewinnen. Er nimmt also diese Harmonie aus sich selbst heraus, und verpflanzt sie außer sich in die Ordnung der Dinge
d. i. er bringt einen vernünftigen Zweck in den Gang der
Welt, und ein teleologisches Prinzip in die *Weltgeschichte.*
Mit diesem durchwandert er sie noch einmal, und hält es
prüfend gegen jede Erscheinung, welche dieser große Schauplatz ihm darbietet. Er sieht es durch tausend beistimmende
Fakta *bestätigt*, und durch eben soviele andre *widerlegt*; aber so
lange in der Reihe der Weltveränderungen noch wichtige
Bindungsglieder fehlen, so lange das Schicksal über so viele
Begebenheiten den letzten Aufschluß noch zurückhält, erklärt
er die Frage für *unentschieden*, und diejenige Meinung siegt,
welche dem Verstande die höhere Befriedigung, und dem
Herzen die größre Glückseligkeit anzubieten hat.

Es bedarf wohl keiner Erinnerung, daß eine Weltgeschichte
nach letzterm Plane in den spätesten Zeiten erst zu erwarten
steht. Eine vorschnelle Anwendung dieses großen Maßes
könnte den Geschichtsforscher leicht in Versuchung führen,
den Begebenheiten Gewalt anzutun, und diese glückliche
Epoche für die Weltgeschichte immer weiter zu entfernen,
indem er sie beschleunigen will. Aber nicht zu frühe kann
die Aufmerksamkeit auf diese lichtvolle und doch so sehr ver-
nachlässigte Seite der Weltgeschichte gezogen werden, wodurch sie sich an den höchsten Gegenstand aller menschlichen
Bestrebungen anschließt. Schon der stille Hinblick auf dieses,
wenn auch nur mögliche, Ziel muß dem Fleiß des Forschers
einen belebenden Sporn und eine süße Erholung geben.
Wichtig wird ihm auch die kleinste Bemühung sein, wenn
er sich auf dem Wege sieht, oder auch nur einen späten Nach-

folger darauf leitet, das Problem der Weltordnung aufzulösen, und dem höchsten Geist in seiner schönsten Wirkung zu begegnen.

Und auf solche Art behandelt, M. H. H. wird Ihnen das Studium der Weltgeschichte eine eben so anziehende als nützliche Beschäftigung gewähren. Licht wird sie in Ihrem Verstande, und eine wohltätige Begeisterung in ihrem Herzen entzünden. Sie wird Ihren Geist von der gemeinen und kleinlichen Ansicht moralischer Dinge entwöhnen, und, indem sie vor Ihren Augen das große Gemälde der Zeiten und Völker auseinander breitet, wird sie die vorschnellen Entscheidungen des Augenblicks, und die beschränkten Urteile der Selbstsucht verbessern. Indem sie den Menschen gewöhnt, sich mit der ganzen Vergangenheit zusammen zu fassen, und mit seinen Schlüssen in die ferne Zukunft voraus zu eilen: so verbirgt sie die Grenzen von Geburt und Tod, die das Leben des Menschen so eng und so drückend umschließen, so breitet sie optisch täuschend sein kurzes Dasein in einen unendlichen Raum aus, und führt das Individuum unvermerkt in die Gattung hinüber.

Der Mensch verwandelt sich und flieht von der Bühne; seine Meinungen fliehen und verwandeln sich mit ihm: die Geschichte allein bleibt unausgesetzt auf dem Schauplatz, eine unsterbliche Bürgerin aller Nationen und Zeiten. Wie der homerische Zeus sieht sie mit gleich heitern Blicke auf die blutigen Arbeiten des Kriegs, und auf die friedlichen Völker herab, die sich von der Milch ihrer Herden schuldlos ernähren. Wie regellos auch die Freiheit des Menschen mit dem Weltlauf zu schalten scheine, ruhig sieht sie dem verworrenen Spiele zu: denn ihr weitreichender Blick entdeckt schon von ferne, wo diese regellos schweifende Freiheit am Bande der Notwendigkeit geleitet wird. Was sie dem strafenden Gewissen eines *Gregors* und *Cromwells* geheim hält, eilt sie der

Menschheit zu offenbaren: »daß der selbstsüchtige Mensch niedrige Zwecke zwar verfolgen kann, aber unbewußt vortreffliche befördert.«

Kein falscher Schimmer wird sie blenden, kein Vorurteil der Zeit sie dahinreißen, denn sie erlebt das letzte Schicksal aller Dinge. Alles was *aufhört*, hat für *sie* gleich kurz gedauert: sie hält den verdienten Olivenkranz frisch, und zerbricht den Obelisken, den die Eitelkeit türmte. Indem sie das feine Getriebe auseinander legt, wodurch die stille Hand der Natur schon seit dem Anfang der Welt die Kräfte des Menschen planvoll entwickelt, und mit Genauigkeit andeutet, was in jedem Zeitraume für diesen großen Naturplan gewonnen worden ist: so stellt sie den wahren Maßstab für Glückseligkeit und Verdienst wieder her, den der herrschende Wahn in jedem Jahrhundert anders verfälschte. Sie heilt uns von der übertriebenen Bewunderung des Altertums, und von der kindischen Sehnsucht nach vergangenen Zeiten; und indem sie uns auf unsre eigenen Besitzungen aufmerksam macht, läßt sie uns die gepriesenen goldnen Zeiten Alexanders und Augusts nicht zurückwünschen.

Unser *menschliches* Jahrhundert herbei zu führen haben sich – ohne es zu wissen oder zu erzielen – alle vorhergehenden Zeitalter angestrengt. Unser sind alle Schätze, welche Fleiß und Genie, Vernunft und Erfahrung im langen Alter der Welt endlich heimgebracht haben. Aus der Geschichte erst werden *Sie* lernen, einen Wert auf die Güter legen, denen Gewohnheit und unangefochtener Besitz so gern unsre Dankbarkeit rauben: kostbare teure Güter, an denen das Blut der Besten und Edelsten klebt, die durch die schwere Arbeit so vieler Generationen haben errungen werden müssen! Und welcher unter Ihnen, bei dem sich ein heller Geist mit einem empfindenden Herzen gattet, könnte dieser hohen Verpflichtung eingedenk sein, ohne daß sich ein stiller Wunsch in ihm regte, an das *kommende* Geschlecht die Schuld zu entrichten, die er dem vergangenen nicht mehr abtragen kann? Ein edles Verlangen muß in uns entglühen, zu dem reichen Vermächtnis von Wahrheit, Sittlichkeit und Freiheit, das wir von der Vorwelt überkamen und reich vermehrt an die Folgewelt wieder abgeben müssen, auch aus *unsern* Mitteln einen Beitrag zu legen, und an dieser unvergänglichen Kette, die durch alle Menschengeschlechter sich windet, unser fliehendes Dasein zu befestigen. Wie verschieden auch die Bestimmung sei, die in der bürgerlichen Gesellschaft Sie erwartet – etwas dazu steuern können Sie alle! Jedem Verdienst ist eine Bahn zur Unsterblichkeit aufgetan, zu der wahren Unsterblichkeit meine ich, wo die Tat lebt und weiter eilt, wenn auch der Name ihres Urhebers hinter ihr zurückbleiben sollte.

ÜBER DEN GRUND DES VERGNÜGENS
AN TRAGISCHEN GEGENSTÄNDEN

Wie sehr auch einige neuere Ästhetiker sichs zum Geschäft machen, die Künste der Phantasie und Empfindung gegen den allgemeinen Glauben, *daß sie auf Vergnügen abzwecken*, wie gegen einen herabsetzenden Vorwurf zu verteidigen, so wird dieser Glaube dennoch, nach wie vor, auf seinem festen Grunde bestehen, und die schönen Künste werden ihren althergebrachten unabstreitbaren und wohltätigen Beruf nicht gern mit einem neuen vertauschen, zu welchen man sie großmütig erhöhen will. Unbesorgt, daß ihre auf unser Vergnügen abzielende Bestimmung sie erniedrige, werden sie vielmehr auf den Vorzug stolz sein, dasjenige *unmittelbar* zu leisten, was alle übrigen Richtungen und Tätigkeiten des menschlichen Geistes nur *mittelbar* erfüllen. Daß der Zweck der Natur mit dem Menschen seine Glückseligkeit sei, wenn auch der Mensch selbst in seinem moralischen Handeln von diesem Zwecke nichts wissen soll, wird wohl niemand bezweifeln, der überhaupt nur einen Zweck in der Natur annimmt. Mit dieser also, oder vielmehr mit ihrem Urheber haben die schönen Künste ihren Zweck gemein, Vergnügen auszuspenden und Glückliche zu machen. Spielend verleihen sie, was ihre ernstern Schwestern uns erst mühsam erringen lassen; sie verschenken, was dort erst der sauer erworbene Preis vieler Anstrengungen zu sein pflegt. Mit anspannendem Fleiße müssen wir die Vergnügungen des Verstandes, mit schmerzhaften Opfern die Billigung der Vernunft, die Freuden der Sinne durch harte Entbehrungen erkaufen, oder das Übermaß der letztern durch eine Kette von Leiden büßen; die Kunst allein gewährt uns Genüsse, die nicht erst abverdient werden dürfen, die keine Opfer kosten, die durch keine Reue erkauft werden. Wer wird aber das Verdienst, auf diese Art zu ergötzen, mit dem armseligen Verdienst, zu *belustigen*, in eine Klasse setzen? Wer sich einfallen lassen, der schönen Kunst bloß deswegen *jenen* Zweck abzusprechen, weil sie über *diesen* erhaben ist?

Die wohlgemeinte Absicht, das Moralischgute überall als höchsten Zweck zu verfolgen, die in der Kunst schon so manches Mittelmäßige erzeugte und in Schutz nahm, hat auch in der Theorie einen ähnlichen Schaden angerichtet. Um den Künsten einen recht hohen Rang anzuweisen, um ihnen die Gunst des Staats, die Ehrfurcht aller Menschen zu erwerben, vertreibt man sie aus ihrem eigentümlichen Gebiet, um ihnen einen Beruf aufzudringen, der ihnen fremd und ganz unnatürlich ist. Man glaubt ihnen einen großen Dienst zu erweisen, in dem man ihnen, anstatt des frivolen Zwecks *zu ergötzen*, einen moralischen unterschiebt, und ihr so sehr in die Augen fallender Einfluß auf die Sittlichkeit muß diese Behauptung unterstützen. Man findet es widersprechend, daß dieselbe Kunst, die den höchsten Zweck der Menschheit in so großem Maße befördert, nur beiläufig diese Wirkung leisten und einen so gemeinen Zweck, wie man sich das Vergnügen denkt, zu ihrem letzten Augenmerk haben sollte. Aber diesen anscheinenden Widerspruch würde, wenn wir sie hätten, eine bündige Theorie des Vergnügens und eine vollständige Philosophie der Kunst sehr leicht zu heben im Stande sein. Aus dieser würde sich ergeben, daß ein freies Vergnügen, so wie die Kunst es hervorbringt, durchaus auf moralischen Bedingungen beruhe, daß die ganze sittliche Natur des Menschen dabei tätig sei. Aus ihr würde sich ferner ergeben, daß die Hervorbringung dieses Vergnügens ein Zweck sei, der schlechterdings nur durch moralische Mittel erreicht werden könne, daß also die Kunst, um das Vergnügen als ihren wahren Zweck vollkommen zu erreichen, durch die Moralität

ihren Weg nehmen müsse. Für die Würdigung der Kunst ist
es aber vollkommen einerlei, ob ihr Zweck ein moralischer
sei, oder ob sie ihren Zweck nur durch moralische Mittel
erreichen könne, denn in beiden Fällen hat sie es mit der
Sittlichkeit zu tun und muß mit dem Sittengesetz im engsten
Einverständnis handeln; aber für die Vollkommenheit der
Kunst ist es nichts weniger als einerlei, welches von beiden
ihr Zweck und welches das Mittel ist. Ist der Zweck selbst
moralisch, so verliert sie das wodurch sie allein mächtig ist,
ihre Freiheit, und das, wodurch sie so allgemein wirksam ist,
den Reiz des Vergnügens. Das Spiel verwandelt sich in ein
ernsthaftes Geschäft, und doch ist es gerade das Spiel, wodurch sie das Geschäft am besten vollführen kann. Nur indem
sie ihre höchste ästhetische Wirkung erfüllt, wird sie einen
wohltätigen Einfluß auf die Sittlichkeit haben; aber nur indem sie ihre völlige Freiheit ausübt, kann sie ihre höchste
ästhetische Wirkung erfüllen.

Es ist ferner gewiß, daß jedes Vergnügen, insofern es aus
sittlichen Quellen fließt, den Menschen sittlich verbessert,
und daß hier die Wirkung wieder zur Ursache werden muß.
Die Lust am Schönen am Rührenden, am Erhabenen stärkt
unsre moralische Gefühle, wie das Vergnügen am Wohltun,
an der Liebe u. s. f. alle diese Neigungen stärkt. Eben so, wie
ein vergnügter Geist das gewisse Los eines sittlich vortrefflichen Menschen ist, so ist sittliche Vortrefflichkeit gern die
Begleiterin eines vergnügten Gemüts. Die Kunst wirkt also
nicht deswegen allein sittlich, weil sie durch sittliche Mittel
ergötzt, sondern auch deswegen, weil das Vergnügen selbst,
das die Kunst gewährt, ein Mittel zur Sittlichkeit wird.

Die Mittel, wodurch die Kunst ihren Zweck erreicht, sind
so vielfach, als es überhaupt Quellen eines freien Vergnügens
gibt. *Frei* aber nenne ich dasjenige Vergnügen, wobei die Ge-
mütskräfte nach ihren eigenen Gesetzen affiziert werden, und

wo die Empfindung durch eine Vorstellung erzeugt wird; im
Gegensatz von dem physischen oder sinnlichen Vergnügen,
wobei die Seele dem Mechanismus unterwürfig, nach fremden Gesetzen bewegt wird, und die Empfindung unmittelbar
auf ihre physische Ursache erfolget. Die sinnliche Lust ist die
einzige, die vom Gebiet der schönen Kunst ausgeschlossen
wird, und eine Geschicklichkeit, die sinnliche Lust zu erwek-
ken, kann sich nie oder alsdann nur zur Kunst erheben, wenn
die sinnliche Eindrücke nach einem Kunstplan geordnet, verstärkt oder gemäßigt werden, und diese Planmäßigkeit durch
die Vorstellung erkannt wird. Aber auch in diesem Fall wäre
nur dasjenige an ihr *Kunst*, was der Gegenstand eines freien
Vergnügens ist, nehmlich der Geschmack in der Anordnung,
der unsern Verstand ergötzt, nicht die physischen Reize selbst,
die nur unsre Sinnlichkeit vergnügen.

Die allgemeine Quelle jedes, auch des sinnlichen, Vergnügens ist Zweckmäßigkeit. Das Vergnügen ist sinnlich, wenn
die Zweckmäßigkeit nicht durch die Vorstellungskräfte erkannt wird, sondern bloß durch das Gesetz der Notwendigkeit die Empfindung des Vergnügens zur physischen Folge
hat. So erzeugt eine zweckmäßige Bewegung des Bluts und
der Lebensgeister in einzelnen Organen oder in der ganzen
Maschine die körperliche Lust mit allen ihren Arten und
Modifikationen; wir *fühlen* diese Zweckmäßigkeit durch das
Medium der angenehmen Empfindung, aber wir gelangen zu
keiner, weder klaren noch verworrenen Vorstellung von ihr.

Das Vergnügen ist frei, wenn wir uns die Zweckmäßigkeit
vorstellen, und die angenehme Empfindung die Vorstellung
begleitet; alle Vorstellungen also, wodurch wir Übereinstimmung und Zweckmäßigkeit erfahren, sind Quellen eines frei-
en Vergnügens, und in so fern fähig von der Kunst zu dieser
Absicht gebraucht zu werden. Sie erschöpfen sich in folgenden Klassen: *Gut, Wahr, Vollkommen, Schön, Rührend, Erha-*

ben. Das Gute beschäftigt unsre Vernunft, das Wahre und Vollkommene den Verstand; das Schöne den Verstand mit der Einbildungskraft, das Rührende und Erhabene die Vernunft mit der Einbildungskraft. Zwar ergötzt auch schon der *Reiz* oder die zur Tätigkeit aufgefoderte Kraft, aber die Kunst bedient sich des Reizes nur, um die höhern Gefühle der Zweckmäßigkeit zu begleiten; allein betrachtet verliert er sich unter die *Lebensgefühle*, und die Kunst verschmäht ihn wie alle sinnlichen Lüste.

Die Verschiedenheit der Quellen, aus welchen die Kunst das Vergnügen schöpft, das sie uns gewähret, kann für sich allein zu keiner Einteilung der Künste berechtigen, da in derselben Kunstklasse mehrere, ja oft alle Arten des Vergnügens zusammen fließen können. Aber in so fern eine gewisse Art derselben als Hauptzweck verfolgt wird, kann sie, wenn gleich nicht eine eigene Klasse, doch eine eigne Ansicht der Kunstwerke gründen. So, z. B. könnte man diejenigen Künste, welche den *Verstand* und die Einbildungskraft vorzugsweise befriedigen, diejenigen also, die das Wahre, das Vollkommene, das Schöne zu ihrem Hauptzweck machen, unter dem Namen der *schönen* Künste (Künste des Geschmacks, Künste des Verstandes) begreifen; diejenigen hingegen, die die Einbildungskraft mit der *Vernunft* vorzugsweise beschäftigen, also das Gute, das Rührende und Erhabene zu ihrem Hauptgegenstand haben, unter dem Namen der *Rührenden* Künste (Künste des Gefühls, des Herzens) in eine besondere Klasse vereinigen. Zwar ist es unmöglich, das Rührende von dem Schönen durchaus zu trennen, aber sehr gut kann das Schöne ohne das Rührende bestehen. Wenn also gleich diese verschiedene Ansicht zu keiner vollkommenen Einteilung der freien Künste berechtigt, so dient sie wenigstens dazu, die Prinzipien zu Beurteilung derselben näher anzugeben und der Verwirrung vorzubeugen, welche unvermeidlich einreißen muß, wenn man bei einer Gesetzgebung in ästhetischen Dingen die ganz verschiedenen Felder des Rührenden und des Schönen verwechselt.

Unter der rührenden Gattung behaupten in der Dichtkunst die Epopee und das Trauerspiel den vorzüglichsten Rang. In der Erstern ist das Rührende dem Erhabnen, in dem letzten das Erhabene dem Rührenden beigesellt. Wollte man von diesem Leitfaden weiter Gebrauch machen, so könnte man Dichtungsarten aufstellen, die das Erhabene allein, andre die das Rührende allein behandeln. In noch andern würde sich das Rührende mit dem Schönen vorzüglich gatten, und zu der zweiten Ordnung der Künste einen Übergang bahnen. So könnte man vielleicht diesen Faden auch durch diese, die schönen Künste, fortführen, und an dem höchst *Vollkommenen* einen Rückweg zum Erhabenen finden, wodurch der Kreis der Künste geschlossen würde.

Das Rührende und Erhabene kommen darin überein, daß sie Lust durch Unlust hervorbringen, daß sie uns also (da die Lust aus Zweckmäßigkeit, der Schmerz aber aus dem Gegenteil entspringt) eine Zweckmäßigkeit zu empfinden geben, die eine *Zweckwidrigkeit* voraussetzt.

Das Gefühl des Erhabenen besteht einerseits aus dem Gefühl unsrer *Ohnmacht* und Begrenzung, einen Gegenstand zu umfassen, anderseits aber aus dem Gefühl unsrer *Übermacht*, welche vor keinen Grenzen erschrickt, und dasjenige sich *geistig* unterwirft, dem unsre sinnlichen Kräfte unterliegen. Der Gegenstand des Erhabenen widerstreitet also unserm sinnlichen Vermögen, und diese Unzweckmäßigkeit muß uns notwendig Unlust erwecken. Aber sie wird zugleich eine Veranlassung, ein anderes Vermögen in uns zu unserm Bewußtsein zu bringen, welches demjenigen, woran die Einbildungskraft erliegt, überlegen ist. Ein erhabener Gegenstand ist also eben dadurch, daß er der Sinnlichkeit widerstreitet, zweckmäßig für die Vernunft, und ergötzt durch das höhere Vermögen, indem er durch das niedrige schmerzet.

Rührung, in seiner strengen Bedeutung, bezeichnet die gemischte Empfindung des Leidens und der Lust an dem Leiden. Rührung kann man also nur dann über eigenes Unglück empfinden, wenn der Schmerz über dasselbe gemäßigt genug ist, um der Lust Raum zu lassen, die etwa ein mitleidender Zuschauer dabei empfindet. Der Verlust eines großen Guts schlägt uns heute zu Boden, und unser Schmerz *rührt* den Zuschauer; in einem Jahre erinnern wir uns dieses Leidens selbst mit *Rührung*. Der Schwache ist jederzeit ein Raub seines Schmerzens, der Held und der Weise werden vom höchsten eigenen Unglück nur *gerührt*.

Rührung enthält eben so, wie das Gefühl des Erhabenen, zwei Bestandteile, Schmerz und Vergnügen; also hier wie dort liegt der Zweckmäßigkeit eine Zweckwidrigkeit zum Grunde. So scheint es eine Zweckwidrigkeit in der Natur zu sein, daß der Mensch leidet, der doch nicht zum Leiden bestimmt ist, und diese Zweckwidrigkeit tut uns wehe. Aber dieses *Wehetun* der Zweckwidrigkeit ist zweckmäßig für unsere vernünftige Natur überhaupt und in so fern es uns zur Tätigkeit auffordert, zweckmäßig für die menschliche Gesellschaft. Wir müssen also über die Unlust selbst, welche das Zweckwidrige in uns erregt, notwendig Lust empfinden, weil jene Unlust zweckmäßig ist. Um zu bestimmen, ob bei einer Rührung die Lust oder die Unlust hervorstechen werde, kommt es darauf an, ob die Vorstellung der Zweckwidrigkeit oder die der Zweckmäßigkeit die Oberhand behält. Dies kann nun entweder von der Menge der Zwecke, die erreicht oder verletzt werden, oder von ihrem Verhältnis zu dem letzten Zweck aller Zwecke abhängen.

Das Leiden des Tugendhaften rührt uns schmerzhafter, als das Leiden des Lasterhaften, weil dort nicht nur dem allgemeinen Zweck der Menschen, glücklich zu sein, sondern auch dem besondern, daß die Tugend glücklich mache, hier aber nur dem erstern widersprochen wird. Hingegen schmerzt uns das Glück des Bösewichts auch weit mehr, als das Unglück des Tugendhaften, weil *erstlich* das Laster selbst und *zweitens* die Belohnung des Lasters eine Zweckwidrigkeit enthalten.

Außerdem ist die Tugend weit mehr geschickt, sich selbst zu belohnen, als das glückliche Laster, sich zu bestrafen; eben deswegen wird der Rechtschaffene im Unglück weit eher der Tugend getreu bleiben, als der Lasterhafte im Glück zur Tugend umkehren.

Vorzüglich aber kommt es bei Bestimmung des Verhältnisses der Lust zu der Unlust in Rührungen darauf an, ob der verletzte Zweck den erreichten oder der erreichte den, der verletzt wird, an Wichtigkeit übertreffen. Keine Zweckmäßigkeit geht uns so nah an, als die *moralische* und nichts geht über die Lust, die wir über diese moralische Zweckmäßigkeit empfinden. Die Naturzweckmäßigkeit könnte noch immer problematisch sein, die moralische ist uns erwiesen. Sie allein gründet sich auf unsre vernünftige Natur und auf innre Notwendigkeit. Sie ist uns die nächste, die wichtigste, und zugleich die erkennbarste, weil sie durch nichts von außen sondern durch ein innres Prinzip unsrer autonomischen Vernunft bestimmt wird. Sie ist das Palladium unsrer Freiheit.

Diese moralische Zweckmäßigkeit wird am lebendigsten erkannt, wenn sie im Widerspruch mit andern die Oberhand behält; nur dann erweist sich die ganze Macht des Sittengesetzes, wenn es mit allen übrigen Naturkräften im Streit gezeigt wird und alle neben ihm ihre Gewalt über ein menschliches Herz verlieren. Unter diesen Naturkräften ist alles begriffen, was nicht moralisch ist, alles was nicht unter der höchsten Gesetzgebung der Vernunft stehet; also Empfindungen, Triebe, Affekte, Leidenschaften so gut, als die physische

Notwendigkeit und das Schicksal. Je furchtbarer die Gegner, desto glorreicher der Sieg; der Widerstand allein kann die Kraft sichtbar machen. Aus diesem folgt, »daß das höchste Bewußtsein unsrer moralischen Natur nur in einem gewaltsamen Zustand, im Kampfe, erhalten werden kann, und daß das höchste moralische Vergnügen jederzeit von Schmerz wird begleitet sein.«

Diejenige Dichtungsart also, welche uns die moralische Lust in vorzüglichem Grade gewährt, muß sich eben deswegen der gemischten Empfindungen bedienen, und uns durch den Schmerz ergötzen. Dies tut vorzugsweise die Tragödie, und ihr Gebiet umfaßt alle mögliche Fälle, in denen irgend eine Naturzweckmäßigkeit einer moralischen, oder auch eine moralische Zweckmäßigkeit der andern, die höher ist, aufgeopfert wird. Es wäre vielleicht nicht unmöglich, nach dem Verhältnis, in welchem die moralische Zweckmäßigkeit im Widerspruch mit der andern erkannt und empfunden wird, eine Stufenleiter des Vergnügens von der untersten bis zur höchsten hinaufzuführen, und den Grad der angenehmen oder schmerzhaften Rührung a priori aus dem Prinzip der Zweckmäßigkeit bestimmt anzugeben. Ja vielleicht ließen sich aus eben diesem Prinzip bestimmte Ordnungen der Tragödie ableiten, und alle mögliche Klassen derselben a priori in einer vollständigen Tafel erschöpfen; so, daß man im Stande wäre, jeder gegebenen Tragödie ihren Platz anzuweisen und den Grad sowohl als die Art der Rührung im voraus zu berechnen, über den sie sich, vermöge ihrer Species nicht erheben kann. Aber dieser Gegenstand bleibt einer eigenen Erörterung vorbehalten.

Wie sehr die Vorstellung der moralischen Zweckmäßigkeit der Naturzweckmäßigkeit in unserm Gemüt vorgezogen werde, wird aus einzelnen Beispielen einleuchtend zu erkennen sein.

Wenn wir Hüon und Amanda an den Marterpfahl gebunden sehen, beide aus freier Wahl bereit, lieber den fürchterlichen Feuertod zu sterben als durch Untreue gegen das Geliebte sich einen Thron zu erwerben – was macht uns wohl diesen Auftritt zum Gegenstand eines so himmlischen Vergnügens? Der Widerspruch ihres gegenwärtigen Zustands mit dem lachenden Schicksal das sie verschmähten, die anscheinende Zweckwidrigkeit der Natur, welche Tugend mit Elend lohnt, die naturwidrige Verleugnung der Selbstliebe u. s. f. sollten uns, da sie so viele Vorstellungen von Zweckwidrigkeit in unsre Seele rufen, mit dem empfindlichsten Schmerz erfüllen – aber was kümmert uns die Natur mit allen ihren Zwecken und Gesetzen, wenn sie durch ihre Zweckwidrigkeit eine Veranlassung wird, uns die moralische Zweckmäßigkeit *in* uns in ihrem vollesten Lichte zu zeigen? Die Erfahrung von der siegenden Macht des sittlichen Gesetzes, die wir bei diesem Anblick machen, ist ein so hohes so wesentliches Gut, daß wir sogar versucht werden, uns mit dem Übel auszusöhnen, dem wir es zu verdanken haben. Übereinstimmung im *Reich der Freiheit* ergötzt uns unendlich mehr, als alle Widersprüche in der *natürlichen Welt* uns zu betrüben vermögen.

Wenn Koriolan, von der Gatten- und Kindes- und Bürgerpflicht besiegt, das schon so gut als eroberte Rom verläßt, seine Rache unterdrückt, sein Heer zurückführt, und sich dem Haß eines eifersüchtigen Nebenbuhlers zum Opfer dahingibt, so begeht er offenbar eine sehr zweckwidrige Handlung; er verliert durch diesen Schritt nicht nur die Frucht aller bisherigen Siege, sondern rennt auch vorsätzlich seinem Verderben entgegen – aber wie trefflich wie unaussprechlich groß ist es auf der andern Seite, den gröbsten Widerspruch mit der Neigung einem Widerspruch mit dem sittlichen Gefühl kühn vorzuziehen, und auf solche Art, dem höchsten Interesse der Sinnlichkeit entgegen, gegen die Regeln der Klugheit zu ver-

stoßen, um nur mit der höhern moralischen Pflicht überein-
stimmend zu handeln? Jede Aufopferung des Lebens ist
zweckwidrig, denn das Leben ist die Bedingung aller Güter;
aber Aufopferung des Lebens in moralischer Absicht ist in
hohem Grad zweckmäßig, denn das Leben ist nie für sich
selbst, nie als Zweck, nur als Mittel zur Sittlichkeit wichtig.
Tritt also ein Fall ein, wo die Hingebung des Lebens ein Mittel
zur Sittlichkeit wird, so muß das Leben der Sittlichkeit nach-
stehen. »Es ist nicht nötig, daß ich lebe, aber es ist nötig daß
ich Rom vor dem Hunger schütze,« sagt der große Pompejus,
da er nach Afrika schiffen soll, und seine Freunde ihm an-
liegen, seine Abfahrt zu verschieben, bis der Seesturm vorüber
sei.

Aber das Leiden eines Verbrechers ist nicht weniger tragisch
ergötzend, als das Leiden des Tugendhaften und doch erhalten
wir hier die Vorstellung einer moralischen Zweckwidrigkeit.
Der Widerspruch seiner Handlung mit dem Sittengesetz sollte uns mit Unwillen, die moralische Unvollkommenheit, die
eine solche Art zu handeln voraussetzt, mit Schmerz erfüllen;
wenn wir auch das Unglück der Schuldlosen nicht einmal in
Anschlag brächten, die das Opfer davon werden. Hier ist
keine Zufriedenheit mit der Moralität der Personen, die uns
für den Schmerz zu entschädigen vermöchte, den wir über ihr
Handeln und Leiden empfinden – und doch ist beides ein
sehr dankbarer Gegenstand für die Kunst, bei dem wir mit
hohem Wohlgefallen verweilen. Es wird nicht schwer sein,
diese Erscheinung mit dem bisher gesagten in Übereinstimmung zu zeigen.

Nicht allein der Gehorsam gegen das Sittengesetz gibt
uns die Vorstellung moralischer Zweckmäßigkeit, auch der
Schmerz über Verletzung desselben tut es. Die Traurigkeit,
welche das Bewußtsein moralischer Unvollkommenheit erzeugt, ist zweckmäßig, weil sie der Zufriedenheit gegenüber

steht, die das moralische Rechttun begleitet. Reue, Selbstver-
dammung, selbst in ihrem höchsten Grad, in der Verzweiflung, sind moralisch erhaben, weil sie nimmermehr empfunden werden könnten, wenn nicht tief in der Brust des Verbrechers ein unbestechliches Gefühl für Recht und Unrecht
wachte, und seine Aussprüche selbst gegen das feurigste Interesse der Selbstliebe geltend machte. Reue über eine Tat
entspringt aus der Vergleichung derselben mit dem Sittengesetz, und ist Mißbilligung dieser Tat, weil sie dem Sittengesetz
widerstreitet. Also muß im Augenblick der Reue das Sittengesetz die höchste Instanz im Gemüt eines solchen Menschen
sein; es muß ihm wichtiger sein, als selbst der Preis des Ver-
brechens, weil das Bewußtsein des beleidigten Sittengesetzes
ihm den Genuß dieses Preises vergällt. Der Zustand eines
Gemüts aber, in welchem das Sittengesetz für die höchste
Instanz erkannt wird, ist moralisch zweckmäßig, also eine
Quelle moralischer Lust. Und was kann auch erhabener sein,
als jene heroische Verzweiflung, die alle Güter des Lebens, die
das Leben selbst in den Staub tritt, weil sie die mißbilligende
Stimme ihres innern Richters nicht ertragen und nicht übertäuben kann? Ob der Tugendhafte sein Leben freiwillig dahingibt, um dem Sittengesetz gemäß zu handeln – oder ob der
Verbrecher unter dem Zwange des Gewissens sein Leben mit
eigner Hand zerstört, um die Übertretung jenes Gesetzes an
sich zu bestrafen, so steigt unsre Achtung für das Sittengesetz
zu einem gleich hohen Grad empor; und, wenn ja noch ein
Unterschied statt fände, so würde er vielmehr zum Vorteil des
Letztern ausfallen, da das beglückende Bewußtsein des Recht-
handelns dem Tugendhaften seine Entschließung doch eini-
germaßen konnte erleichtert haben, und das sittliche Verdienst an einer Handlung gerade um eben so viel abnimmt,
als Neigung und Lust daran Anteil haben. Reue und Verzweiflung über ein begangenes Verbrechen zeigen uns die Macht

des Sittengesetzes nur später, nicht schwächer; es sind Gemälde der erhabensten Sittlichkeit, nur in einem gewaltsamen
Zustand entworfen. Ein Mensch, der wegen einer verletzten
moralischen Pflicht verzweifelt, tritt eben dadurch zum Gehorsam gegen dieselbe zurück, und je furchtbarer seine Selbst-
verdammung sich äußert, desto mächtiger sehen wir das Sittengesetz ihm gebieten.

Aber es gibt Fälle, wo das moralische Vergnügen nur durch
einen moralischen Schmerz erkauft wird, und dies geschieht,
wenn eine moralische Pflicht übertreten werden muß, um
einer höhern und allgemeinern desto gemäßer zu handeln.
Wäre Koriolan, anstatt seine eigene Vaterstadt zu belagern,
vor Antium oder Korioli mit einem römischen Heere gestanden, wäre seine Mutter eine Volscierin gewesen, und ihre
Bitten hätten die nehmliche Wirkung auf ihn gehabt, so würde dieser Sieg der Kindespflicht den entgegengesetzten Eindruck auf uns machen. Der Ehrerbietung gegen die Mutter
stünde dann die weit höhere *bürgerliche* Verbindlichkeit entgegen, welche im Kollisionsfall vor jener den Vorzug verdient.
Jener Commendant, dem die Wahl gelassen wird, entweder
die Stadt zu übergeben, oder seinen gefangenen Sohn vor
seinen Augen durchbohrt zu sehen, wählt ohne Bedenken
das Letztere, weil die Pflicht gegen sein Kind der Pflicht gegen
sein Vaterland billig untergeordnet ist. Es empört zwar im
ersten Augenblick unser Herz, daß ein Vater dem Naturtriebe
und der Vaterpflicht so widersprechend handelt, aber es reißt
uns bald zu einer süßen Bewunderung hin, daß sogar ein
moralischer Antrieb, und wenn er sich selbst mit der Neigung
gattet, die Vernunft in ihrer Gesetzgebung nicht irre machen
kann. Wenn der Korinthier Timoleon einen geliebten aber
ehrsüchtigen Bruder Timophanes ermorden läßt, weil seine
Meinung von patriotischer Pflicht ihn zu Vertilgung alles dessen, was die Republik in Gefahr setzt, verbindet, so sehen wir

ihn zwar nicht ohne Entsetzen und Abscheu diese naturwidrige, dem moralischen Gefühl so sehr widerstreitende Handlung begehen, aber unser Abscheu löst sich bald in die höchste
Achtung der heroischen Tugend auf, die ihre Aussprüche gegen jeden fremden Einfluß der Neigung behauptet, und im
stürmischen Widerstreit der Gefühle eben so frei und eben so
richtig, als im Zustand der höchsten Ruhe entscheidet. Wir
können über republikanische Pflicht mit Timoleon ganz verschieden denken; das ändert an unserm Wohlgefallen nichts.
Vielmehr sind es gerade solche Fälle, wo unser Verstand nicht
auf der Seite der handelnden Person ist, aus welchen man
erkennt, wie sehr wir Pflichtmäßigkeit über Zweckmäßigkeit,
Einstimmung mit der Vernunft über die Einstimmung mit
dem Verstande erheben.

Über keine moralische Erscheinung aber wird das Urteil
der Menschen so verschieden ausfallen, als gerade über diese,
und der Grund dieser Verschiedenheit darf nicht weit gesucht
werden. Der moralische Sinn liegt zwar in allen Menschen,
aber nicht bei allen in derjenigen Stärke und Freiheit, wie er
bei Beurteilung dieser Fälle vorausgesetzt werden muß. Für
die Meisten ist es genug eine Handlung zu billigen, weil ihre
Einstimmung mit dem Sittengesetz leicht gefaßt wird, und
eine andere zu verwerfen, weil ihr Widerstreit mit diesem
Gesetz in die Augen leuchtet. Aber ein heller Verstand und
eine von jeder Naturkraft also auch von moralischen Trieben
(insofern sie instinktartig wirken) unabhängige Vernunft wird
erfodert, die Verhältnisse moralischer Pflichten zu dem höchsten Prinzip der Sittlichkeit richtig zu bestimmen. Daher wird
die nehmliche Handlung, in welcher einige wenige die höchste Zweckmäßigkeit erkennen dem großen Haufen als ein
empörender Widerspruch erscheinen, ob gleich beide ein mo-
ralisches Urteil fällen; daher rührt es, daß die Rührung an
solchen Handlungen nicht in der Allgemeinheit mitgeteilt

werden kann, wie die Einheit der menschlichen Natur und die Notwendigkeit des moralischen Gesetzes erwarten läßt. Aber auch das wahrste und höchste Erhabene ist, wie man weiß, Vielen Überspannung und Unsinn, weil das Maß der Vernunft, die das Erhabene erkennt, nicht in allen dasselbe ist. Eine kleine Seele sinkt unter der Last so großer Vorstellungen dahin, oder fühlt sich peinlich über ihren moralischen Durchmesser auseinander gespannt. Sieht nicht oft genug der gemeine Haufe da die häßlichste Verwirrung, wo der denkende Geist gerade die höchste Ordnung bewundert?

So viel über das Gefühl der moralischen Zweckmäßigkeit, in so fern es der tragischen Rührung und unsrer Lust an dem Leiden zum Grund liegt. Aber es sind demohngeachtet Fälle genug vorhanden, wo uns die Naturzweckmäßigkeit selbst auf Unkosten der moralischen zu ergötzen scheint. Die höchste Konsequenz eines Bösewichts in Anordnung seiner Maschinen ergötzt uns offenbar, obgleich Anstalten und Zweck unserm moralischen Gefühl widerstreiten. Ein solcher Mensch ist fähig, unsre lebhafteste Teilnahme zu erwecken, und wir zittern vor dem Fehlschlag derselben Plane, deren Vereitlung wir, wenn es wirklich an dem wäre, daß wir alles auf die moralische Zweckmäßigkeit beziehen, aufs feurigste wünschen sollten. Aber auch diese Erscheinung hebt dasjenige nicht auf, was bisher über das Gefühl der moralischen Zweckmäßigkeit, und seinen Einfluß auf unser Vergnügen an tragischen Rührungen behauptet wurde.

Zweckmäßigkeit gewährt uns unter allen Umständen Vergnügen, sie beziehe sich entweder gar nicht auf das Sittliche, oder sie widerstreite demselben. Wir genießen dieses Vergnügen *rein*, so lange wir uns keines sittlichen Zwecks erinnern, dem dadurch widersprochen wird. Eben so wie wir uns an dem verstandähnlichen Instinkt der Tiere, an dem Kunstfleiß der Bienen u. d. gl. ergötzen, ohne diese Naturzweckmäßigkeit auf einen verständigen Willen noch weniger auf einen moralischen Zweck zu beziehen, so gewährt uns die Zweckmäßigkeit eines jeden menschlichen Geschäfts an sich selbst Vergnügen, sobald wir uns weiter nichts dabei denken als das Verhältnis der Mittel zu ihrem Zweck. Fällt es uns aber ein, diesen Zweck nebst seinen Mitteln auf ein sittliches Prinzip zu beziehen, und entdecken wir alsdann einen Widerspruch mit dem letztern, kurz, erinnern wir uns, daß es die Handlung eines moralischen Wesens ist, so tritt eine tiefe Indignation an die Stelle jenes ersten Vergnügens, und keine noch so große Verstandeszweckmäßigkeit ist fähig, uns mit der Vorstellung einer sittlichen Zweckwidrigkeit zu versöhnen. Nie darf es uns lebhaft werden, daß dieser Richard III, dieser Jago, dieser Lovelace *Menschen* sind, sonst wird sich unsre Teilnahme unausbleiblich in ihr Gegenteil verwandeln. Daß wir aber ein Vermögen besitzen und auch häufig genug ausüben, unsre Aufmerksamkeit von einer gewissen Seite der Dinge freiwillig abzulenken und auf eine andre zu richten, daß das Vergnügen selbst, welches durch diese Absonderung allein für uns möglich ist, uns dazu einladet und dabei festhält, wird durch die tägliche Erfahrung bestätigt.

Nicht selten aber gewinnt eine geistreiche Bosheit vorzüglich deswegen unsre Gunst, weil sie ein Mittel ist, uns den Genuß der moralischen Zweckmäßigkeit zu verschaffen. Je gefährlicher die Schlingen sind, welche Lovelace Klarissens Tugend legt, je härter die Proben sind, auf welche die erfinderische Grausamkeit eines Despoten die Standhaftigkeit seines unschuldigen Opfers stellt, in desto höherem Glanz sehen wir die moralische Zweckmäßigkeit triumphieren. Wir freuen uns über die Macht des moralischen Pflichtgefühls, welches die Erfindungskraft eines Verführers so sehr in Arbeit setzen kann. Hingegen rechnen wir dem konsequenten Bösewicht die Besiegung des moralischen Gefühls, von dem wir wissen, daß es sich notwendig in ihm regen mußte, zu einer Art von Verdienst an, weil es von einer großen Zweckmäßigkeit des Verstandes zeugt, sich durch keine moralische Regung in seinem Handeln irre machen zu lassen.

Übrigens ist es unwidersprechlich, daß eine zweckmäßige Bosheit nur alsdann der Gegenstand eines vollkommenen Wohlgefallens werden kann, wenn sie vor der moralischen Zweckmäßigkeit zu Schanden wird. Dann ist sie sogar eine wesentliche Bedingung des höchsten Wohlgefallens, weil sie allein vermag, die Übermacht des moralischen Gefühls recht einleuchtend zu machen. Es gibt davon keinen überzeugendern Beweis, als den letzten Eindruck, mit dem uns der Verfasser der Klarissa entläßt. Die höchste Verstandeszweckmäßigkeit, die wir in dem Verführungsplane des Lovelace unfreiwillig bewundern mußten, wird durch die Vernunftzweckmäßigkeit, welche Klarissa diesem furchtbaren Feind ihrer Unschuld entgegen setzt, glorreich übertroffen, und wir sehen uns dadurch in den Stand gesetzt, den Genuß beider in einem hohen Grad zu vereinigen.

In so ferne sich der tragische Dichter zum Ziel setzt, das Gefühl der moralischen Zweckmäßigkeit zu einem lebendigen Bewußtsein zu bringen, in so fern er also die Mittel zu diesem Zwecke verständig wählt und anwendet, muß er den Kenner jederzeit auf eine gedoppelte Art durch die moralische und durch die Naturzweckmäßigkeit ergötzen. Durch jene wird er das Herz, durch diese den Verstand befriedigen. Der große Haufe erleidet gleichsam blind die von dem Künstler auf das Herz beabsichtete Wirkung, ohne die Magie zu durchblicken, vermittelst welcher die Kunst diese Macht über ihn ausübte. Aber es gibt eine gewisse Klasse von Kennern, bei denen der Künstler gerade umgekehrt, die auf das Herz abgezielte Wirkung verliert, deren Geschmack er aber durch die Zweckmäßigkeit der dazu angewandten Mittel für sich ge-

winnen kann. Gleichgültig gegen den Inhalt werden diese
bloß durch die Form befriedigt. Sie vergeben eine Verletzung
dieser selbst der gelungensten Wirkung nicht, und wollen
lieber bei einer zweckmäßigen Anordnung den Zweck, als
bei dem vollkommen erreichten Zweck die Zweckmäßigkeit
der Mittel verlieren. In diesen sonderbaren Widerspruch artet
öfters die feinste Kultur des Geschmackes aus, besonders wo
die moralische Veredlung hinter der Bildung des Kopfs zurückbleibt. Diese Art Kenner suchen im Rührenden und Erhabenen nur das Schöne; dieses empfinden und prüfen sie mit
dem richtigsten Gefühl, aber man hüte sich, an ihr Herz zu
appellieren. Alter und Kultur führen uns dieser Klippe entgegen, und diesen nachteiligen Einfluß von beiden glücklich
besiegen, ist der höchste Charakterruhm des gebildeten Mannes. Unter Europens Nationen sind unsre Nachbarn die Franzosen diesem Extrem am nächsten geführt worden, und wir
ringen, wie in allem so auch hier, diesem Muster nach.

ÜBER DIE ÄSTHETISCHE ERZIEHUNG
DES MENSCHEN

FÜNFZEHENTER BRIEF

Immer näher komm ich dem Ziel, dem ich Sie auf einem wenig ermunternden Pfade entgegen führe. Lassen Sie es Sich gefallen, mir noch einige Schritte weiter zu folgen, so wird ein desto freierer Gesichtskreis sich auftun, und eine muntre Aussicht die Mühe des Wegs vielleicht belohnen.

Der Gegenstand des Sachtriebes, in einem allgemeinen Begriff ausgedrückt, heißt *Leben*, in weitester Bedeutung; ein Begriff, der alles materiale Sein, und alle unmittelbare Gegenwart in den Sinnen bedeutet. Der Gegenstand des Formtriebes, in einem allgemeinen Begriff ausgedrückt, heißt Gestalt, sowohl in uneigentlicher als in eigentlicher Bedeutung; ein Begriff, der alle formalen Beschaffenheiten der Dinge und alle Beziehungen derselben auf die Denkkräfte unter sich faßt. Der Gegenstand des Spieltriebes, in einem allgemeinen Schema vorgestellt, wird also *lebende Gestalt* heißen können; ein Begriff, der allen ästhetischen Beschaffenheiten der Erscheinungen, und mit einem Worte dem, was man in weitester Bedeutung *Schönheit* nennt, zur Bezeichnung dient.

Durch diese Erklärung, wenn es eine wäre, wird die Schönheit weder auf das ganze Gebiet des Lebendigen ausgedehnt, noch bloß in dieses Gebiet eingeschlossen. Ein Marmorblock, obgleich er leblos ist und bleibt, kann darum nichts desto weniger lebende Gestalt durch den Architekt und Bildhauer werden; ein Mensch, wiewohl er lebt und Gestalt hat, ist darum noch lange keine lebende Gestalt. Dazu gehört, daß seine Gestalt Leben und sein Leben Gestalt sei. Solange wir über seine Gestalt bloß denken, ist sie leblos, bloße Abstraktion; solange wir sein Leben bloß fühlen, ist es gestaltlos, bloße Impression. Nur indem seine Form in unsrer Empfindung lebt, und sein Leben in unserm Verstande sich formt, ist er lebende Gestalt, und dies wird überall der Fall sein, wo wir ihn als schön beurteilen.

Dadurch aber, daß wir die Bestandteile anzugeben wissen, die in ihrer Vereinigung die Schönheit hervorbringen, ist die Genesis derselben auf keine Weise noch erklärt; denn dazu würde erfodert, daß man *jene Vereinigung selbst* begriffe, die uns, wie überhaupt alle Wechselwirkung zwischen dem endlichen und unendlichen unerforschlich bleibt. Die Vernunft stellt aus transzendentalen Gründen die Foderung auf: es soll eine Gemeinschaft zwischen Formtrieb und Sachtrieb, das heißt, ein Spieltrieb sein, weil nur die Einheit der Realität mit der Form, der Zufälligkeit mit der Notwendigkeit, des Leidens mit der Freiheit den Begriff der Menschheit vollendet. Sie muß diese Foderung aufstellen, weil sie Vernunft ist – weil sie ihrem Wesen nach auf Vollendung und auf Wegräumung aller Schranken dringt, jede ausschließende Tätigkeit des einen oder des andern Triebes aber die menschliche Natur unvollendet läßt, und eine Schranke in derselben begründet. Sobald sie demnach den Ausspruch tut: es soll eine Menschheit existieren, so hat sie eben dadurch das Gesetz aufgestellt: es soll eine Schönheit sein. Die Erfahrung kann uns beantworten, *ob* eine Schönheit ist, und wir werden es wissen, sobald sie uns belehrt hat, ob eine Menschheit ist. *Wie* aber eine Schönheit sein kann, und wie eine Menschheit möglich ist, kann uns weder Vernunft noch Erfahrung lehren.

Der Mensch, wissen wir, ist weder ausschließend Materie, noch ist er ausschließend Geist. Die Schönheit, als Konsummation seiner Menschheit, kann also weder ausschließend ein Objekt des Sachtriebes, bloßes Leben sein, wie von scharfsinnigen Beobachtern, die sich zu genau an die Zeugnisse der Erfahrung hielten, behauptet worden ist, und wozu der Geschmack der Zeit sie gern herabziehen möchte; noch kann sie ausschließend ein Objekt des Formtriebs, bloße Gestalt sein, wie von spekulativen Weltweisen, die sich zu weit von der Erfahrung entfernten, und von philosophierenden Künstlern, die sich in Erklärung derselben allzusehr durch das Bedürfnis der Kunst leiten ließen, geurteilt worden ist*: sie ist das gemeinschaftliche Objekt beider Triebe, das heißt, des Spieltriebs. Diesen Namen rechtfertigt der Sprachgebrauch vollkommen, der alles das, was weder subjektiv noch objektiv zufällig ist, und doch weder äußerlich noch innerlich nötigt, mit dem Wort Spiel zu bezeichnen pflegt. Da sich das Gemüt bei Anschauung des Schönen in einer glücklichen Mitte zwischen dem Gesetz und Bedürfnis befindet, so ist es eben darum, weil es sich zwischen beiden teilt, dem Zwange sowohl des einen als des andern entzogen. Dem Sachtrieb wie dem Formtrieb ist es mit ihren Foderungen *ernst*, weil der eine sich, beim Erkennen, auf die Wirklichkeit, der andre auf die Notwendigkeit der Dinge bezieht; weil, beim Handeln, der erste auf Erhaltung des Lebens, der zweite auf Bewahrung der Würde, beide also auf Wahrheit und Vollkommenheit gerichtet sind. Aber das Leben wird gleichgültiger, so wie die Würde

---

* Zum bloßen Leben macht die Schönheit *Burke* in seinen Phil. Untersuchungen über den Ursprung unsrer Begriffe vom Erhabenen und Schönen. Zur bloßen Gestalt macht sie, soweit mir bekannt ist, jeder Anhänger des *dogmatischen* Systems, der über diesen Gegenstand je sein Bekenntnis ablegte: unter den Künstlern *Raphael Mengs* in seinen Gedanken über den Geschmack in der Malerei; andrer nicht zu gedenken. So wie in allem, hat auch in diesem Stück die *kritische* Philosophie den Weg eröffnet, die Empirie auf Prinzipien, und die Spekulation zur Erfahrung zurück zu führen.

sich einmischt, und die Pflicht nötigt nicht mehr, sobald die Neigung zieht: eben so nimmt das Gemüt die Wirklichkeit der Dinge, die materiale Wahrheit, freier und ruhiger auf, sobald solche der formalen Wahrheit, dem Gesetz der Notwendigkeit, begegnet, und fühlt sich durch Abstraktion nicht mehr angespannt, sobald die unmittelbare Anschauung sie begleiten kann. Mit einem Wort: indem es mit Ideen in Gemeinschaft kommt, verliert alles Wirkliche seinen Ernst, weil es *klein* wird, und indem es mit der Empfindung zusammen trifft, legt das Notwendige den seinigen ab, weil es *leicht* wird.

Wird aber, möchten Sie längst schon versucht gewesen sein mir entgegen zu setzen, wird nicht das Schöne dadurch, daß man es zum bloßen Spiel macht, erniedrigt, und den frivolen Gegenständen gleich gestellt, die von jeher im Besitz dieses Namens waren? Widerspricht es nicht dem Vernunftbegriff und der Würde der Schönheit die doch als ein Instrument der Kultur betrachtet wird, sie auf ein *bloßes Spiel* einzuschränken, und widerspricht es nicht dem Erfahrungsbegriffe des Spiels, das mit Ausschließung alles Geschmackes zusammen bestehen kann, es bloß auf Schönheit einzuschränken?

Aber was heißt denn ein *bloßes* Spiel, nachdem wir wissen, daß unter allen Zuständen des Menschen gerade das Spiel und *nur* das Spiel es ist, was ihn vollständig macht, und seine doppelte Natur auf einmal entfaltet? Was Sie, nach Ihrer Vorstellung der Sache, *Einschränkung* nennen, das nenne ich, nach der meinen, die ich durch Beweise gerechtfertigt habe, *Erweiterung*. Ich würde also vielmehr gerade umgekehrt sagen: mit dem Angenehmen, mit dem Guten, mit dem Vollkommenen ist es dem Menschen *nur* ernst, aber mit der Schönheit spielt er.* Freilich dürfen wir uns hier nicht an

---

* Es gibt ein Charten*spiel* und gibt ein Trauer*spiel*; aber offenbar ist das Chartenspiel viel zu *ernsthaft* für diesen Namen.

die Spiele erinnern, die in dem wirklichen Leben im Gange sind, und die sich gewöhnlich nur auf sehr materielle Gegenstände richten; aber in dem wirklichen Leben würden wir auch die Schönheit vergebens suchen, von der hier die Rede ist. Die wirklich vorhandene Schönheit ist des wirklich vorhandenen Spieltriebes wert; aber durch das Ideal der Schönheit, welches die Vernunft aufstellt, ist auch ein Ideal des Spieltriebs aufgegeben, das der Mensch in allen seinen Spielen vor Augen haben soll. Je nachdem sich der Spieltrieb entweder dem Sachtriebe oder dem Formtriebe nähert, wird auch das Schöne entweder mehr an das bloße Leben oder an die bloße Gestalt grenzen, und man wird niemals irren, wenn man das Schönheitsideal eines Menschen auf dem nehmlichen Wege sucht, auf dem er seinen Spieltrieb befriedigt. Wenn sich die griechischen Völkerschaften in den Kampfspielen zu Olympia an den unblutigen Wettkämpfen der Kraft, der Schnelligkeit, der Gelenkigkeit und an dem edleren Wechselstreit der Talente ergötzen, und wenn das römische Volk an dem Todeskampf eines erlegten Gladiators oder seines libyschen Gegners sich labt, so wird es uns aus diesem einzigen Zuge begreiflich, warum wir die Idealgestalten einer Venus, einer Juno, eines Apolls, nicht in Rom, sondern in Griechenland aufsuchen müssen.* Nun spricht aber die Vernunft: das Schöne soll nicht

---

* Wenn man (um bei der neuern Welt stehen zu bleiben) die Wettrennen in London, die Stiergefechte in Madrid, die Spectacles in dem ehemaligen Paris, die Gondelrennen in Venedig, die Tierhatzen in Wien, und das frohe schöne Leben des Korso in Rom gegeneinander hält, so kann es nicht schwer sein, den Geschmack dieser verschiedenen Völker gegeneinander zu nuancieren. Indessen zeigt sich unter den Volksspielen in diesen verschiedenen Ländern weit weniger Einförmigkeit als unter den Spielen der feineren Welt in eben diesen Ländern, welches leicht zu erklären ist.

bloßes Leben und nicht bloße Gestalt, sondern lebende Gestalt, das ist, Schönheit sein; indem sie ja dem Menschen das doppelte Gesetz der absoluten Formalität und der absoluten Realität diktiert. Mithin tut sie auch den Ausspruch: der Spieltrieb soll nicht bloß Sachtrieb, und soll nicht bloß Formtrieb, sondern beides zugleich, das ist, Spieltrieb sein. Mit andern Worten: der Mensch soll mit der Schönheit *nur spielen*, und er soll *nur mit der Schönheit* spielen.

Denn, um es endlich auf einmal herauszusagen, der Mensch spielt nur, wo er in voller Bedeutung des Worts Mensch ist, und *er ist nur da ganz Mensch, wo er spielt.* Dieser Satz, der in diesem Augenblicke vielleicht paradox erscheint, wird eine große und tiefe Bedeutung erhalten, wenn wir erst dahin gekommen sein werden, ihn auf den doppelten Ernst der Pflicht und des Schicksals anzuwenden; er wird, ich verspreche es Ihnen, das ganze Gebäude der ästhetischen Kunst und der noch schwürigern Lebenskunst tragen. Aber dieser Satz ist auch nur in der Wissenschaft unerwartet; längst schon lebte und wirkte er in der Kunst, und in dem Gefühle der Griechen, ihrer vornehmsten Meister; nur daß sie in den Olympus versetzten, was auf der Erde sollte ausgeführt werden. Von der Wahrheit desselben geleitet ließen sie sowohl den Ernst und die Arbeit, welche die Wangen der Sterblichen furchen, als die nichtige Lust, die das leere Angesicht glättet, aus der Stirne der seligen Götter verschwinden, gaben die ewig zufriedenen von den Fesseln jedes Zweckes, jeder Pflicht, jeder Sorge frei, und machten den *Müßiggang* und die *Gleichgültigkeit* zum beneideten Lose des Götterstandes: ein bloß menschlicherer Name für das freieste und erhabenste Sein. Sowohl der materielle Zwang der Naturgesetze, als der geistige Zwang der Sittengesetze verlor sich in ihrem höhern Begriff von Notwendigkeit, der beide Welten zugleich umfaßte, und aus der Einheit jener beiden Notwendigkeiten ging ihnen erst die wahre Freiheit hervor. Beseelt von diesem Geiste löschten sie aus den Gesichtszügen ihres Ideals zugleich mit der *Neigung* auch alle Spuren des *Willens* aus, oder besser, sie machten beide unkenntlich, weil sie beide in dem innigsten Bund zu verknüpfen wußten. Es ist weder Anmut noch ist es Würde, was aus dem herrlichen Antlitz einer *Juno Ludovisi* zu uns spricht; es ist keines von beiden, weil es beides zugleich ist. Indem der weibliche Gott unsre Anbetung heischt, entzündet das gottgleiche Weib unsre Liebe; aber indem wir uns der himmlischen Holdseligkeit aufgelöst hingeben, schreckt die himmlische Selbstgenügsamkeit uns zurück. In sich selbst ruhet und wohnt die ganze Gestalt, eine völlig geschlossene Schöpfung, und als wenn sie jenseits des Raumes wäre, ohne Nachgeben, ohne Widerstand; da ist keine Kraft, die mit Kräften kämpfte, keine Blöße, wo die Zeitlichkeit einbrechen könnte. Durch jenes unwiderstehlich ergriffen und angezogen, durch dieses in der Ferne gehalten, befinden wir uns zugleich in dem Zustand der höchsten Ruhe und der höchsten Bewegung, und es entsteht jene wunderbare Rührung, für welche der Verstand keinen Begriff und die Sprache keinen Namen hat.

ÜBER DAS ERHABENE

»Kein Mensch muß müssen« sagt der Jude Nathan zum Der-
wisch, und dieses Wort ist in einem weiteren Umfange wahr,
als man demselben vielleicht einräumen möchte. Der Wille ist
der Geschlechtscharakter des Menschen, und die Vernunft
selbst ist nur die ewige Regel desselben. Vernünftig handelt
die ganze Natur; sein Prärogativ ist bloß, daß er mit Bewußtsein und Willen vernünftig handelt. Alle andere Dinge müssen; der Mensch ist das Wesen, welches will.

Eben deswegen ist des Menschen nichts so unwürdig, als
Gewalt zu erleiden, denn Gewalt hebt ihn auf. Wer sie uns
antut, macht uns nichts geringeres als die Menschheit streitig;
wer sie feigerweise erleidet, wirft seine Menschheit hinweg.
Aber dieser Anspruch auf absolute Befreiung von allem, was
Gewalt ist, scheint ein Wesen vorauszusetzen, welches Macht
genug besitzt, jede andere Macht von sich abzutreiben. Findet
er sich in einem Wesen, welches im Reich der Kräfte nicht den
obersten Rang behauptet, so entsteht daraus ein unglücklicher
Widerspruch zwischen dem Trieb und dem Vermögen.

In diesem Falle befindet sich der Mensch. Umgeben von
zahllosen Kräften, die alle ihm überlegen sind, und den Meister über ihn spielen, macht er durch seine Natur Anspruch,
von keiner Gewalt zu erleiden. Durch seinen Verstand zwar
steigert er künstlicherweise seine natürlichen Kräfte, und bis
auf einen gewissen Punkt gelingt es ihm wirklich, physisch
über alles Physische Herr zu werden. Gegen alles, sagt das
Sprüchwort, gibt es Mittel, nur nicht gegen den Tod. Aber
diese einzige Ausnahme, wenn sie das wirklich im strengsten
Sinne ist, würde den ganzen Begriff des Menschen aufheben.
Nimmermehr kann er das Wesen sein, welches will, wenn es

auch nur Einen Fall gibt, wo er schlechterdings muß, was er nicht will. Dieses einzige schreckliche, *was er nur muß und nicht will*, wird wie ein Gespenst ihn begleiten, und ihn, wie auch wirklich bei den mehresten Menschen der Fall ist, den blinden Schrecknissen der Phantasie zur Beute überliefern; seine gerühmte Freiheit ist absolut Nichts, wenn er auch nur in einem einzigen Punkte gebunden ist. Die Kultur soll den Menschen in Freiheit setzen und ihm dazu behülflich sein, seinen ganzen Begriff zu erfüllen. Sie soll ihn also fähig machen, seinen Willen zu behaupten, denn der Mensch ist das Wesen, welches will.

Dies ist auf zweierlei Weise möglich. Entweder *realistisch*, wenn der Mensch der Gewalt Gewalt entgegensetzt, wenn er als Natur die Natur beherrschet: oder *idealistisch*, wenn er aus der Natur heraustritt und so, in Rücksicht auf sich, den Begriff der Gewalt vernichtet. Was ihm zu dem ersten verhilft, heißt physische Kultur. Der Mensch bildet seinen Verstand und seine sinnlichen Kräfte aus, um die Naturkräfte nach ihren eigenen Gesetzen, entweder zu Werkzeugen seines Willens zu machen, oder sich vor ihren Wirkungen, die er nicht lenken kann, in Sicherheit zu setzen. Aber die Kräfte der Natur lassen sich nur bis auf einen gewissen Punkt beherrschen oder abwehren; über diesen Punkt hinaus entziehen sie sich der Macht des Menschen und unterwerfen ihn der ihrigen.

Jetzt also wäre es um seine Freiheit getan, wenn er keiner andern als physischen Kultur fähig wäre. Er soll aber ohne Ausnahme Mensch sein, also in keinem Fall etwas *gegen* seinen Willen erleiden. Kann er also den physischen Kräften keine verhältnismäßige physische Kraft mehr entgegen setzen, so bleibt ihm, um keine Gewalt zu erleiden, nichts anders übrig, als: *ein Verhältnis*, welches ihm so nachteilig ist, *ganz und gar aufzuheben*, und eine Gewalt, die er der Tat nach erleiden muß, *dem Begriff nach zu vernichten*. Eine Gewalt dem Begriffe nach vernichten, heißt aber nichts anders, als sich derselben freiwillig unterwerfen. Die Kultur, die ihn dazu geschickt macht, heißt die moralische.

Der moralisch gebildete Mensch, und nur dieser, ist ganz frei. Entweder er ist der Natur als Macht überlegen, oder er ist einstimmig mit derselben. Nichts was sie an ihm ausübt, ist Gewalt, denn eh es bis zu *ihm* kommt, ist es schon *seine eigene Handlung* geworden, und die dynamische Natur erreicht ihn selbst nie, weil er sich von allem, was sie erreichen kann, freitätig scheidet. Diese Sinnesart aber, welche die Moral unter dem Begriff der Resignation in die Notwendigkeit und die Religion unter dem Begriff der Ergebung in den göttlichen Ratschluß lehrt, erfodert, wenn sie ein Werk der freien Wahl und Überlegung sein soll, schon eine größere Klarheit des Denkens und eine höhere Energie des Willens, als dem Menschen im handelnden Leben eigen zu sein pflegt. Glücklicherweise aber ist nicht bloß in seiner rationalen Natur eine moralische Anlage, welche durch den Verstand entwickelt werden kann, sondern selbst in seiner sinnlich vernünftigen, d. h. menschlichen Natur eine *ästhetische* Tendenz dazu vorhanden, welche durch gewisse sinnliche Gegenstände geweckt, und durch Läuterung seiner Gefühle zu diesem idealistischen Schwung des Gemüts kultiviert werden kann. Von dieser, ihrem Begriff und Wesen nach, zwar idealistischen Anlage, die aber auch selbst der Realist in seinem Leben deutlich genug an den Tag legt, obgleich er sie in seinem System nicht zugibt* werde ich gegenwärtig handeln.

Zwar reichen schon die entwickelten Gefühle für Schönheit dazu hin, uns bis auf einen gewissen Grad von der Natur als

---

* Wie überhaupt nichts wahrhaft idealistisch heißen kann, als was der vollkommene Realist wirklich unbewußt ausübt, und nur durch eine Inkonsequenz leugnet.

einer Macht unabhängig zu machen. Ein Gemüt, welches sich soweit veredelt hat, um mehr von den Formen als dem Stoff der Dinge gerührt zu werden, und ohne alle Rücksicht auf Besitz, aus der bloßen Reflexion über die Erscheinungsweise ein freies Wohlgefallen zu schöpfen, ein solches Gemüt trägt in sich selbst eine innre unverlierbare Fülle des Lebens, und weil es nicht nötig hat, sich die Gegenstände zuzueignen, in denen es lebt, so ist es auch nicht in Gefahr, derselben beraubt zu werden. Aber endlich will doch auch der Schein einen Körper haben, an welchem er sich zeigt, und solange also ein Bedürfnis auch nur nach schönem Schein vorhanden ist, bleibt ein Bedürfnis nach dem *Dasein* von Gegenständen übrig, und unsre Zufriedenheit ist folglich noch von der Natur als Macht abhängig, welche über alles Dasein gebietet. Es ist nehmlich etwas ganz anders, ob wir ein Verlangen nach schönen und guten Gegenständen fühlen, oder ob wir bloß verlangen, daß die vorhandenen Gegenstände schön und gut seien. Das letzte kann mit der höchsten Freiheit des Gemüts bestehen, aber das erste nicht; daß das vorhandene schön und gut sei, können wir fodern; daß das Schöne und Gute Vorhanden sei, bloß wünschen. Diejenige Stimmung des Gemüts, welche gleichgültig ist, ob das Schöne und Gute und Vollkommene existiere, aber mit rigoristischer Strenge verlangt, daß das Existierende gut und schön und vollkommen sei, heißt vorzugsweise groß und erhaben, weil sie alle Realitäten des schönen Charakters enthält, ohne seine Schranken zu teilen.

Es ist ein Kennzeichen guter und schöner aber jederzeit schwacher Seelen, immer ungeduldig auf Existenz ihrer moralischen Ideale zu dringen, und von den Hindernissen derselben schmerzlich gerührt zu werden. Solche Menschen setzen sich in eine traurige Abhängigkeit von dem Zufall, und es ist immer mit Sicherheit vorher zu sagen, daß sie der Materie in moralischen und ästhetischen Dingen zuviel einräumen und die höchste Charakter- und Geschmacks-Probe nicht bestehen werden. Das moralisch Fehlerhafte soll uns nicht *Leiden* und Schmerz einflößen, welches immer mehr von einem unbefriedigten Bedürfnis als von einer unerfüllten Foderung zeugt. Diese muß einen rüstigern Affekt zum Begleiter haben, und das Gemüt eher stärken und in seiner Kraft befestigen, als kleinmütig und unglücklich machen.

Zwei Genien sind es, die uns die Natur zu Begleitern durchs Leben gab. Der Eine, gesellig und hold, verkürzt uns durch sein munteres Spiel die mühvolle Reise, macht uns die Fesseln der Notwendigkeit leicht, und führt uns unter Freude und Scherz bis an die gefährlichen Stellen, wo wir als reine Geister handeln und alles körperliche ablegen müssen, bis zur Erkenntnis der Wahrheit und zur Ausübung der Pflicht. Hier verläßt er uns, denn nur die Sinnenwelt ist sein Gebiet, über diese hinaus kann ihn sein irdischer Flügel nicht tragen. Aber jetzt tritt der andere hinzu, ernst und schweigend, und mit starkem Arm trägt er uns über die schwindlichte Tiefe.

In dem ersten dieser Genien erkennet man das Gefühl des Schönen, in dem zweiten das Gefühl des Erhabenen. Zwar ist schon das Schöne ein Ausdruck der Freiheit; aber nicht derjenigen, welche uns über die Macht der Natur erhebt und von allem körperlichen Einfluß entbindet, sondern derjenigen, welche wir innerhalb der Natur als Menschen genießen. Wir fühlen uns frei bei der Schönheit, weil die sinnlichen Triebe mit dem Gesetz der Vernunft harmonieren; wir fühlen uns frei beim Erhabenen, weil die sinnlichen Triebe auf die Gesetzgebung der Vernunft keinen Einfluß haben, weil der Geist hier handelt, als ob er unter keinen andern als seinen eigenen Gesetzen stünde.

Das Gefühl des Erhabenen ist ein gemischtes Gefühl. Es ist eine Zusammensetzung von *Wehsein*, das sich in seinem höchsten Grad als ein Schauer äußert, und von *Frohsein*, das bis zum Entzücken steigen kann und ob es gleich nicht eigentlich Lust ist, von feinen Seelen aller Lust doch weit vorgezogen wird. Diese Verbindung zweier widersprechender Empfindungen in einem einzigen Gefühl beweist unsere moralische Selbstständigkeit auf eine unwiderlegliche Weise. Denn da es absolut unmöglich ist, daß der nehmliche Gegenstand in zwei entgegengesetzten Verhältnissen zu uns stehe, so folgt daraus, daß *wir selbst* in zwei verschiedenen Verhältnissen zu dem Gegenstand stehen, daß folglich zwei entgegengesetzte Naturen in uns vereiniget sein müssen, welche bei Vorstellung desselben, auf ganz entgegengesetzte Art interessiert sind. Wir erfahren also durch das Gefühl des Erhabenen, daß sich der Zustand unsers Geistes nicht notwendig nach dem Zustand des Sinnes richtet, daß die Gesetze der Natur nicht notwendig auch die unsrigen sind, und daß wir ein selbstständiges Prinzipium in uns haben, welches von allen sinnlichen Rührungen unabhängig ist.

Der erhabene Gegenstand ist von doppelter Art. Wir beziehen ihn entweder auf unsere *Fassungskraft* und erliegen bei dem Versuch, uns ein Bild oder einen Begriff von ihm zu bilden: oder wir beziehen ihn auf unsere *Lebenskraft*, und betrachten ihn als eine Macht, gegen welche die unsrige in Nichts verschwindet. Aber ob wir gleich in dem einen, wie in dem andern Fall durch seine Veranlassung das peinliche Gefühl unserer Grenzen erhalten, so fliehen wir ihn doch nicht, sondern werden vielmehr mit unwiderstehlicher Gewalt von ihm angezogen. Würde dieses wohl möglich sein, wenn die Grenzen unsrer Phantasie zugleich die Grenzen unsrer Fassungskraft wären? Würden wir wohl an die Allgewalt der Naturkräfte gern erinnert sein wollen, wenn wir nicht noch etwas anders im Rückhalt hätten, als was ihnen zum Raube werden kann? Wir ergötzen uns an dem Sinnlich-unendlichen, weil wir denken können, was die Sinne nicht mehr fassen, und der Verstand nicht mehr begreift. Wir werden begeistert von dem Furchtbaren, weil wir wollen können, was die Triebe verabscheuen, und verwerfen, was sie begehren. Gern lassen wir die Imagination im Reich der Erscheinungen ihren Meister finden, denn endlich ist es doch nur eine sinnliche Kraft, die über eine andere sinnliche triumphiert, aber an das absolut Große in uns selbst kann die Natur in ihrer ganzen Grenzenlosigkeit nicht reichen. Gern unterwerfen wir der physischen Notwendigkeit unser Wohlsein und unser Dasein, denn das erinnert uns eben, daß sie über unsre Grundsätze nicht zu gebieten hat. Der Mensch ist in ihrer Hand, aber des Menschen Willen ist in der seinigen.

Und so hat die Natur sogar ein sinnliches Mittel angewendet, uns zu lehren, daß wir mehr als bloß sinnlich sind; so wußte sie selbst Empfindungen dazu zu benutzen, uns der Entdeckung auf die Spur zu führen, daß wir der Gewalt der Empfindungen nichts weniger als sklavisch unterworfen sind. Und dies ist eine ganz andere Wirkung, als durch das Schöne geleistet werden kann; durch das Schöne der Wirklichkeit nehmlich, denn im Idealschönen muß sich auch das Erhabene verlieren. Bei dem Schönen stimmen Vernunft und Sinnlichkeit zusammen, und nur um dieser Zusammenstimmung willen hat es Reiz für uns. Durch die Schönheit allein würden wir also ewig nie erfahren, daß wir bestimmt und fähig sind, uns als reine Intelligenzen zu beweisen. Beim Erhabenen hingegen stimmen Vernunft und Sinnlichkeit *nicht* zusammen, und eben in diesem Widerspruch zwischen beiden liegt der Zauber, womit es unser Gemüt ergreift. Der physische und der moralische Mensch werden hier aufs schärfste von einander geschieden, denn gerade bei solchen Gegenständen, wo der erste nur seine Schranken empfindet, macht der andere die Erfahrung seiner *Kraft* und wird durch eben das unendlich erhoben, was den andern zu Boden drückt.

Ein Mensch, will ich annehmen, soll alle die Tugenden besitzen, deren Vereinigung den *schönen Charakter* ausmacht. Er soll in der Ausübung der Gerechtigkeit, Wohltätigkeit, Mäßigkeit, Standhaftigkeit und Treue seine Wollust finden, alle Pflichten, deren Befolgung ihm die Umstände nahe legen, sollen ihm zum leichten Spiele werden, und das Glück soll ihm keine Handlung schwer machen, wozu nur immer sein menschenfreundliches Herz ihn auffodern mag. Wem wird dieser schöne Einklang der natürlichen Triebe mit den Vorschriften der Vernunft nicht entzückend sein, und wer sich enthalten können, einen solchen Menschen zu lieben? Aber können wir uns wohl, bei aller Zuneigung zu demselben versichert halten, daß er wirklich ein Tugendhafter ist, und daß es überhaupt eine Tugend gibt? Wenn es dieser Mensch auch bloß auf angenehme Empfindungen angelegt hätte, so könnte er, ohne ein Tor zu sein, schlechterdings nicht anders handeln, und er müßte seinen eignen Vorteil hassen, wenn er lasterhaft sein wollte. Es kann sein, daß die Quelle seiner Handlungen rein ist, aber das muß er mit seinem eignen Herzen ausmachen, *wir* sehen nichts davon. Wir sehen ihn nicht mehr tun als auch der bloß kluge Mann tun müßte, der das Vergnügen zu seinem Gott macht. Die Sinnenwelt also erklärt das ganze Phänomen seiner Tugend, und wir haben gar nicht nötig, uns jenseits derselben nach einem Grund davon umzusehen.

Dieser nehmliche Mensch soll aber plötzlich in ein großes Unglück geraten. Man soll ihn seiner Güter berauben, man soll seinen guten Namen zu Grund richten. Krankheiten sollen ihn auf ein schmerzhaftes Lager werfen, alle, die er liebt, soll der Tod ihm entreißen, alle, denen er vertraut, ihn in der Not verlassen. In diesem Zustande suche man ihn wieder auf, und fodre von dem Unglücklichen die Ausübung der nehmlichen Tugenden, zu denen der Glückliche einst so bereit gewesen war. Findet man ihn in diesem Stück noch ganz als den nehmlichen, hat die Armut seine Wohltätigkeit, der Undank seine Dienstfertigkeit, der Schmerz seine Gleichmütigkeit, eignes Unglück seine Teilnehmung an fremdem Glücke nicht vermindert, bemerkt man die Verwandlung seiner Umstände in seiner Gestalt, aber nicht in seinem Betragen, in der Materie, aber nicht in der Form seines Handelns – dann freilich reicht man mit keiner Erklärung aus dem *Naturbegriff* mehr aus, (nach welchem es schlechterdings notwendig ist, daß das Gegenwärtige als Wirkung sich auf etwas Vergangenes als seine Ursache gründet), weil nichts widersprechender sein kann, als daß die Wirkung dieselbe bleibe, wenn die Ursache sich in ihr Gegenteil verwandelt hat. Man muß also jeder natürlichen Erklärung entsagen, muß es ganz und gar aufgeben, das Betragen aus dem Zustande abzuleiten, und den Grund des erstern aus der physischen Weltordnung heraus in eine ganz andere verlegen, welche die Vernunft zwar mit ihren Ideen erfliegen, der Verstand aber mit seinen Begriffen nicht erfassen kann. Diese Entdeckung des absoluten moralischen Vermögens, welches an keine Natur-Bedingung gebunden ist, gibt dem wehmütigen Gefühl, wovon wir beim Anblick eines solchen Menschen ergriffen werden, den ganz eignen unaussprechlichen Reiz, den keine Lust der Sinne, so veredelt sie auch seien, dem Erhabenen streitig machen kann.

Das Erhabene verschafft uns also einen Ausgang aus der sinnlichen Welt, worin uns das Schöne gern immer gefangen halten möchte. Nicht allmählich (denn es gibt von der Abhängigkeit keinen Übergang zur Freiheit), sondern plötzlich und durch eine Erschütterung, reißt es den selbstständigen Geist aus dem Netze los, womit die verfeinerte Sinnlichkeit ihn umstrickte, und das um so fester bindet, je durchsichtiger es gesponnen ist. Wenn sie durch den unmerklichen Einfluß eines weichlichen Geschmacks auch noch so viel über die Menschen gewonnen hat – wenn es ihr gelungen ist, sich in der verführerischen Hülle des geistigen Schönen in den innersten Sitz der moralischen Gesetzgebung einzudrängen, und dort die Heiligkeit der Maximen an ihrer Quelle zu vergiften, so ist oft eine einzige erhabene Rührung genug, dieses Gewebe des Betrugs zu zerreißen, dem gefesselten Geist seine ganze Schnellkraft auf einmal zurückzugeben, ihm eine Revelation über seine wahre Bestimmung zu erteilen, und ein Gefühl seiner Würde, wenigstens für den Moment aufzunötigen. Die Schönheit unter der Gestalt der Göttin Calypso hat den tapfern Sohn des Ulysses bezaubert, und durch die Macht ihrer Reizungen hält sie ihn lange Zeit auf ihrer Insel gefangen. Lange glaubt er einer unsterblichen Gottheit zu huldigen, da er doch nur in den Armen der Wollust liegt, – aber ein erhabener Eindruck ergreift ihn plötzlich unter Mentors Gestalt, er erinnert sich seiner bessern Bestimmung, wirft sich in die Wellen und ist frei.

Das Erhabene, wie das Schöne, ist durch die ganze Natur verschwenderisch ausgegossen, und die Empfindungsfähigkeit für beides in alle Menschen gelegt; aber der Keim dazu entwickelt sich ungleich, und durch die Kunst muß ihm nachgeholfen werden. Schon der Zweck der Natur bringt es mit sich, daß wir der Schönheit zuerst entgegeneilen, wenn wir noch vor dem Erhabenen fliehn; denn die Schönheit ist unsre Wärterin im kindischen Alter, und soll uns ja aus dem rohen Naturstand zur Verfeinerung führen. Aber ob sie gleich unsre erste Liebe ist, und unsre Empfindungsfähigkeit für dieselbe zuerst sich entfaltet, so hat die Natur doch dafür gesorgt, daß sie langsamer reif wird, und zu ihrer völligen Entwicklung erst die Ausbildung des Verstandes und Herzens abwartet. Erreichte der Geschmack seine völlige Reife, ehe Wahrheit und Sittlichkeit auf einen bessern Weg, als durch ihn geschehen kann, in unser Herz gepflanzt wären, so würde die Sinnenwelt ewig die Grenze unsrer Bestrebungen bleiben. Wir würden weder in unsern Begriffen, noch in unsern Gesinnungen über sie hinaus gehn, und was die Einbildungskraft nicht darstellen kann, würde auch keine Realität für uns haben. Aber glücklicherweise liegt es schon in der Einrichtung der Natur, daß der Geschmack, obgleich er zuerst blühet, doch zuletzt unter allen Fähigkeiten des Gemüts seine Zeitigung erhält. In dieser Zwischenzeit wird Frist genug gewonnen, einen Reichtum von Begriffen in dem Kopf und einen Schatz von Grundsätzen in der Brust anzupflanzen, und dann besonders auch die Empfindungsfähigkeit für das Große und Erhabene aus der Vernunft zu entwickeln.

So lange der Mensch bloß Sklave der physischen Notwendigkeit war, aus dem engen Kreis der Bedürfnisse noch keinen Ausgang gefunden hatte, und die hohe *dämonische* Freiheit in seiner Brust noch nicht ahndete, so konnte ihn die *unfaßbare* Natur nur an die Schranken seiner Vorstellungskraft und die *verderbende* Natur nur an seine physische Ohnmacht erinnern. Er mußte also die erste mit Kleinmut vorübergehen, und sich von der andern mit Entsetzen abwenden. Kaum aber macht ihm die freie Betrachtung gegen den blinden Andrang der Naturkräfte Raum, und kaum entdeckt er in dieser Flut von Erscheinungen etwas Bleibendes in seinem eigenen Wesen, so fangen die wilden Naturmassen um ihn herum an, eine ganz andere Sprache zu seinem Herzen zu reden: und das relativ Große außer ihm ist der Spiegel, worin er das absolut Große in ihm selbst erblickt. Furchtlos und mit schauerlicher Lust nähert er sich jetzt diesen Schreckbildern seiner Einbildungskraft, und bietet absichtlich die ganze Kraft dieses Vermögens auf, das Sinnlichunendliche darzustellen, um, wenn es bei diesem Versuche dennoch erliegt, die Überlegenheit seiner Ideen über das Höchste, was die Sinnlichkeit leisten kann, desto lebhafter zu empfinden. Der Anblick unbegrenzter Fernen und unabsehbarer Höhen, der weite Ozean zu seinen Füßen, und der größere Ozean über ihm, entreißen seinen Geist der engen Sphäre des Wirklichen und der drükkenden Gefangenschaft des physischen Lebens. Ein größerer Maßstab der Schätzung wird ihm von der simpeln Majestät der Natur vorgehalten, und, von ihren großen Gestalten umgeben, erträgt er das Kleine in seiner Denkart nicht mehr. Wer weiß, wie manchen Lichtgedanken oder Heldenentschluß, den kein Studierkerker, und kein Gesellschaftssaal zur Welt gebracht haben möchte, nicht schon dieser mutige Streit des Gemüts mit dem großen Naturgeist auf einem Spaziergang gebar – wer weiß, ob es nicht dem seltenern Verkehr mit diesem großen Genius zum Teil zuzuschreiben ist, daß der Charakter der Städter sich so gerne zum Kleinlichen wendet, verkrüppelt und welkt, wenn der Sinn des Nomaden offen und frei bleibt, wie das Firmament, unter dem er sich lagert.

Aber nicht bloß das Unerreichbare für die Einbildungskraft, das Erhabene der Quantität, auch das Unfaßbare für den Verstand, die *Verwirrung*, kann, sobald sie ins Große geht, und sich als Werk der Natur ankündigt (denn sonst ist sie verächtlich), zu einer Darstellung des Übersinnlichen dienen, und dem Gemüt einen Schwung geben. Wer verweilet nicht lieber bei der geistreichen Unordnung einer natürlichen Landschaft als bei der geistlosen Regelmäßigkeit eines französischen Gartens? Wer bestaunt nicht lieber den wunderbaren Kampf zwischen Fruchtbarkeit und Zerstörung in Siciliens Fluren, weidet sein Auge nicht lieber an Schottlands wilden Katarakten und Nebelgebirgen, Ossians großer Natur, als daß er in dem schnurgerechten Holland den sauren Sieg der Geduld über das trotzigste der Elemente bewundert? Niemand wird leugnen, daß in Bataviens Triften für den physischen Menschen besser gesorgt ist, als unter dem tückischen Krater des Vesuv, und daß der Verstand, der begreifen und ordnen

will, bei einem regulären Wirtschaftsgarten weit mehr als bei
einer wilden Naturlandschaft seine Rechnung findet. Aber
der Mensch hat noch ein Bedürfnis mehr, als zu leben und
sich wohl sein zu lassen und auch noch eine andere Bestimmung, als die Erscheinungen um ihn herum zu begreifen.

Was dem Reisenden von Empfindung die wilde Bizarrerie
in der physischen Schöpfung so anziehend macht, eben das
eröffnet einem begeisterungsfähigen Gemüt, selbst in der be-
denklichen Anarchie der moralischen Welt, die Quelle eines
ganz eignen Vergnügens. Wer freilich die große Haushaltung
der Natur mit der dürftigen Fackel des *Verstandes* beleuchtet,
und immer nur darauf ausgeht, ihre kühne Unordnung in
Harmonie aufzulösen, der kann sich in einer Welt nicht gefallen, wo mehr der tolle Zufall als ein weiser Plan zu regieren
scheint, und bei weitem in den mehresten Fällen Verdienst
und Glück mit einander im Widerspruche stehn. Er will haben, daß in dem großen Weltlaufe alles wie in einer guten
Wirtschaft geordnet sei, und vermißt er, wie es nicht wohl
anders sein kann, diese Gesetzmäßigkeit, so bleibt ihm nichts
anders übrig, als von einer künftigen Existenz und von einer
andern Natur die Befriedigung zu erwarten, die ihm die gegenwärtige und vergangene schuldig bleibt. Wenn er es hingegen gutwillig aufgibt, dieses gesetzlose Chaos von Erscheinungen unter eine Einheit der Erkenntnis bringen zu wollen,
so gewinnt er von einer andern Seite reichlich, was er von
dieser verloren gibt. Gerade dieser gänzliche Mangel einer
Zweckverbindung unter diesem Gedränge von Erscheinungen, wodurch sie für den Verstand, der sich an diese Verbin-
dungsform halten muß, übersteigend und unbrauchbar werden, macht sie zu einem desto treffendern Sinnbild für die
reine Vernunft, die in eben dieser wilden Ungebundenheit der
Natur ihre eigne Unabhängigkeit von Naturbedingungen dargestellt findet. Denn wenn man einer Reihe von Dingen alle

Verbindung unter sich nimmt, so hat man den Begriff der Independenz, der mit dem reinen Vernunftbegriff der Freiheit überraschend zusammenstimmt. Unter dieser Idee der Freiheit, welche sie aus ihrem eigenen Mittel nimmt, faßt also die Vernunft in eine Einheit des Gedankens zusammen, was der Verstand in keine Einheit der Erkenntnis verbinden kann, unterwirft sich durch diese Idee das unendliche Spiel der Erscheinungen, und behauptet also ihre Macht zugleich über den Verstand als sinnlich bedingtes Vermögen. Erinnert man sich nun, welchen Wert es für ein Vernunftwesen haben muß, sich seiner Independenz von Naturgesetzen bewußt zu werden, so begreift man, wie es zugeht, daß Menschen von erhabener Gemütsstimmung durch diese ihnen dargebotene Idee der Freiheit sich für allen Fehlschlag der Erkenntnis für entschädigt halten können. Die Freiheit in allen ihren moralischen Widersprüchen und physischen Übeln ist für edle Gemüter ein unendlich interessanteres Schauspiel als Wohlstand und Ordnung ohne Freiheit, wo die Schafe geduldig dem Hirten folgen, und der selbstherrschende Wille sich zum dienstbaren Glied eines Uhrwerks herabsetzt. Das letzte macht den Menschen bloß zu einem geistreichen Produkt und glücklichern Bürger der Natur, die Freiheit macht ihn zum Bürger und Mitherrscher eines höhern Systems, wo es unendlich ehrenvoller ist, den untersten Platz einzunehmen, als in der physischen Ordnung den Reihen anzuführen.

Aus diesem Gesichtspunkt betrachtet, und *nur* aus diesem, ist mir die Weltgeschichte ein erhabenes Objekt. Die Welt, als historischer Gegenstand, ist im Grunde nichts anders als der Konflikt der Naturkräfte unter einander selbst und mit der Freiheit des Menschen und den Erfolg dieses Kampfs berichtet uns die Geschichte. So weit die Geschichte bis jetzt gekommen ist, hat sie von der Natur (zu der alle Affekte im Menschen gezählt werden müssen) weit größere Taten zu erzählen, als von der selbstständigen Vernunft, und diese hat bloß durch einzelne Ausnahmen vom Naturgesetz in einem Kato, Aristides, Phocion und ähnlichen Männern ihre Macht behaupten können. Nähert man sich nur der Geschichte mit großen Erwartungen von Licht und Erkenntnis – wie sehr findet man sich da getäuscht! Alle wohlgemeinte Versuche der Philosophie, das, was die moralische Welt *fodert*, mit dem, was die wirkliche *leistet*, in Übereinstimmung zu bringen, werden durch die Aussagen der Erfahrungen widerlegt, und so gefällig die Natur in ihrem *Organischen Reich* sich nach den regulativen Grundsätzen der Beurteilung richtet oder zu richten scheint, so unbändig reißt sie im Reich der Freiheit den Zügel ab, woran der Spekulations-Geist sie gern gefangen führen möchte.

Wie ganz anders, wenn man darauf resigniert, sie zu *erklären*, und diese ihre Unbegreiflichkeit selbst zum Standpunkt der Beurteilung macht. Eben der Umstand, daß die Natur im Großen angesehen, aller Regeln, die wir durch unsern Verstand ihr vorschreiben, spottet, daß sie auf ihren eigenwilligen freien Gang die Schöpfungen der Weisheit und des Zufalls mit gleicher Achtlosigkeit in den Staub tritt, daß sie das Wichtige wie das Geringe, das Edle wie das Gemeine in Einem Untergang mit sich fortreißt, daß sie hier eine Ameisenwelt erhält, dort ihr herrlichstes Geschöpf den Menschen in ihre Riesenarme faßt und zerschmettert, daß sie ihre mühsamsten Erwerbungen oft in einer leichtsinnigen Stunde verschwendet, und an einem Werk der Torheit oft Jahrhunderte lang baut – mit einem Wort – dieser Abfall der Natur im Großen von den Erkenntnisregeln, denen sie in ihren einzelnen Erscheinungen sich unterwirft, macht die absolute Unmöglichkeit sichtbar, durch *Naturgesetze* die *Natur selbst* zu erklären, und *von* ihrem Reiche gelten zu lassen, was *in* ihrem Reiche gilt, und das Gemüt wird also unwiderstehlich aus der Welt

der Erscheinungen heraus in die Ideenwelt, aus dem Beding-
ten ins Unbedingte getrieben.

Noch viel weiter als die sinnlich unendliche führt uns die
furchtbare und zerstörende Natur, so lange wir nehmlich bloß
freie Betrachter derselben bleiben. Der sinnliche Mensch freilich, und die Sinnlichkeit in dem vernünftigen fürchten nichts
so sehr als mit dieser Macht zu zerfallen, die über Wohlsein
und Existenz zu gebieten hat.

Das höchste Ideal, wornach wir ringen, ist, mit der physischen Welt, als der Bewahrerin unserer Glückseligkeit, in gutem Vernehmen zu bleiben, ohne darum genötigt zu sein, mit
der Moralischen zu brechen, die unsre Würde bestimmt. Nun
geht es aber bekanntermaßen nicht immer an, beiden Herren
zu dienen, und wenn auch (ein fast unmöglicher Fall) die
Pflicht mit dem Bedürfnisse nie in Streit geraten sollte; so
geht doch die Naturnotwendigkeit keinen Vertrag mit dem
Menschen ein, und weder seine Kraft noch seine Geschicklichkeit kann ihn gegen die Tücke der Verhängnisse sicher
stellen. Wohl ihm also, wenn er gelernt hat zu ertragen, was
er nicht ändern kann und Preis zu geben mit Würde, was er
nicht retten kann! Fälle können eintreten, wo das Schicksal
alle Außenwerke ersteigt, auf die er seine Sicherheit gründete,
und ihm nichts weiter übrig bleibt, als sich in die heilige
Freiheit der Geister zu flüchten – wo es kein andres Mittel
gibt, den Lebenstrieb zu beruhigen, als es zu wollen – und
kein andres Mittel, der Macht der Natur zu widerstehen, als
ihr zuvorzukommen und durch eine freie Aufhebung alles
sinnlichen Interesse ehe noch eine physische Macht es tut,
sich moralisch zu entleiben.

Dazu nun stärken ihn erhabene Rührungen und ein öfterer
Umgang mit der zerstörenden Natur, sowohl da wo sie ihm
ihre verderbliche Macht bloß von Ferne zeigt, als wo sie sie
wirklich gegen seine Mitmenschen äußert. Das Pathetische ist

ein künstliches Unglück, und wie das wahre Unglück, setzt es uns in *unmittelbaren Verkehr* mit dem Geistergesetz, das in unserm Busen gebietet. Aber das wahre Unglück wählt seinen Mann und seine Zeit nicht immer gut; es überrascht uns oft wehrlos, und was noch schlimmer ist, es *macht* uns oft *wehrlos*. Das künstliche Unglück des Pathetischen hingegen findet uns in voller Rüstung, und weil es bloß eingebildet ist, so gewinnt das selbstständige Prinzipium in unserm Gemüte Raum, seine absolute Independenz zu behaupten. Je öfter nun der Geist diesen Akt von Selbsttätigkeit erneuert, desto mehr wird ihn derselbe zur Fertigkeit, einen desto größern Vorsprung gewinnt er vor dem sinnlichen Trieb, daß er endlich auch dann, wenn aus dem eingebildeten und künstlichen Unglück ein ernsthaftes wird, im Stande ist, es als ein künstliches zu behandeln, und, der höchste Schwung der Menschennatur! das wirkliche Leiden in eine erhabene Rührung aufzulösen. Das Pathetische, kann man daher sagen, ist eine Inokulation des unvermeidlichen Schicksals, wodurch es seiner Bösartigkeit beraubt, und der Angriff desselben auf die starke Seite des Menschen hingeleitet wird.

Also hinweg mit der falsch verstandenen Schonung und dem schlaffen verzärtelten Geschmack, der über das ernste Angesicht der Notwendigkeit einen Schleier wirft, und um sich bei den Sinnen in Gunst zu setzen, eine Harmonie zwischen dem Wohlsein und Wohlverhalten *lügt*, wovon sich in der wirklichen Welt keine Spuren zeigen. Stirne gegen Stirn zeige sich uns das böse Verhängnis. Nicht in der Unwissenheit der uns umlagernden Gefahren – denn diese muß doch endlich aufhören – nur in der *Bekanntschaft* mit derselben ist Heil für uns. Zu dieser Bekanntschaft nun verhilft uns das furchtbar herrliche Schauspiel der alles zerstörenden und wieder erschaffenden, und wieder zerstörenden Veränderung – des bald langsam untergrabenden, bald schnell überfallenden

Verderbens, verhelfen uns die pathetischen Gemälde der mit dem Schicksal ⟨ringenden⟩ Menschheit, der unaufhaltsamen Flucht des Glücks, der betrogenen Sicherheit, der triumphierenden Ungerechtigkeit und der unterliegenden Unschuld, welche die Geschichte in reichem Maß aufstellt, und die tragische Kunst nachahmend vor unsre Augen bringt. Denn wo wäre derjenige, der, bei einer nicht ganz verwahrlosten moralischen Anlage, von dem hartnäckigen und doch vergeblichen Kampf des Mithridat, von dem Untergang der Städte Syrakus und Karthago ⟨lesen, und⟩ bei solchen Szenen verweilen kann, ohne dem ernsten Gesetz der Notwendigkeit mit einem Schauer zu huldigen, seinen Begierden augenblicklich den Zügel anzuhalten, und ergriffen von dieser ewigen Untreue alles Sinnlichen nach dem Beharrlichen in seinem Busen zu greifen? Die Fähigkeit, das Erhabene zu empfinden, ist also eine der herrlichsten Anlagen in der Menschennatur, die sowohl wegen ihres Ursprungs aus dem selbstständigen Denk- und Willens-Vermögen unsre *Achtung*, als wegen ihres Einflusses auf den moralischen Menschen die vollkommenste Entwickelung verdient. Das Schöne macht sich bloß verdient um den *Menschen*, das Erhabene um den *reinen Dämon* in ihm; und weil es einmal unsre Bestimmung ist, auch bei allen sinnlichen Schranken uns nach dem Gesetzbuch reiner Geister zu richten, so muß das Erhabene zu dem Schönen hinzukommen, um die *ästhetische Erziehung* zu einem vollständigen Ganzen zu machen, und die Empfindungsfähigkeit des menschlichen Herzens nach dem ganzen Umfang unsrer Bestimmung, und also auch über die Sinnenwelt hinaus, zu erweitern.

Ohne das Schöne würde zwischen unsrer Naturbestimmung und unsrer Vernunftbestimmung ein immerwährender Streit sein. Über dem Bestreben, unserm *Geisterberuf* Genüge zu leisten, würden wir unsre *Menschheit* versäumen, und alle

Augenblicke zum Aufbruch aus der Sinnenwelt gefaßt, in dieser uns einmal angewiesenen Sphäre des Handelns beständig Fremdlinge bleiben. Ohne das Erhabene würde uns die Schönheit unsrer Würde vergessen machen. In der Erschlaffung eines ununterbrochenen Genusses würden wir die Rüstigkeit des *Charakters* einbüßen, und an diese *zufällige Form des Daseins* unauflösbar gefesselt, unsre unveränderliche Bestimmung und unser wahres Vaterland aus den Augen verlieren. Nur wenn das Erhabene mit dem Schönen sich gattet, und unsre Empfänglichkeit für beides in gleichem Maß ausgebildet worden ist, sind wir vollendete Bürger der Natur, ohne deswegen ihre Sklaven zu sein, und ohne unser Bürgerrecht in der intelligibeln Welt zu verscherzen.

Nun stellt zwar schon die Natur für sich allein Objekte in Menge auf, an denen sich die Empfindungsfähigkeit für das Schöne und Erhabene üben könnte; aber der Mensch ist, wie in andern Fällen, so auch hier, von der zweiten Hand besser bedient, als von der Ersten, und will lieber einen zubereiteten und auserlesenen Stoff von der Kunst empfangen, als an der unreinen Quelle der Natur mühsam und dürftig schöpfen. Der nachahmende Bildungstrieb, der keinen *Eindruck* erleiden kann, ohne sogleich nach einem lebendigen *Ausdruck* zu streben, und in jeder schönen oder großen Form der Natur eine Ausfoderung erblickt, mit ihr zu ringen, hat vor derselben den großen Vorteil voraus, dasjenige als Hauptzweck und als ein eigenes Ganzes behandeln zu dürfen, was die Natur – wenn sie es nicht gar absichtlos hinwirft – bei Verfolgung eines ihr näher liegenden Zwecks bloß im Vorbeigehen mitnimmt. Wenn die Natur in ihren schönen organischen Bildungen entweder durch die mangelhafte Individualität des Stoffes oder durch Einwirkung heterogener Kräfte *Gewalt erleidet*, oder wenn sie, in ihren großen und pathetischen Szenen, *Gewalt ausübt* und als eine Macht auf den Menschen wirkt, da sie doch bloß als Objekt der freien Betrachtung ästhetisch werden kann, so ist ihre Nachahmerin, die bildende Kunst völlig frei, weil sie von ihrem Gegenstand alle zufällige Schranken absondert, und läßt auch das Gemüt des Betrachters frei, weil sie nur den *Schein* und nicht die *Wirklichkeit* nachahmt. Da aber der ganze Zauber des Erhabenen und Schönen nur in dem Schein und nicht in dem Inhalt liegt, so hat die Kunst alle Vorteile der Natur, ohne ihre Fesseln mit ihr zu teilen.

ÜBER DEN GEBRAUCH DES CHORS
IN DER TRAGÖDIE

Ein poetisches Werk muß sich selbst rechtfertigen, und wo die
Tat nicht spricht, da wird das Wort nicht viel helfen. Man
könnte es also gar wohl dem Chor überlassen, sein eigener
Sprecher zu sein, wenn er nur erst selbst auf die gehörige Art
zur Darstellung gebracht wäre. Aber das tragische Dichterwerk wird erst durch die theatralische Vorstellung zu einem
Ganzen: nur die Worte gibt der Dichter, Musik und Tanz
müssen hinzu kommen, sie zu beleben. So lange also dem
Chor diese sinnlich mächtige Begleitung fehlt, so lange wird
er in der Ökonomie des Trauerspiels als ein Außending, als ein
fremdartiger Körper, und als ein Aufenthalt erscheinen, der
nur den Gang der Handlung unterbricht, der die Täuschung
stört, der den Zuschauer erkältet. Um dem Chor sein Recht
anzutun, muß man sich also von der wirklichen Bühne auf
eine *mögliche* versetzen, aber das muß man überall, wo man zu
etwas höherm gelangen will. Was die Kunst noch nicht hat,
das soll sie erwerben; der zufällige Mangel an Hilfsmitteln
darf die schaffende Einbildungskraft des Dichters nicht be-
schränken. Das Würdigste setzt er sich zum Ziel, einem Ideale
strebt er nach, die ausübende Kunst mag sich nach den Umständen bequemen.

Es ist nicht wahr, was man gewöhnlich behaupten hört, daß
das Publikum die Kunst herabzieht; der Künstler zieht das
Publikum herab, und zu allen Zeiten, wo die Kunst verfiel, ist
sie durch die Künstler gefallen. Das Publikum braucht nichts
als Empfänglichkeit, und diese besitzt es. Es tritt vor den
Vorhang mit einem unbestimmten Verlangen, mit einem viel-
seitigen Vermögen. Zu dem Höchsten bringt es eine Fähigkeit

mit, es erfreut sich an dem Verständigen und Rechten, und wenn es damit angefangen hat, sich mit dem Schlechten zu begnügen, so wird es zuverlässig damit aufhören, das Vortreffliche zu fodern, wenn man es ihm erst gegeben hat.

Der Dichter, hört man einwenden, hat gut, nach einem Ideal arbeiten, der Kunstrichter hat gut, nach Ideen urteilen, die bedingte, beschränkte, ausübende Kunst ruht auf dem Bedürfnis. Der Unternehmer will bestehen, der Schauspieler will sich zeigen, der Zuschauer will unterhalten und in Bewegung gesetzt sein. Das Vergnügen sucht er, und ist unzufrieden, wenn man ihm da eine Anstrengung zumutet, wo er ein Spiel und eine Erholung erwartet.

Aber indem man das Theater ernsthafter behandelt, will man das Vergnügen des Zuschauers nicht aufheben, sondern veredeln. Es soll ein Spiel bleiben, aber ein poetisches. Alle Kunst ist der Freude gewidmet, und es gibt keine höhere und keine ernsthaftere Aufgabe, als die Menschen zu beglücken. Die rechte Kunst ist nur diese, welche den höchsten Genuß verschafft. Der höchste Genuß aber ist die Freiheit des Gemüts in dem lebendigen Spiel aller seiner Kräfte.

Jeder Mensch zwar erwartet von den Künsten der Einbildungskraft eine gewisse Befreiung von den Schranken des Wirklichen, er will sich an dem Möglichen ergötzen und seiner Phantasie Raum geben. Der am wenigsten erwartet, will doch sein Geschäft, sein gemeines Leben, sein Individuum vergessen, er will sich in ausserordentlichen Lagen fühlen, sich an den seltsamen Kombinationen des Zufalls weiden, er will, wenn er von ernsthafterer Natur ist, die moralische Weltregierung, die er im wirklichen Leben vermißt, auf der Schaubühne finden. Aber er weiß selbst recht gut, daß er nur ein leeres Spiel treibt, daß er im eigentlichen Sinn sich nur an Träumen weidet, und wenn er von dem Schauplatz wieder in die wirkliche Welt zurück kehrt, so umgibt ihn diese wieder mit ihrer ganzen drückenden Enge, er ist ihr Raub wie vorher, denn sie selbst ist geblieben was sie war, und an ihm ist nichts verändert worden. Dadurch ist also nichts gewonnen als ein gefälliger Wahn des Augenblicks, der beim Erwachen verschwindet.

Und eben darum, weil es hier nur auf eine vorübergehende Täuschung abgesehen ist, so ist auch nur ein Schein der Wahrheit, oder die beliebte Wahrscheinlichkeit nötig, die man so gern an die Stelle der Wahrheit setzt.

Die wahre Kunst aber hat es nicht bloß auf ein vorübergehendes Spiel abgesehen, es ist ihr ernst damit, den Menschen nicht bloß in einen augenblicklichen Traum von Freiheit zu versetzen, sondern ihn wirklich und in der Tat frei zu *machen*, und dieses dadurch, daß sie eine Kraft in ihm erweckt, übt und ausbildet, die sinnliche Welt, die sonst nur als ein roher Stoff auf uns lastet, als eine blinde Macht auf uns drückt, in eine objektive Ferne zu rücken, in ein freies Werk unsers Geistes zu verwandeln, und das Materielle durch Ideen zu beherrschen.

Und eben darum weil die wahre Kunst etwas reelles und objektives will, so kann sie sich nicht bloß mit dem Schein der Wahrheit begnügen; auf der Wahrheit selbst, auf dem festen und tiefen Grunde der Natur errichtet sie ihr ideales Gebäude.

Wie aber nun die Kunst zugleich ganz ideell und doch im tiefsten Sinne reell sein – wie sie das Wirkliche ganz verlassen und doch aufs genaueste mit der Natur übereinstimmen soll und kann, das ists, was wenige fassen, was die Ansicht poetischer und plastischer Werke so schielend macht, weil beide Foderungen einander im gemeinen Urteil geradezu aufzuheben scheinen.

Auch begegnet es gewöhnlich, daß man das eine mit Aufopferung des andern zu erreichen sucht, und eben deswegen beides verfehlt. Wem die Natur zwar einen treuen Sinn und

eine Innigkeit des Gefühls verliehen, aber die schaffende Einbildungskraft versagte, der wird ein treuer Maler des Wirklichen sein, er wird die zufällige Erscheinungen aber nie den
Geist der Natur ergreifen. Nur den Stoff der Welt wird er uns
wiederbringen, aber es wird eben darum nicht unser Werk,
nicht das freie Produkt unsers bildenden Geistes sein, und
kann also auch die wohltätige Wirkung der Kunst, welche
in der Freiheit besteht, nicht haben. Ernst zwar, doch uner-
freulich ist die Stimmung, mit der uns ein solcher Künstler
und Dichter entläßt, und wir sehen uns durch die Kunst
selbst, die uns befreien sollte, in die gemeine enge Wirklichkeit peinlich zurück versetzt. Wem hingegen zwar eine rege
Phantasie aber ohne Gemüt und Charakter zu Teil geworden,
der wird sich um keine Wahrheit bekümmern; sondern mit
dem Weltstoff nur spielen, nur durch phantastische und bi-
zarre Kombinationen zu überraschen suchen, und wie sein
ganzes Tun nur Schaum und Schein ist, so wird er zwar für
den Augenblick unterhalten, aber im Gemüt nichts erbauen
und begründen. Sein Spiel ist, so wie der Ernst des andern,
kein poetisches. Phantastische Gebilde willkürlich aneinander
reihen, heißt nicht ins Ideale gehen, und das Wirkliche nachahmend wieder bringen, heißt nicht die Natur darstellen. Beide Foderungen stehen so wenig im Widerspruch mit einander, daß sie vielmehr – eine und dieselbe sind; daß die Kunst
nur dadurch wahr ist, daß sie das Wirkliche ganz verläßt und
rein ideell wird. Die Natur selbst ist nur eine Idee des Geistes,
die nie in die Sinne fällt. Unter der Decke der Erscheinungen
liegt sie, aber sie selbst kommt niemals zur Erscheinung. Bloß
der Kunst des Ideals ist es verliehen, oder vielmehr es ist ihr
aufgegeben, diesen Geist des Alls zu ergreifen, und in einer
körperlichen Form zu binden. Auch sie selbst kann ihn zwar
nie vor die Sinne, aber doch durch ihre schaffende Gewalt vor
die Einbildungskraft bringen, und dadurch wahrer sein als alle

Wirklichkeit und realer als alle Erfahrung. Es ergibt sich daraus von selbst, daß der Künstler kein einziges Element aus der
Wirklichkeit brauchen kann, wie er es findet, daß sein Werk
in *allen* seinen Teilen ideell sein muß, wenn es als ein Ganzes
Realität haben und mit der Natur übereinstimmen soll.

Was von Poesie und Kunst im Ganzen wahr ist, gilt auch
von allen Gattungen derselben, und es läßt sich ohne Mühe
von dem jetzt gesagten auf die Tragödie die Anwendung machen. Auch hier hatte man lange und hat noch jetzt mit dem
gemeinen Begriff des *Natürlichen* zu kämpfen, welcher alle
Poesie und Kunst gerade zu aufhebt und vernichtet. Der bildenden Kunst gibt man zwar notdürftig, doch mehr aus kon-
ventionellen als aus innern Gründen, eine gewisse Idealität zu,
aber von der Poesie und von der dramatischen insbesondere
verlangt man *Illusion*, die, wenn sie auch wirklich zu leisten
wäre, immer nur ein armseliger Gauklerbetrug sein würde.
Alles äußere bei einer dramatischen Vorstellung steht diesem
Begriff entgegen – alles ist nur ein Symbol des Wirklichen.
Der Tag selbst auf dem Theater ist nur ein künstlicher, die
Architektur ist nur eine symbolische, die metrische Sprache
selbst ist ideal, aber die Handlung soll nun einmal real sein,
und der Teil das Ganze zerstören. So haben die Franzosen, die
den Geist der Alten zuerst ganz mißverstanden, eine Einheit
des Orts und der Zeit nach dem gemeinsten empirischen Sinn
auf der Schaubühne eingeführt, als ob hier ein anderer Ort
wäre als der bloß ideale Raum, und eine andere Zeit als bloß
die stetige Folge der Handlung.

Durch Einführung einer metrischen Sprache ist man indes
der poetischen Tragödie schon um einen großen Schritt näher
gekommen. Es sind einige lyrische Versuche auf der Schaubühne glücklich durchgegangen, und die Poesie hat sich
durch ihre eigene lebendige Kraft, im Einzelnen, manchen
Sieg über das herrschende Vorurteil errungen. Aber mit den

einzelnen ist wenig gewonnen, wenn nicht der Irrtum im Ganzen fällt, und es ist nicht genug, daß man das nur als eine poetische Freiheit duldet, was doch das Wesen aller Poesie ist. Die Einführung des Chors wäre der letzte, der entscheidende Schritt – und wenn derselbe auch nur dazu diente, dem Naturalism in der Kunst offen und ehrlich den Krieg zu erklären, so sollte er uns eine lebendige Mauer sein, die die Tragödie um sich herumzieht, um sich von der wirklichen Welt rein abzuschließen, und sich ihren idealen Boden, ihre poetische Freiheit zu bewahren.

Die Tragödie der Griechen ist, wie man weiß, aus dem Chor entsprungen. Aber so wie sie sich historisch und der Zeitfolge nach daraus loswand, so kann man auch sagen, daß sie poetisch und dem Geiste nach aus demselben entstanden, und daß ohne diesen beharrlichen Zeugen und Träger der Handlung eine ganz andere Dichtung aus ihr geworden wäre. Die Abschaffung des Chors und die Zusammenziehung dieses sinnlich mächtigen Organs in die charakterlose langweilig wiederkehrende Figur eines ärmlichen Vertrauten war also keine so große Verbesserung der Tragödie als die Franzosen und ihre Nachbeter sich eingebildet haben.

Die alte Tragödie, welche sich ursprünglich nur mit Göttern, Helden und Königen abgab, brauchte den Chor als eine notwendige Begleitung, sie fand ihn in der Natur und brauchte ihn, weil sie ihn fand. Die Handlungen und Schicksale der Helden und Könige sind schon an sich selbst öffentlich, und waren es in der einfachen Urzeit noch mehr. Der Chor war folglich in der alten Tragödie mehr ein natürliches Organ, er folgte schon aus der poetischen Gestalt des wirklichen Lebens. In der neuen Tragödie wird er zu einem Kunstorgan, er hilft die Poesie *hervorbringen*. Der neuere Dichter findet den Chor nicht mehr in der Natur, er muß ihn poetisch erschaffen und einführen, das ist, er muß mit der Fabel, die er behandelt, eine solche Veränderung vornehmen, wodurch sie in jene kindliche Zeit und in jene einfache Form des Lebens zurück versetzt wird.

Der Chor leistet daher dem neuern Tragiker noch weit wesentlichere Dienste als dem alten Dichter, eben deswegen, weil er die moderne gemeine Welt in die alte poetische verwandelt, weil er ihm alles das unbrauchbar macht, was der Poesie widerstrebt, und ihn auf die einfachsten ursprünglichsten und naivsten Motive hinauftreibt. Der Palast der Könige ist jetzt geschlossen, die Gerichte haben sich von den Toren der Städte in das Innere der Häuser zurückgezogen, die Schrift hat das lebendige Wort verdrängt, das Volk selbst, die sinnlich lebendige Masse, ist, wo sie nicht als rohe Gewalt wirkt, zum Staat, folglich zu einem abgezogenen Begriff geworden, die Götter sind in die Brust des Menschen zurückgekehrt. Der Dichter muß die Paläste wieder auftun, er muß die Gerichte unter freien Himmel herausführen, er muß die Götter wieder aufstellen, er muß alles Unmittelbare, das durch die künstliche Einrichtung des wirklichen Lebens aufgehoben ist, wieder herstellen, und alles künstliche Machwerk *an* dem Menschen und *um* denselben, das die Erscheinung seiner innern Natur und seines ursprünglichen Charakters hindert, wie der Bildhauer die modernen Gewänder, abwerfen, und von allen äußern Umgebungen desselben nichts aufnehmen, als was die Höchste der Formen, die menschliche, sichtbar macht.

Aber eben so, wie der bildende Künstler die faltige Fülle der Gewänder um seine Figuren breitet, um die Räume seines Bildes reich und anmutig auszufüllen, um die getrennten Partien desselben in ruhigen Massen stetig zu verbinden, um der Farbe, die das Auge reizt und erquickt, einen Spielraum zu geben, um die menschlichen Formen zugleich geistreich zu verhüllen und sichtbar zu machen, eben so durchflicht und umgibt der tragische Dichter seine streng abgemessene Handlung und die festen Umrisse seiner handelnden Figuren mit einem lyrischen Prachtgewebe, in welchem sich, als wie in einem weitgefalteten Purpurgewand, die handelnden Personen frei und edel mit einer gehaltenen Würde und hoher Ruhe bewegen.

In einer höhern Organisation darf der Stoff oder das Elementarische nicht mehr sichtbar sein, die chemische Farbe verschwindet in der feinen Karnation des Lebendigen. Aber auch der Stoff hat seine Herrlichkeit, und kann als solcher in einem Kunstkörper aufgenommen werden. Dann aber muß er sich durch Leben und Fülle und durch Harmonie seinen Platz verdienen, und die Formen, die er umgibt, geltend machen, anstatt sie durch seine Schwere zu erdrücken.

In Werken der bildenden Kunst ist dieses jedem leicht verständlich, aber auch in der Poesie, und in der tragischen, von der hier die Rede ist, findet dasselbe statt. Alles was der Verstand sich im allgemeinen ausspricht, ist eben so wie das, was bloß die Sinne reizt, nur Stoff und rohes Element in einem Dichterwerk, und wird da, wo es vorherrscht, unausbleiblich das Poetische zerstören; denn dieses liegt gerade in dem Indifferenzpunkt des Ideellen und Sinnlichen. Nun ist aber der Mensch so gebildet, daß er immer von dem Besondern ins Allgemeine gehen will, und die Reflexion muß also auch in der Tragödie ihren Platz erhalten. Soll sie aber diesen Platz verdienen, so muß sie das, was ihr an sinnlichem Leben fehlt, durch den Vortrag wieder gewinnen, denn wenn die zwei Elemente der Poesie das Ideale und Sinnliche nicht innig verbunden *zusammen* wirken, so müssen sie *neben einander* wirken, oder die Poesie ist aufgehoben. Wenn die Waage nicht vollkommen inne steht, da kann das Gleichgewicht nur durch eine *Schwankung* der beiden Schaalen hergestellt werden.

Und dieses leistet nun der Chor in der Tragödie. Der Chor ist selbst kein Individuum, sondern ein allgemeiner Begriff, aber dieser Begriff repräsentiert sich durch eine sinnlich mächtige Masse, welche durch ihre ausfüllende Gegenwart den Sinnen imponiert. Der Chor verläßt den engen Kreis der Handlung, um sich über Vergangenes und Künftiges, über ferne Zeiten und Völker, über das Menschliche überhaupt zu verbreiten, um die großen Resultate des Lebens zu ziehen, und die Lehren der Weisheit auszusprechen. Aber er tut dieses mit der vollen Macht der Phantasie, mit einer kühnen lyrischen Freiheit, welche auf den hohen Gipfeln der menschlichen Dinge wie mit Schritten der Götter einhergeht – und er tut es von der ganzen sinnlichen Macht des Rhythmus und der Musik in Tönen und Bewegungen begleitet.

Der Chor *reinigt* also das tragische Gedicht, indem er die Reflexion von der Handlung absondert, und eben durch diese Absonderung sie selbst mit poetischer Kraft ausrüstet; eben so wie der bildende Künstler die gemeine Notdurft der Bekleidung durch eine reiche Draperie in einen Reiz und in eine Schönheit verwandelt.

Aber eben so wie sich der Maler gezwungen sieht, den Farbenton des Lebendigen zu verstärken, um den mächtigen Stoffen das Gleichgewicht zu halten, so legt die lyrische Sprache des Chors dem Dichter auf, verhältnismäßig die ganze Sprache des Gedichts zu erheben und dadurch die sinnliche Gewalt des Ausdrucks überhaupt zu verstärken. Nur der Chor berechtiget den tragischen Dichter zu dieser Erhebung des Tons, die das Ohr ausfüllt, die den Geist anspannt, die das ganze Gemüt erweitert. Diese eine Riesengestalt in seinem Bilde nötigt ihn, alle seine Figuren auf den Kothurn zu stellen, und seinem Gemälde dadurch die tragische Größe zu geben. Nimmt man den Chor hinweg, so muß die Sprache der Tragödie im Ganzen sinken, oder was jetzt groß und mächtig ist, wird gezwungen und überspannt erscheinen. Der alte Chor in das französische Trauerspiel eingeführt, würde es in seiner ganzen Dürftigkeit darstellen und zunichte machen; eben derselbe würde ohne Zweifel Shakespears Tragödie erst ihre wahre Bedeutung geben.

So wie der Chor in die Sprache *Leben* bringt, so bringt er *Ruhe* in die Handlung – aber die schöne und hohe Ruhe, die der Charakter eines edeln Kunstwerkes sein muß. Denn das Gemüt des Zuschauers soll auch in der heftigsten Passion seine Freiheit behalten, es soll kein Raub der Eindrücke sein, sondern sich immer klar und heiter von den Rührungen scheiden, die es erleidet. Was das gemeine Urteil an dem Chor zu tadeln pflegt, daß er die Täuschung aufhebe, daß er die Gewalt der Affekte breche, das gereicht ihm zu seiner höchsten Empfehlung, denn eben diese blinde Gewalt der Affekte ist es, die der wahre Künstler vermeidet, diese Täuschung ist es, die er zu erregen verschmäht. Wenn die Schläge, womit die Tragödie unser Herz trifft, ohne Unterbrechung auf einander folgten, so würde das Leiden über die Tätigkeit siegen. Wir würden uns mit dem Stoffe vermengen und nicht mehr über demselben schweben. Dadurch, daß der Chor die Teile aus einander hält, und zwischen die Passionen mit seiner beruhigenden Betrachtung tritt, gibt er uns unsre Freiheit zurück, die im Sturm der Affekte verloren gehen würde. Auch die tragischen Personen selbst bedürfen dieses Anhalts, dieser Ruhe, um sich zu sammeln; denn sie sind keine wirkliche Wesen, die bloß der Gewalt des Moments gehorchen, und bloß ein Individuum darstellen, sondern ideale Personen und Repräsentanten ihrer Gattung, die das Tiefe der Menschheit aussprechen. Die Gegenwart des Chors, der als ein richtender Zeuge sie vernimmt, und die ersten Ausbrüche ihrer Leidenschaft durch seine Dazwischenkunft bändigt, motiviert die Besonnenheit, mit der sie handeln, und die Würde, mit der sie reden. Sie stehen gewissermaßen schon auf einem natürlichen Theater, weil sie vor Zuschauern sprechen und han-

deln, und werden eben deswegen desto tauglicher von dem
Kunst-Theater zu einem Publikum zu reden.

Soviel über meine Befugnis, den alten Chor auf die tragische Bühne zurück zu führen. Chöre kennt man zwar auch
schon in der modernen Tragödie, aber der Chor des griechischen Trauerspiels, so wie ich ihn hier gebraucht habe, der
Chor als eine einzige ideale Person, die die ganze Handlung
trägt und begleitet, dieser ist von jenen opernhaften Chören
wesentlich verschieden, und wenn ich bei Gelegenheit der
griechischen Tragödie von *Chören* anstatt von einem Chor
sprechen höre, so entsteht mir der Verdacht, daß man nicht
recht wisse, wovon man rede. Der Chor der alten Tragödie ist
meines Wissens seit dem Verfall derselben nie wieder auf der
Bühne erschienen.

Ich habe den Chor zwar in zwei Teile getrennt und im Streit
mit sich selbst dargestellt; aber dies ist nur dann der Fall, wo er
als wirkliche Person und als blinde Menge mithandelt. Als
Chor und als ideale Person ist er immer eins mit sich selbst.
Ich habe den Ort verändert und den Chor mehrmal abgehen
lassen; aber auch Äschylus, der Schöpfer der Tragödie, und
Sophokles, der größte Meister in dieser Kunst, haben sich
dieser Freiheit bedient.

Eine andere Freiheit, die ich mir erlaubt, möchte schwerer
zu rechtfertigen sein. Ich habe die christliche Religion und die
griechische Götterlehre vermischt angewendet, ja selbst an
den maurischen Aberglauben erinnert. Aber der Schauplatz
der Handlung ist Messina, wo diese drei Religionen teils lebendig, teils in Denkmälern fortwirkten und zu den Sinnen
sprachen. Und dann halte ich es für ein Recht der Poesie, die
verschiedenen Religionen als ein kollektives Ganze für die
Einbildungskraft zu behandeln, in welchem alles, was einen
eignen Charakter trägt, eine eigne Empfindungsweise aus-
drückt, seine Stelle findet. Unter der Hülle aller Religionen

liegt die Religion selbst, die Idee eines Göttlichen, und es muß dem Dichter erlaubt sein, dieses auszusprechen in welcher Form er jedesmal am bequemsten und am treffendsten findet.

DRAMA

KABALE UND LIEBE

EIN BÜRGERLICHES TRAUERSPIEL

Sr. Exzellenz
dem
Hochwohlgebornen Herrn
W. HERIBERT,
Kämmerern von Worms
FREIHERRN VON DALBERG,
Sr. Kurfürstlichen Durchlaucht zu Pfalz
Kämmerern
und
wirklichen Geheimraten,

HOFKAMMER-VIZEPRÄSIDENTEN
und
OBERVORSTEHER
der deutschen gelehrten Gesellschaft
in Mannheim

untertänig gewidmet
von
dem Verfasser.

PERSONEN

PRÄSIDENT VON WALTER, *am Hof eines deutschen Fürsten.*

FERDINAND, *sein Sohn, Major.*

HOFMARSCHALL VON KALB.

LADY MILFORD, *Favoritin des Fürsten.*

WURM, *Haussekretair des Präsidenten.*

MILLER, *Stadtmusikant, oder wie man sie an einigen Orten nennt, Kunstpfeifer.*

DESSEN FRAU.

LOUISE, *dessen Tochter.*

SOPHIE, *Kammerjungfer der Lady.*

Ein Kammerdiener des Fürsten.

Verschiedene Nebenpersonen.

ERSTER AKT

ERSTE SZENE

Zimmer beim Musikus.

Miller steht eben vom Sessel auf, und stellt seine Violonzell auf die Seite. An einem Tisch sitzt Frau Millerin noch im Nachtge-wand, und trinkt ihren Kaffe.

MILLER *schnell auf und abgehend:*
Einmal für allemal. Der Handel wird ernsthaft. Meine Tochter kommt mit dem Baron ins Geschrei. Mein Haus wird verrufen. Der Präsident bekommt Wind, und – kurz und gut, ich biete dem Junker aus.

FRAU Du hast ihn nicht in dein Haus geschwatzt – hast ihm deine Tochter nicht nachgeworfen.

MILLER Hab ihn nicht in mein Haus geschwatzt – hab ihm's Mädel nicht nachgeworfen; wer nimmt Notiz davon? – Ich war Herr im Haus. Ich hätt meine Tochter mehr koram nehmen sollen. Ich hätt dem Major besser auftrumpfen sol-len – oder hätt gleich alles Seiner Exzellenz dem Herrn Papa stecken sollen. Der junge Baron bringts mit einem Wischer hinaus, das muß ich wissen, und alles Wetter kommt über den Geiger.

FRAU *schlürft eine Tasse aus:* Possen! Geschwätz! Was kann über dich kommen? Wer kann dir was anhaben? Du gehst deiner Profession nach, und raffst Scholaren zusammen, wo sie zu kriegen sind.

MILLER Aber, sag mir doch, was wird bei dem ganzen Kom-merz auch herauskommen? – Nehmen kann er das Mädel nicht – Vom Nehmen ist gar die Rede nicht, und zu einer

daß Gott erbarm? – Guten Morgen! – Gelt, wenn so ein
Musje vo n, sich da und dort, und dort und hier schon
herumbeholfen hat, wenn er, der Henker weiß was als? ge-
lös't hat, schmeckts meinem guten Schlucker freilich, einmal
auf süß Wasser zu graben. Gib du acht! gib du acht! und
wenn du aus jedem Astloch ein Auge strecktest, und vor
jedem Blutstropfen Schildwache ständest, er wird sie, dir
auf der Nase, beschwatzen, dem Mädel eins hinsetzen, und
führt sich ab, und das Mädel ist verschimpfiert auf ihr Lebenlang, bleibt sitzen, oder hat's Handwerk verschmeckt,
treibts fort. *die Faust vor die Stirn* Jesus Christus!

FRAU Gott behüt uns in Gnaden!

MILLER Es hat sich zu behüten. Worauf kann so ein Windfuß
wohl sonst sein Absehen richten? – Das Mädel ist schön –
schlank – führt seinen netten Fuß. Unter'm Dach mags aussehen, wie's will. Darüber kuckt man bei euch Weibsleuten
weg, wenn's nur der liebe Gott par Terre nicht hat fehlen
lassen – Stöbert mein Springinsfeld erst noch dieses Kapitel
aus – heh da! geht ihm ein Licht auf, wie meinem Rodney,
wenn er die Witterung eines Franzosen kriegt, und nun
müssen alle Segel dran, und drauf los, und – ich verdenks
ihm gar nicht. Mensch ist Mensch. Das muß ich wissen.

FRAU Solltest nur die wunderhübsche Billeter auch lesen, die
der gnädige Herr an deine Tochter als schreiben tut. Guter
Gott! Da sieht man's ja sonnenklar, wie es ihm pur um ihre
schöne Seele zu tun ist.

MILLER Das ist die rechte Höhe. Auf den Sack schlagt man;
den Esel meint man. Wer einen Gruß an das liebe Fleisch zu
bestellen hat, darf nur das gute Herz Boten gehen lassen.
Wie hab ich's gemacht? Hat man's nur erst so weit im Reinen, daß die Gemüter topp machen, wutsch! nehmen die
Körper ein Exempel; das Gesind machts der Herrschaft nach
und der silberne Mond ist am End nur der Kuppler gewesen.

FRAU Sieh doch nur erst die prächtigen Bücher an, die der
Herr Major ins Haus geschafft haben. Deine Tochter betet
auch immer draus.

MILLER *pfeift:* Hui da! Betet! Du hast den Witz davon. Die
rohe Kraftbrühen der Natur sind Ihro Gnaden zartem Ma-
kronenmagen noch zu hart. – Er muß sie erst in der höllischen Pestilenzküche der Bellatristen künstlich aufkochen
lassen. Ins Feuer mit dem Quark. Da saugt mir das Mädel –
weiß Gott was als für? – überhimmlische Alfanzereien ein,
das läuft dann wie spanische Mucken ins Blut und wirft mir
die Handvoll Christentum noch gar auseinander, die der
Vater mit knapper Not so so noch zusammen hielt. Ins Feuer
sag ich. Das Mädel setzt sich alles Teufels Gezeug in den
Kopf; über all dem Herumschwänzen in der Schlaraffenwelt
findet's zuletzt seine Heimat nicht mehr, vergißt, schämt
sich, daß sein Vater Miller der Geiger ist, und verschlägt
mir am End einen wackern ehrbaren Schwiegersohn, der
sich so warm in meine Kundschaft hineingesetzt hätte – –
Nein! Gott verdamm mich *er springt auf, hitzig* Gleich muß
die Pastete auf den Herd, und dem Major – ja ja dem Major
will ich weisen, wo Meister Zimmermann das Loch gemacht
hat. *er will fort.*

FRAU Sei artig Miller. Wie manchen schönen Groschen haben uns nur die Präsenter – –

MILLER *kommt zurück und bleibt vor ihr stehen:* Das Blutgeld
meiner Tochter? – Schier dich zum Satan infame Kupplerin! – Eh will ich mit meiner Geig' auf den Bettel herum-
ziehen, und das Konzert um was Warmes geben – eh will ich
mein Violonzello zerschlagen, und Mist im Sonanzboden
führen, eh ich mirs schmecken laß von dem Geld, das mein
einziges Kind mit Seel und Seeligkeit abverdient. – Stell den
vermaledeiten Kaffe ein, und das Tobakschnupfen, so
brauchst du deiner Tochter Gesicht nicht zu Markt zu trei-

ben. Ich hab mich satt gefressen, und immer ein gutes Hemd auf dem Leib gehabt, eh so ein vertrackter Tausend Sa Sa in meine Stube geschmeckt hat.

FRAU Nur nicht gleich mit der Tür ins Haus. Wie du doch den Augenblick in Feuer und Flammen stehst! Ich sprech ja nur, man müß den Herrn Major nicht disguschtüren, weil Sie des Präsidenten Sohn sind.

MILLER Da liegt der Has im Pfeffer. Darum, just eben darum, muß die Sach noch heut auseinander. Der Präsident muß es mir Dank wissen, wenn er ein rechtschaffener Vater ist. Du wirst mir meinen roten plüschenen Rock ausbürsten, und ich werde mich bei Seiner Exzellenz anmelden lassen. Ich werde sprechen zu Seiner Exzellenz: Dero Herr Sohn haben ein Aug auf meine Tochter; meine Tochter ist zu schlecht zu Dero Herrn Sohnes Frau, aber zu Dero Herrn Sohnes Hure ist meine Tochter zu kostbar, und damit basta! – Ich heiße Miller.

ZWEITE SZENE

Sekretair Wurm. Die Vorigen.

FRAU Ah guten Morgen, Herr Sekertare. Hat man auch einmal wieder das Vergnügen von Ihnen?

WURM Meinerseits, Meinerseits, Frau Base. Wo eine Kavaliersgnade einspricht, kommt mein bürgerliches Vergnügen in gar keine Rechnung.

FRAU Was Sie nicht sagen, Herr Sekertare! Des Herrn Majors von Walter hohe Gnaden machen uns wohl je und je das Bläsier, doch verachten wir darum niemand.

MILLER *verdrüßlich:* Dem Herrn einen Sessel, Frau. Wollen's ablegen, Herr Landsmann?

WURM *legt Hut und Stock weg, setzt sich:* Nun! Nun! Und wie befindet sich denn meine Zukünftige – oder Gewesene? – Ich will doch nicht hoffen – kriegt man sie nicht zu sehen. Mamsell Louisen?

FRAU Danken der Nachfrage Herr Sekertare. Aber meine Tochter ist doch gar nicht hochmütig.

MILLER *ärgerlich, stößt sie mit dem Elnbogen:* Weib!

FRAU Bedauern's nur, daß sie die Ehre nicht haben kann vom Herrn Sekertare. Sie ist eben in die Meß, meine Tochter.

WURM Das freut mich, freut mich. Ich werd einmal eine fromme christliche Frau an ihr haben.

FRAU *lächelt dumm-vornehm:* Ja – aber Herr Sekertare –

MILLER *in sichtbarer Verlegenheit kneipt sie in die Ohren:* Weib!

FRAU Wenn Ihnen unser Haus sonst irgendwo dienen kann – Mit allem Vergnügen Herr Sekertare –

WURM *macht falsche Augen:* Sonst irgendwo! Schönen Dank! Schönen Dank – Hem! hem! hem!

FRAU Aber – wie der Herr Sekertare selber die Einsicht werden haben –

MILLER *voll Zorn seine Frau vor den Hintern stoßend:* Weib!

FRAU Gut ist gut, und besser ist besser, und einem einzigen Kind mag man doch auch nicht vor seinem Glück sein. *bäurischstolz* Sie werden mich je doch wohl merken Herr Sekertare?

WURM *rückt unruhig im Sessel, kratzt hinter den Ohren und zupft an Manschetten und Chapeau:* Merken? Nicht doch – O ja – Wie meinen Sie denn?

FRAU Nu – Nu – ich dächte nur – ich meine *hustet* Weil eben halt der liebe Gott meine Tochter barrdu zur gnädigen Madam will haben –

WURM *fährt vom Stuhl:* Was sagen Sie da? Was?

MILLER Bleiben sitzen! Bleiben sitzen Herr Sekretarius. Das Weib ist eine alberne Gans. Wo soll eine gnädige Madam

herkommen? Was für ein Esel streckt sein Langohr aus diesem Geschwätze?

FRAU Schmäl du so lang du willst. Was ich weiß, weiß ich –
und was der Herr Major gesagt hat, das hat er gesagt.

MILLER *aufgebracht, springt nach der Geige:* Willst du dein
Maul halten? Willst das Violonzello am Hirnkasten wissen? – Was kannst du wissen? Was kann er gesagt haben? –
Kehren Sich an das Geklatsch nicht Herr Vetter – Marsch du
in deine Küche – Werden mich doch nicht für des Dumm-
kopfs leiblichen Schwager halten, daß ich obenaus woll mit
dem Mädel? Werden doch das nicht von mir denken Herr
Sekretarius?

WURM Auch hab ich es nicht um Sie verdient Herr Musikmeister. Sie haben mich jederzeit den Mann von Wort sehen
lassen, und meine Ansprüche auf Ihre Tochter waren so gut,
als unterschrieben. Ich habe ein Amt das seinen guten Haus-
hälter nähren kann, der Präsident ist mir gewogen, an Emp-
fehlungen kanns nicht fehlen, wenn ich mich höher pous-
sieren will. Sie sehen, daß meine Absichten auf Mamsell
Louisen ernsthaft sind, wenn Sie vielleicht von einem adeli-
chen Windbeutel herumgeholt – –

FRAU Herr Sekertare Wurm! Mehr Respekt, wenn man bitten
darf –

MILLER Halt du dein Maul sag ich – Lassen Sie es gut sein,
Herr Vetter. Es bleibt beim alten. Was ich Ihnen verwiche-
nen Herbst zum Bescheid gab, bring ich heut wieder. Ich
zwinge meine Tochter nicht. Stehen Sie ihr an – wohl und
gut, so mag sie zusehen, wie sie glücklich mit Ihnen wird.
Schüttelt sie den Kopf – noch besser – – in Gottes Namen
wollt ich sagen – so stecken Sie den Korb ein, und trinken
eine Bouteille mit dem Vater – Das Mädel muß mit Ihnen
leben – ich nicht – warum soll ich ihr einen Mann, den sie
nicht schmecken kann, aus purem klarem Eigensinn an den

Hals werfen? – Daß mich der böse Feind in meinen eisgrauen Tagen noch wie sein Wildpret herumhetze – daß ichs in jedem Glas Wein zu saufen – in jeder Suppe zu fressen kriege: Du bist der Spitzbube der sein Kind ruiniert hat!

FRAU Und kurz und gut – ich geb meinen Konsenz absolut nicht; meine Tochter ist zu was hohem gemünzt, und ich lauf in die Gerichte, wenn mein Mann sich beschwatzen läßt.

MILLER Willst du Arm und Bein entzwei haben, Wettermaul?

WURM *zu Millern:* Ein väterlicher Rat vermag bei der Tochter viel, und hoffentlich werden Sie mich kennen, Herr Miller?

MILLER Daß dich alle Hagel! 's Mädel muß Sie kennen. Was ich alter Knasterbart an Ihnen abkucke, ist just kein Fressen fürs junge naschhafte Mädel. Ich will Ihnen aufs Haar hin sagen, ob Sie ein Mann fürs Orchester sind – aber eine Weiberseel ist auch für einen Kapellmeister zu spitzig. – Und dann von der Brust weg, Herr Vetter – ich bin halt ein plumper gerader teutscher Kerl – für meinen Rat würden Sie sich zu letzt wenig bedanken. Ich rate meiner Tochter zu keinem – aber Sie mißrat' ich meiner Tochter, Herr Sekretarius. Lassen mich ausreden. Einem Liebhaber, der den Vater zu Hilfe ruft, trau ich – erlauben Sie, – keine hohle Haselnuß zu. Ist er was, so wird er sich schämen, seine Talente durch diesen altmodischen Kanal vor seine Liebste zu bringen – Hat er 'sKourage nicht, so ist er ein Hasenfuß, und für den sind keine Louisen gewachsen – – Da! hinter dem Rücken des Vaters muß er sein Gewerb an die Tochter bestellen. Machen muß er, daß das Mädel lieber Vater und Mutter zum Teufel wünscht, als ihn fahren läßt – oder selber kommt, dem Vater zu Füßen sich wirft, und sich um Gottes willen den schwarzen gelben Tod, oder den Herzeinzigen ausbittet, – Das nenn ich einen Kerl! Das heißt lieben! – und wer's bei dem Weibsvolk nicht so weit bringt, der soll – – auf seinem Gänsekiel reiten.

WURM *greift nach Hut und Stock, und zum Zimmer hinaus:*
Obligation, Herr Miller.

MILLER *geht ihm langsam nach:* Für was? Für was? Haben Sie
ja doch nichts genossen, Herr Sekretarius. *zurückkommend*
Nichts hört er und hin zieht er – – Ist mirs doch wie Gift und
Operment, wenn ich den Federnfuchser zu Gesichte krieg.
Ein konfiszierter widriger Kerl, als hätt ihn irgend ein
Schleichhändler in die Welt meines Herrgotts hineingescha-
chert – Die kleinen tückischen Mausaugen – die Haare
brandrot – das Kinn herausgequollen, gerade als wenn die
Natur für purem Gift über das verhunzte Stück Arbeit meinen Schlingel da angefaßt, und in irgend eine Ecke geworfen
hätte – Nein! Eh ich meine Tochter an so einen Schuft weg-
werfe, lieber soll sie mir – Gott verzeih mirs –

FRAU *spuckt aus, giftig:* Der Hund! – Aber man wird dir's
Maul sauber halten.

MILLER Du aber auch mit deinem pestilenzialischen Junker –
Hast mich vorhin auch so in Harnisch gebracht – Bist doch
nie dummer, als wenn du um Gotteswillen gescheit sein
solltest. Was hat das Geträtsch von einer gnädigen Madam
und deiner Tochter da vorstellen sollen? Das ist mir der Alte.
Dem muß man so was an die Nase heften, wenns morgen am
Marktbrunnen ausgeschellt sein soll. Das ist just so ein Mus-
je, wie sie in der Leute Häusern herum riechen, über Keller
und Koch räsonnieren, und springt einem ein nasenweises
Wort über's Maul – Bumbs! habens Fürst und Matreß und
Präsident, und Du hast das siedende Donnerwetter am
Halse.

DRITTE SZENE

Louise Millerin kommt, ein Buch in der Hand. Vorige.

LOUISE *legt das Buch nieder, geht zu Millern und drückt ihm die Hand:* Guten Morgen lieber Vater.

MILLER *warm:* Brav meine Louise – Freut mich, daß du so fleißig an deinen Schöpfer denkst. Bleib immer so, und sein Arm wird dich halten.

LOUISE O ich bin eine schwere Sünderin, Vater – War er da Mutter?

FRAU Wer mein Kind?

LOUISE Ah! ich vergaß, daß es noch außer ihm Menschen gibt – Mein Kopf ist so wüste – Er war nicht da? Walter?

MILLER *traurig und ernsthaft:* Ich dachte, meine Louise hätte den Namen in der Kirche gelassen?

LOUISE *nachdem sie ihn eine Zeitlang starr angesehen:* Ich versteh Ihn Vater – fühle das Messer, das er in mein Gewissen stößt; aber es kommt zu spät. – Ich hab keine Andacht mehr Vater – der Himmel und Ferdinand reißen an meiner blutenden Seele, und ich fürchte – ich fürchte – *nach einer Pause* Doch nein, guter Vater. Wenn wir ihn über dem Gemälde vernachlässigen, findet sich ja der Künstler am feinsten gelobt. – Wenn meine Freude über sein Meisterstück mich ihn selbst übersehen macht, Vater, muß das Gott nicht ergötzen?

MILLER *wirft sich unmutig in den Stuhl:* Da haben wirs! Das ist die Frucht von dem gottlosen Lesen.

LOUISE *tritt unruhig an ein Fenster:* Wo er wohl jetzt ist? – Die vornehmen Fräulein, die ihn sehen – ihn hören – ich bin ein schlechtes vergessenes Mädchen *erschrickt an dem Wort, und stürzt ihrem Vater zu* Doch nein! nein! verzeih er mir. Ich beweine mein Schicksal nicht. Ich will ja nur wenig – an ihn denken – das kostet ja nichts. Dies Bißchen Leben – dürft

ich es hinhauchen in ein leises schmeichelndes Lüftchen,
sein Gesicht abzukühlen! – Dies Blümchen Jugend – wär
es ein Veilchen, und Er träte drauf, und es dürfte bescheiden
unter ihm sterben! – Damit genügte mir Vater. Wenn die
Mücke in ihren Strahlen sich sonnt – kann sie das strafen,
die stolze majestätische Sonne?

MILLER *beugt sich gerührt an die Lehne des Stuhls, und bedeckt*
das Gesicht: Höre Louise – Das Bissel Bodensatz meiner
Jahre, ich gäb es hin, hättest du den Major nie gesehen.

LOUISE *erschrocken:* Was sagt er da? Was? – Nein! er meint es
anders der gute Vater. Er wird nicht wissen, daß Ferdinand
mein ist, mir geschaffen, mir zur Freude vom Vater der
Liebenden *sie steht nachdenkend* Als ich ihn das erstemal
sah – *rascher* und mir das Blut in die Wangen stieg, froher
jagten alle Pulse, jede Wallung sprach, jeder Atem lispelte: Er
ists, und mein Herz den Immermangelnden erkannte, be-
kräftigte, Er ists, und wie das widerklang durch die ganze
mitfreuende Welt. Damals – o damals ging in meiner Seele
der erste Morgen auf. Tausend junge Gefühle schossen aus
meinem Herzen, wie die Blumen aus dem Erdreich, wenns
Frühling wird. Ich sah keine Welt mehr, und doch besinn ich
mich, daß sie niemals so schön war. Ich wußte von keinem
Gott mehr, und doch hatt' ich ihn nie so geliebt.

MILLER *eilt auf sie zu, drückt sie wider seine Brust:* Louise –
teures – herrliches Kind – Nimm meinen alten mürben Kopf –
nimm alles – alles! – den Major – Gott ist mein Zeuge – ich
kann dir ihn nimmer geben. *er geht ab*

LOUISE Auch will ich ihn ja jetzt nicht mein Vater. Dieser
karge Tautropfe Zeit – schon ein Traum von Ferdinand
trinkt ihn wollüstig auf. Ich entsag ihm für dieses Leben.
Dann, Mutter – dann, wenn die Schranken des Unterschieds
einstürzen – wenn von uns abspringen all die verhaßte Hül-
sen des Standes – Menschen nur Menschen sind – Ich bringe

nichts mit mir, als meine Unschuld, aber der Vater hat ja so
oft gesagt, daß der Schmuck und die prächtigen Titel wohl-
feil werden wenn Gott kommt, und die Herzen im Preise
steigen. Ich werde dann reich sein. Dort rechnet man Tränen
für Triumphe, und schöne Gedanken für Ahnen an. Ich
werde dann vornehm sein Mutter – Was hätte er dann noch
für seinem Mädchen voraus?

FRAU *fährt in die Höhe:* Louise! Der Major! Er springt über
die Planke. Wo verberg ich mich doch?

LOUISE *fängt an zu zittern:* Bleib sie doch Mutter.

FRAU Mein Gott! Wie seh ich aus. Ich muß mich ja schämen.
Ich darf mich nicht vor Seiner Gnaden so sehen lassen. *ab*

VIERTE SZENE

Ferdinand von Walter. Louise.
Er fliegt auf sie zu – sie sinkt entfärbt und matt auf einen
Sessel – er bleibt vor ihr stehn – sie sehen sich eine Zeitlang
stillschweigend an. Pause

FERDINAND Du bist blaß Louise?

LOUISE *steht auf und fällt ihm um den Hals:* Es ist nichts.
Nichts. Du bist ja da. Es ist vorüber.

FERDINAND *ihre Hand nehmend und zum Munde führend:*
Und liebt mich meine Louise noch? Mein Herz ist das ge-
strige, ists auch das Deine noch? Ich fliege nur her, will sehn
ob du heiter bist, und gehn und es auch sein – Du bists nicht.

LOUISE Doch, doch, mein Geliebter.

FERDINAND Rede mir Wahrheit. Du bists nicht. Ich schaue
durch deine Seele, wie durch das klare Wasser dieses Brillanten, *er zeigt auf seinen Ring* Hier wirft sich kein Bläschen
auf, das ich nicht merkte – kein Gedanke tritt in dies Angesicht, der mir entwischte. Was hast du? Geschwind! Weiß ich

nur diesen Spiegel helle, so läuft keine Wolke über die Welt. Was bekümmert dich?

LOUISE *sieht ihn eine Weile stumm und bedeutend an, dann mit Wehmut:* Ferdinand! Ferdinand! Daß du doch wüßtest, wie schön in dieser Sprache das bürgerliche Mädchen sich ausnimmt –

FERDINAND Was ist das? *befremdet* Mädchen! Höre! Wie kommst du auf das? – Du bist meine Louise. Wer sagt dir, daß du noch etwas sein solltest. Siehst du Falsche, auf welchem Kaltsinn ich dir begegnen muß. Wärest du ganz nur Liebe für mich, wann hättest du Zeit gehabt eine Vergleichung zu machen. Wenn ich bei dir bin, zerschmilzt meine Vernunft in einen Blick – in einen Traum von dir, wenn ich weg bin, und Du hast noch eine Klugheit neben deiner Liebe? – Schäme dich! Jeder Augenblick, den du an diesen Kummer verlorst, war deinem Jüngling gestohlen.

LOUISE *faßt seine Hand indem sie den Kopf schüttelt:* Du willst mich einschläfern Ferdinand – willst meine Augen von diesem Abgrund hinweglocken, in den ich ganz gewiß stürzen muß. Ich seh in die Zukunft – die Stimme des Ruhms – deine Entwürfe – dein Vater – mein Nichts *erschrickt, und läßt plötzlich seine Hand fahren* Ferdinand! ein Dolch über dir und mir! – Man trennt uns!

FERDINAND Trennt uns! *er springt auf* Woher bringst du diese Ahndung Louise? Trennt uns? – Wer kann den Bund zwoer Herzen lösen, oder die Töne eines Accords auseinander reißen? – Ich bin ein Edelmann – Laß doch sehen, ob mein Adelbrief älter ist, als der Riß zum unendlichen Weltall? oder mein Wappen gültiger als die Handschrift des Himmels in Louisens Augen: Dieses Weib ist für diesen Mann? – Ich bin des Präsidenten Sohn. Eben darum. Wer, als die Liebe, kann mir die Flüche versüßen, die mir der Landeswucher meines Vaters vermachen wird?

LOUISE O wie sehr fürcht ich ihn – Diesen Vater!

FERDINAND Ich fürchte nichts – nichts – als die Grenzen deiner Liebe. Laß auch Hindernisse wie Gebürge zwischen uns treten, ich will sie für Treppen nehmen und drüber hin in Louisens Arme fliegen. Die Stürme des widrigen Schicksals sollen meine Empfindung emporblasen, Gefahren werden meine Louise nur reizender machen. – Also nichts mehr von Furcht meine Liebe. Ich selbst – ich will über dir wachen wie der Zauberdrach über unterirdischem Golde – Mir vertraue dich. Du brauchst keinen Engel mehr – Ich will mich zwischen dich und das Schicksal werfen – empfangen für dich jede Wunde – auffassen für dich jeden Tropfen aus dem Becher der Freude – dir ihn bringen in der Schale der Liebe. *sie zärtlich umfassend* An diesem Arm soll meine Louise durchs Leben hüpfen, schöner als er dich von sich ließ soll der Himmel dich wieder haben, und mit Verwunderung eingestehn, daß nur die Liebe die letzte Hand an die Seelen legte –

LOUISE *drückt ihn von sich, in großer Bewegung:* Nichts mehr! Ich bitte dich, schweig! – Wüßtest du – Laß mich – du weißt nicht, daß deine Hoffnungen mein Herz, wie Furien, anfallen. *will fort*

FERDINAND *hält sie auf:* Louise? Wie! Was! Welche Anwandlung?

LOUISE Ich hatte diese Träume vergessen und war glücklich – Jetzt! Jetzt! Von heut an – der Friede meines Lebens ist aus – Wilde Wünsche – ich weiß es – werden in meinem Busen rasen. – Geh – Gott vergebe dirs – Du hast den Feuerbrand in mein junges friedsames Herz geworfen, und er wird nimmer nimmer gelöscht werden. *sie stürzt hinaus. Er folgt ihr sprachlos nach*

FÜNFTE SZENE

Saal beim Präsidenten.

Der Präsident, ein Ordenskreuz um den Hals, einen Stern an der
Seite, und Sekretair Wurm treten auf.

PRÄSIDENT Ein ernsthaftes Attachement! Mein Sohn? – Nein
Wurm, das macht er mich nimmermehr glauben.

WURM Ihro Exzellenz haben die Gnade mir den Beweis zu
befehlen.

PRÄSIDENT Daß er der Bürgerkanaille den Hof macht – Flat-
terien sagt – auch meinetwegen Empfindungen vorplaudert –
Das sind lauter Sachen, die ich möglich finde – verzeihlich
finde – aber – und noch gar die Tochter eines Musikus sagt
er?

WURM Musikmeister Millers Tochter.

PRÄSIDENT Hübsch? – Zwar das versteht sich.

WURM *lebhaft:* Das schönste Exemplar einer Blondine, die,
nicht zu viel gesagt, neben den ersten Schönheiten des Hofes
noch Figur machen würde.

PRÄSIDENT *lacht:* Er sagt mir Wurm – er habe ein Aug auf das
Ding – das find ich. Aber sieht er mein lieber Wurm – daß
mein Sohn Gefühl für das Frauenzimmer hat, macht mir
Hoffnung, daß ihn die Damen nicht hassen werden. Er kann
bei Hof etwas durchsetzen. Das Mädchen ist s c h ö n, sagt er,
das gefällt mir an meinem Sohn, daß er G e s c h m a c k hat.
Spiegelt er der Närrin solide Absichten vor? Noch besser – so
seh ich, daß er W i t z genug hat, in seinen Beutel zu lügen. Er
kann P r ä s i d e n t werden. Setzt er es noch dazu durch? Herrlich! das zeigt mir an, daß er G l ü c k hat. – Schließt sich die
Farce mit einem gesunden Enkel – Unvergleichlich! so trink
ich auf die guten Aspekten meines Stammbaums eine Bou-

teile Malaga mehr, und bezahle die Skortationsstrafe für seine Dirne.

WURM Alles was ich wünsche, Ihr' Exzellenz, ist, daß Sie nicht nötig haben möchten diese Bouteille zu Ihrer Z e r s t r e u u n g zu trinken.

PRÄSIDENT *ernsthaft:* Wurm, besinn Er sich, daß ich, wenn ich einmal glaube, hartnäckig glaube, rase, wenn ich zürne – Ich will einen Spaß daraus machen, daß er mich aufhetzen wollte. Daß er sich seinen Nebenbuhler gern vom Hals geschafft hätte, glaub ich Ihm herzlich gern. Da er meinen Sohn bei dem M ä d c h e n auszustechen Mühe haben möchte, soll ihm der V a t e r zur Fliegenklatsche dienen, das find ich wieder begreiflich – und daß er einen so herrlichen Ansatz zum Schelmen hat, entzückt mich sogar – Nur mein lieber Wurm, muß er mich nicht mit prellen wollen. – Nur versteht er mich, muß er den Pfiff nicht bis zum Einbruch in meine Grundsätze treiben.

WURM Ihro Exzellenz verzeihen. Wenn auch wirklich – wie Sie argwohnen – die Eifersucht hier im Spiel sein sollte, so wäre sie es wenigstens nur mit den Augen und nicht mit der Zunge.

PRÄSIDENT Und ich dächte, sie bliebe ganz weg. Dummer Teufel, was verschlägt es denn ihm, ob er die Karolin frisch aus der Münze, oder vom Banquier bekommt. Tröst er sich mit dem hiesigen Adel; – Wissentlich oder nicht – bei uns wird selten eine Mariage geschlossen, wo nicht wenigstens ein halb Dutzend der Gäste – oder der Aufwärter – das Paradies des Bräutigams geometrisch ermessen kann.

WURM *verbeugt sich:* Ich mache hier gern den Bürgersmann, gnädiger Herr.

PRÄSIDENT Überdies kann er mit nächstem die Freude haben, seinem Nebenbuhler den Spott auf die schönste Art heimzugeben. Eben jetzt liegt der Anschlag im Kabinet, daß, auf

die Ankunft der neuen Herzogin, Lady Milford zum Schein
den Abschied erhalten, und, den Betrug vollkommen zu
machen, eine Verbindung eingehen soll. Er weiß Wurm,
wie sehr sich mein Ansehen auf den Einfluß der Lady stützt –
wie überhaupt meine mächtigsten Springfedern in die Wallungen des Fürsten hineinspielen. Der Herzog sucht eine
Partie für die Milford. Ein anderer kann sich melden – den
Kauf schließen, mit der Dame das Vertrauen des Fürsten
anreißen, sich ihm unentbehrlich machen – damit nun der
Fürst im Netz meiner Familie bleibe, soll mein Ferdinand die
Milford heuraten – – Ist Ihm das helle?

WURM Daß mich die Augen beißen – – Wenigstens bewies
der P r ä s i d e n t hier, daß der V a t e r nur ein A n f ä n g e r
gegen ihn ist. Wenn der Major Ihnen eben so den g e h o r -
s a m e n S o h n zeigt, als Sie ihm den z ä r t l i c h e n V a t e r, so
dörfte Ihre Anfoderung mit Protest zurückkommen.

PRÄSIDENT Zum Glück war mir noch nie für die Ausführung
eines Entwurfes bang, wo ich mich mit einem: E s s o l l s o
s e i n, einstellen konnte. – Aber seh er nun Wurm, das hat
uns wieder auf den vorigen Punkt geleitet. Ich kündige meinem Sohn noch diesen Vormittag seine Vermählung an. Das
Gesicht, das er mir zeigen wird, soll seinen Argwohn entweder rechtfertigen, oder ganz widerlegen.

WURM Gnädiger Herr, ich bitte sehr um Vergebung. Das
finstre Gesicht, das er Ihnen ganz zuverlässig zeigt, läßt sich
eben so gut auf die Rechnung der Braut schreiben, die Sie
ihm zuführen, als derjenigen, die Sie ihm nehmen. Ich er-
suche Sie um eine schärfere Probe. Wählen Sie ihm die
untadelichste Partie im Land, und sagt er ja, so lassen Sie
den Sekretair Wurm drei Jahre Kugeln schleifen.

PRÄSIDENT *beißt die Lippen:* Teufel!

WURM Es ist nicht anders. Die Mutter – die Dummheit selbst –
hat mir in der Einfalt zuviel geplaudert.

PRÄSIDENT *geht auf und nieder, preßt seinen Zorn zurück:* Gut!
Diesen Morgen noch.

WURM Nur vergessen Ewr Exzellenz nicht, daß der Major –
der Sohn meines Herrn ist.

PRÄSIDENT Er soll geschont werden, Wurm.

WURM Und daß der Dienst, Ihnen von einer unwillkomme-
nen Schwiegertochter zu helfen –

PRÄSIDENT Den Gegendienst wert ist, Ihm zu einer Frau zu
helfen? – Auch das Wurm.

WURM *bückt sich vergnügt:* Ewig der Ihrige, gnädiger Herr. *er
will gehen*

PRÄSIDENT Was ich Ihm vorhin vertraut habe Wurm *drohend*
Wenn er plaudert –

WURM *lacht:* So zeigen Ihr Exzellenz meine falschen Handschriften auf. *er geht ab*

PRÄSIDENT Zwar Du bist mir gewiß. Ich halte dich an deiner
eigenen Schurkerei, wie den Schröter am Faden.

EIN KAMMERDIENER *tritt herein:* Hofmarschall von Kalb –

PRÄSIDENT Kommt, wie gerufen. – Er soll mir angenehm sein
Kammerdiener geht.

SECHSTE SZENE

*Hofmarschall von Kalb, in einem reichen aber geschmacklosen
Hofkleid, mit Kammerherrnschlüsseln, zwei Uhren und einem
Degen, Chapeau-bas und frisiert à la Hérisson. Er fliegt mit
großem Gekreisch auf den Präsidenten zu, und breitet einen
Bisamgeruch über das ganze Parterre. Präsident.*

HOFMARSCHALL *ihn umarmend:* Ah guten Morgen mein Bester! Wie geruht? Wie geschlafen? – Sie verzeihen doch, daß
ich so spät das Vergnügen habe – dringende Geschäfte – der
Küchenzettel – Visitenbillets – das Arrangement der Partien

auf die heutige Schlittenfahrt – Ah – und denn mußt ich ja auch bei dem Lever zugegen sein, und Seiner Durchleucht das Wetter verkündigen.

PRÄSIDENT Ja Marschall. Da haben Sie freilich nicht abkommen können.

HOFMARSCHALL Oben drein hat mich ein Schelm von Schneider noch sitzen lassen.

PRÄSIDENT Und doch fix und fertig?

HOFMARSCHALL Das ist noch nicht alles. – Ein Malheur jagt heut das andere. Hören Sie nur.

PRÄSIDENT *zerstreut:* Ist das möglich?

HOFMARSCHALL Hören Sie nur. Ich steige kaum aus dem Wagen, so werden die Hengste scheu, stampfen und schlagen aus, daß mir – ich bitte Sie! – der Gassenkot über und über an die Beinkleider sprützt. Was anzufangen? Setzen Sie Sich um Gotteswillen in meine Lage Baron. Da stand ich. Spät war es. Eine Tagreise ist es – und in dem Aufzug vor Seine Durchleucht! Gott der Gerechte! – Was fällt mir bei? Ich fingiere eine Ohnmacht. Man bringt mich über Hals und Kopf in die Kutsche. Ich in voller Karriere nach Haus – wechsle die Kleider – fahre zurück – Was sagen Sie? – und bin noch der erste in der Antischamber – Was denken Sie?

PRÄSIDENT Ein herrliches Inpromtu des menschlichen Witzes – Doch das beiseite Kalb – Sie sprachen also schon mit dem Herzog?

HOFMARSCHALL *wichtig:* Zwanzig Minuten und eine halbe.

PRÄSIDENT Das gesteh ich! – und wissen mir also ohne Zweifel eine wichtige Neuigkeit?

HOFMARSCHALL *ernsthaft nach einigem Stillschweigen:* Seine Durchleucht haben heute einen Merde d'Oye Biber an.

PRÄSIDENT Man denke – Nein Marschall, so hab ich doch eine bessere Zeitung für Sie – daß Lady Milford Majorin von Walter wird, ist Ihnen gewiß etwas neues?

HOFMARSCHALL Denken Sie! – Und das ist schon richtig gemacht?

PRÄSIDENT Unterschrieben, Marschall – und Sie verbinden mich, wenn Sie ohne Aufschub dahin gehen, die Lady auf seinen Besuch präparieren, und den Entschluß meines Ferdinands in der ganzen Residenz bekannt machen.

HOFMARSCHALL *entzückt:* O mit tausend Freuden mein Bester – Was kann mir erwünschter kommen? – Ich fliege sogleich – *umarmt ihn* Leben Sie wohl – In Dreiviertelstunden weiß es die ganze Stadt. *hüpft hinaus*

PRÄSIDENT *lacht dem Marschall nach:* Man sage noch, daß diese Geschöpfe in der Welt zu nichts taugen – – Nun muß ja mein Ferdinand wollen, oder die ganze Stadt hat gelogen. *klingelt – Wurm kommt* Mein Sohn soll hereinkommen. *Wurm geht ab. Der Präsident auf und nieder gedankenvoll.*

SIEBENTE SZENE

Ferdinand. Der Präsident. Wurm, welcher gleich abgeht.

FERDINAND Sie haben befohlen, gnädiger Herr Vater –

PRÄSIDENT Leider muß ich das, wenn ich meines Sohns einmal froh werden will – Laß er uns allein, Wurm. – Ferdinand, ich beobachte dich schon eine Zeit lang, und finde die offene rasche Jugend nicht mehr, die mich sonst so entzückt hat. Ein seltsamer Gram brütet auf deinem Gesicht – Du fliehst mich – Du fliehst deine Zirkel – Pfui! – Deinen Jahren verzeiht man zehn Ausschweifungen vor einer einzigen Grille. Überlaß diese mir, lieber Sohn. Mich laß an deinem Glück arbeiten, und denke auf nichts, als in meine Entwürfe zu spielen. – Komm! Umarme mich Ferdinand.

FERDINAND Sie sind heute sehr gnädig mein Vater.

PRÄSIDENT Heute du Schalk – und dieses heute noch mit der herben Grimasse? *ernsthaft* Ferdinand! – Wem zu lieb hab ich die gefährliche Bahn zum Herzen des Fürsten betreten? Wem zu lieb bin ich auf ewig mit meinem Gewissen und dem Himmel zerfallen? – Höre Ferdinand – (Ich spreche mit meinem Sohn) – Wem hab ich durch die Hinwegräumung meines Vorgängers Platz gemacht – eine Geschichte, die desto blutiger in mein Inwendiges schneidet, je sorgfältiger ich das Messer der Welt verberge. Höre. Sage mir Ferdinand: Wem tat ich dies alles?

FERDINAND *tritt mit Schrecken zurück:* Doch mir nicht mein Vater? Doch auf mich soll der blutige Widerschein dieses Frevels nicht fallen? Beim allmächtigen Gott! Es ist besser, gar nicht geboren sein, als dieser Missetat zur Ausrede dienen.

PRÄSIDENT Was war das? Was? Doch! ich will es dem Romanenkopfe zu gut halten – Ferdinand – ich will mich nicht erhitzen vorlauter Knabe – Lohnst du mir also für meine schlaflosen Nächte? Also für meine rastlose Sorge? Also für den ewigen Skorpion meines Gewissens? – Auf mich fällt die Last der Verantwortung – auf mich der Fluch, der Donner des Richters – Du empfängst dein Glück von der zweiten Hand – das Verbrechen klebt nicht am Erbe.

FERDINAND *streckt die rechte Hand gen Himmel:* Feierlich entsag ich hier einem Erbe, das mich nur an einen abscheulichen Vater erinnert.

PRÄSIDENT Höre junger Mensch, bringe mich nicht auf. – Wenn es nach deinem Kopfe ginge, Du kröchest dein Lebenlang im Staube.

FERDINAND O, immer noch besser, Vater, als ich kröch um den Thron herum.

PRÄSIDENT *verbeißt seinen Zorn:* Hum! – Zwingen muß man dich, dein Glück zu erkennen. Wo zehn andre mit aller Anstrengung nicht hinaufklimmen, wirst du spielend, im

Schlafe gehoben. Du bist im zwölften Jahre Fähndrich. Im
zwanzigsten Major. Ich hab es durchgesetzt beim Fürsten.
Du wirst die Uniform ausziehen, und in das Ministerium
eintreten. Der Fürst sprach vom Geheimenrat – Gesandt-
schaften – außerordentlichen Gnaden. Eine herrliche Aussicht dehnt sich vor dir. – Die ebene Straße zunächst nach
dem Throne – zum Throne selbst, wenn anders die Gewalt
so viel wert ist, als ihre Zeichen – das begeistert dich nicht?

FERDINAND Weil meine Begriffe von Größe und Glück nicht
ganz die Ihrigen sind – Ihre Glückseligkeit macht sich nur
selten anders als durch Verderben bekannt. Neid, Furcht,
Verwünschung sind die traurigen Spiegel, worin sich die
Hoheit eines Herrschers belächelt. – Tränen, Flüche, Ver-
zweiflung die entsetzliche Mahlzeit, woran diese gepriesenen
Glücklichen schwelgen, von der sie betrunken aufstehen,
und so in die Ewigkeit vor den Thron Gottes taumeln – Mein
Ideal von Glück zieht sich genügsamer in mich selbst zurück.
In meinem Herzen liegen alle meine Wünsche begraben. –

PRÄSIDENT Meisterhaft! Unverbesserlich! Herrlich! Nach
dreißig Jahren die erste Vorlesung wieder! – Schade nur,
daß mein fünfzigjähriger Kopf zu zäh für das Lernen ist! –
Doch – dies seltne Talent nicht einrosten zu lassen, will ich
dir jemand an die Seite geben, bei dem du dich in dieser
buntscheckigen Tollheit nach Wunsch exerzieren kannst. –
Du wirst dich entschließen – noch heute entschließen – eine
Frau zu nehmen.

FERDINAND *tritt bestürzt zurück:* Mein Vater?

PRÄSIDENT Ohne Komplimente – Ich habe der Lady Milford
in deinem Namen eine Charte geschickt. Du wirst dich
ohne Aufschub bequemen, dahin zu gehen, und ihr zu sagen, daß du ihr Bräutigam bist.

FERDINAND Der Milford mein Vater?

PRÄSIDENT Wenn sie dir bekannt ist –

FERDINAND *außer Fassung:* Welcher Schandsäule im Herzogtum ist sie das nicht! – Aber ich bin wohl lächerlich, lieber Vater, daß ich Ihre Laune für Ernst aufnehme? Würden Sie Vater zu dem Schurken Sohne sein wollen, der eine privilegierte Buhlerin heuratete?

PRÄSIDENT Noch mehr. Ich würde selbst um sie werben, wenn sie einen Fünfziger möchte – Würdest du zu dem Schurken Vater nicht Sohn sein wollen?

FERDINAND Nein! So wahr Gott lebt!

PRÄSIDENT Eine Frechheit, bei meiner Ehre! die ich ihrer Seltenheit wegen vergebe –

FERDINAND Ich bitte Sie Vater! lassen Sie mich nicht länger in einer Vermutung, wo es mir unerträglich wird, mich ihren Sohn zu nennen.

PRÄSIDENT Junge bist du toll? Welcher Mensch von Vernunft würde nicht nach der Distinktion geizen, mit seinem Landesherrn an einem dritten Orte zu wechseln?

FERDINAND Sie werden mir zum Rätsel mein Vater. Distinktion nennen Sie es – Distinktion, da mit dem Fürsten zu teilen, wo er auch unter den Menschen hinunterkriecht?

PRÄSIDENT *schlägt ein Gelächter auf*

FERDINAND Sie können lachen – und ich will über das hinweggehen Vater. Mit welchem Gesicht soll ich vor den schlechtesten Handwerker treten, der mit seiner Frau wenigstens doch einem ganzen Körper zum Mitgift bekommt? Mit welchem Gesicht vor die Welt? Vor die Fürsten? Mit welchem vor die Buhlerin selbst, die den Brandflecken ihrer Ehre in meiner Schande auswaschen würde?

PRÄSIDENT Wo in aller Welt bringst du das Maul her, Junge?

FERDINAND Ich beschwöre Sie bei Himmel und Erde! Vater, Sie können durch diese Hinwerfung Ihres einzigen Sohnes so glücklich nicht werden, als Sie ihn unglücklich machen.

Ich gebe Ihnen mein Leben, wenn d a s Sie steigen machen kann. Mein Leben hab ich von Ihnen, ich werde keinen Augenblick anstehen, es ganz Ihrer Größe zu opfern. – Meine E h r e, Vater – wenn Sie mir d i e s e nehmen, so war es ein leichtfertiges Schelmenstück mir das Leben zu geben, und ich muß den V a t e r wie den K u p p l e r verfluchen.

PRÄSIDENT *freundlich, indem er ihn auf die Achsel klopft:* Brav, lieber Sohn. Jetzt seh ich, daß du ein g a n z e r Kerl bist, und der besten Frau im Herzogtum würdig. – Sie soll dir werden – Noch diesen Mittag wirst du dich mit der Gräfin von Ostheim verloben.

FERDINAND *aufs neue betreten:* Ist diese Stunde bestimmt, mich ganz zu zerschmettern?

PRÄSIDENT *einen laurenden Blick auf ihn werfend:* Wo doch hoffentlich deine Ehre nichts einwenden wird?

FERDINAND Nein mein Vater. Friderike von Ostheim könnte jeden andern zum Glücklichsten machen. *vor sich, in höchster Verwirrung* Was seine B o s h e i t an meinem Herzen noch ganz ließ, zerreißt seine G ü t e.

PRÄSIDENT *noch immer kein Aug von ihm wendend:* Ich warte auf deine Dankbarkeit, Ferdinand –

FERDINAND *stürzt auf ihn zu und küßt ihm feurig die Hand:* Vater! Ihre Gnade entflammt meine ganze Empfindung – Vater! – meinen heißesten Dank für Ihre herzliche Meinung – Ihre Wahl ist untadelhaft – aber – ich kann – ich darf – Bedauern Sie mich – Ich kann die Gräfin nicht lieben.

PRÄSIDENT *tritt einen Schritt zurück:* Holla! Jetzt hab ich den jungen Herrn. Also in diese Falle ging er, der listige Heuchler – Also es war nicht die Ehre, die dir die Lady verbot? – Es war nicht die P e r s o n sondern die H e u r a t die du verabscheutest? –

FERDINAND *steht zuerst wie versteinert, dann fährt er auf, und will fortrennen.*

PRÄSIDENT Wohin? Halt! Ist das der Respekt den du mir
schuldig bist? *der Major kehrt zurück* Du bist bei der Lady
gemeldet. Der Fürst hat mein Wort. Stadt und Hof wissen es
richtig. – Wenn du mich zum Lügner machst, Junge – vor
dem Fürsten – der Lady – der Stadt – dem Hof mich zum
Lügner machst – Höre Junge – oder wenn ich hinter gewisse Historien komme: – Halt! Holla! Was bläst so auf
einmal das Feuer in deinen Wangen aus?

FERDINAND *schneeblaß und zitternd:* Wie? Was? Es ist gewiß
nichts, mein Vater!

PRÄSIDENT *einen fürchterlichen Blick auf ihn heftend:* Und
wenn es was ist – und wenn ich die Spur finden sollte,
woher diese Widersetzlichkeit stammt? – – Ha Junge! der
bloße Verdacht schon bringt mich zum Rasen. Geh den
Augenblick. Die Wachparade fängt an. Du wirst bei der
Lady sein, sobald die Parole gegeben ist – Wenn ich auftrete,
zittert ein Herzogtum. Laß doch sehen, ob mich ein Starr-
kopf von Sohn meistert. *er geht und kommt noch einmal
wieder* Junge, ich sage dir, du wirst dort sein, oder fliehe
meinen Zorn. *er geht ab.*

FERDINAND *erwacht aus einer dumpfen Betäubung:* Ist er weg?
War das eines Vaters Stimme? – Ja! ich will zu ihr – will hin –
will ihr Dinge sagen, will einen Spiegel vorhalten –
Nichtswürdige! und wenn du auch noch dann meine Hand
verlangst – Im Angesicht des versammelten Adels, des Mi-
litärs und des Volks – Umgürte dich mit dem ganzen Stolz
deines Englands – Ich verwerfe dich – ein teutscher Jüngling!
er eilt hinaus.

ZWEITER AKT

*Ein Saal im Palais der Lady Milford; zur rechten Hand steht ein
Sofa, zur linken ein Flügel.*

ERSTE SZENE

*Lady, in einem freien aber reizenden Negligee, die Haare noch
unfrisiert, sitzt vor dem Flügel und phantasiert; Sophie, die
Kammerjungfer kommt von dem Fenster.*

SOPHIE Die Officiers gehen auseinander. Die Wachparade ist
aus – aber ich sehe noch keinen Walter.

LADY *sehr unruhig, indem sie aufsteht und einen Gang durch
den Saal macht:* Ich weiß nicht, wie ich mich heute finde,
Sophie – Ich bin noch nie so gewesen – Also du sahst ihn gar
nicht? – Freilich wohl – Es wird ihm nicht eilen – Wie ein
Verbrechen liegt es auf meiner Brust – Geh Sophie – Man
soll mir den wildesten Renner herausführen, der im Marstall
ist. Ich muß ins Freie – Menschen sehen und blauen Himmel, und mich leichter reiten ums Herz herum.

SOPHIE Wenn Sie sich unpäßlich fühlen, Milady – berufen
Sie Assemblee hier zusammen. Lassen Sie den Herzog hier
Tafel halten, oder die l'Hombretische vor Ihren Sofa setzen.
Mir sollte der Fürst und sein ganzer Hof zu Gebote stehn,
und eine Grille im Kopfe surren?

LADY *wirft sich in den Sofa:* Ich bitte, verschone mich. Ich
gebe dir einen Demant für jede Stunde, wo ich sie mir
vom Hals schaffen kann. Soll ich meine Zimmer mit diesem
Volk tapezieren? – Das sind schlechte erbärmliche Menschen, die sich entsetzen, wenn mir ein warmes herzliches
Wort entwischt, Mund und Nasen aufreißen, als sähen sie

einen Geist – Sklaven eines einzigen Marionettendrahts, den ich leichter als mein Filet regiere. – Was fang ich mit Leuten an, deren Seelen so gleich als ihre Sackuhren gehen? Kann ich eine Freude dran finden, sie was zu fragen, wenn ich voraus weiß, was sie mir antworten werden? Oder Worte mit ihnen wechseln, wenn sie das Herz nicht haben, andrer Meinung als ich zu sein? – Weg mit ihnen! Es ist verdrüßlich, ein Roß zu reiten, das nicht auch in den Zügel beißt. *sie tritt zum Fenster.*

SOPHIE Aber den Fürsten werden Sie doch ausnehmen Lady? Den schönsten Mann – den feurigsten Liebhaber – den witzigsten Kopf in seinem ganzen Lande!

LADY *kommt zurück:* Denn es ist s e i n Land – und nur ein Fürstentum, Sophie, kann meinem Geschmack zur erträglichen Ausrede dienen – Du sagst, man beneide mich. Armes Ding! Beklagen soll man mich vielmehr. Unter allen, die an den Brüsten der Majestät trinken, kommt die Favoritin am schlechtesten weg, weil sie allein dem großen und reichen Mann auf dem Bettelstabe begegnet – Wahr ists, er kann mit dem Talisman seiner Größe jeden Gelust meines Herzens, wie ein Feenschloß, aus der Erde rufen. – Er setzt den Saft von zwei Indien auf die Tafel – ruft Paradiese aus Wildnissen – läßt die Quellen seines Landes in stolzen Bögen gen Himmel springen, oder das Mark seiner Untertanen in einem Feuerwerk hinpuffen – – Aber kann er auch seinem H e r z e n befehlen, gegen ein g r o ß e s f e u r i g e s H e r z g r o ß und f e u r i g zu schlagen? Kann er sein darbendes G e h i r n auf ein einziges schönes Gefühl exequieren? – Mein Herz hungert bei all dem Vollauf der Sinne, und was helfen mich tausend beßre Empfindungen, wo ich nur Wallungen löschen darf?

SOPHIE *blickt sie verwundernd an:* Wie lang ist es denn aber, daß ich Ihnen diene, Milady?

LADY Weil du erst h e u t e mit mir bekannt wirst? – Es ist

wahr, liebe Sophie – ich habe dem Fürsten meine Ehre verkauft, aber mein Herz habe ich frei behalten – ein Herz,
meine Gute, das vielleicht eines Mannes noch wert ist – über
welches der giftige Wind des Hofes nur wie der Hauch über
den Spiegel ging – Trau es mir zu, meine Liebe, daß ich es
längst gegen diesen armseligen Fürsten behauptet hätte,
wenn ich es nur von meinem Ehrgeiz erhalten könnte, einer
Dame am Hof den Rang vor mir einzuräumen.

SOPHIE Und dieses Herz unterwarf sich dem Ehrgeiz so gern?

LADY *lebhaft:* Als wenn es sich nicht schon gerächt hätte? –
Nicht jetzt noch sich rächte? – Sophie *bedeutend, indem sie
die Hand auf Sophiens Achsel fallen läßt* Wir Frauenzimmer
können nur zwischen Herrschen und Dienen wählen –
aber die höchste Wonne der Gewalt ist doch nur ein elender Behelf, wenn uns die größere Wonne versagt wird,
Sklavinnen eines Manns zu sein, den wir lieben.

SOPHIE Eine Wahrheit, Milady, die ich von Ihnen zuletzt
hören wollte!

LADY Und warum, meine Sophie? Sieht man es denn dieser
kindischen Führung des Zepters nicht an, daß wir nur für
das Gängelband taugen? Sahst du es denn diesem launi-
schen Flattersinn nicht an – diesen wilden Ergötzungen
nicht an, daß sie nur wildere Wünsche in meiner Brust über-
lärmen sollten?

SOPHIE *tritt erstaunt zurück:* Lady?

LADY *lebhafter:* Befriedige diese! Gib mir den Mann, den ich
jetzt denke – den ich anbete – sterben, Sophie, oder besitzen muß *schmelzend* Laß mich aus seinem Mund es vernehmen, daß Tränen der Liebe schöner glänzen in unsern Augen, als die Brillanten in unserm Haar *feurig* und ich werfe
dem Fürsten sein Herz und sein Fürstentum vor die Füße,
fliehe mit diesem Mann, fliehe in die entlegenste Wüste der
Welt – –

SOPHIE *blickt sie erschrocken an:* Himmel! was machen Sie? Wie wird Ihnen Lady?

LADY *bestürzt:* Du entfärbst dich? – Hab ich vielleicht etwas zu viel gesagt? – O so laß mich deine Zunge mit meinem Zutrauen binden – höre noch mehr – höre alles –

SOPHIE *schaut sich ängstlich um:* Ich fürchte Milady – ich fürchte – ich brauch es nicht mehr zu hören.

LADY Die Verbindung mit dem Major – Du und die Welt stehen im Wahn, sie sei eine Hofkabale – Sophie – erröte nicht – schäme dich meiner nicht – sie ist das Werk – meiner Liebe.

SOPHIE Bei Gott! Was mir ahndete!

LADY Sie ließen sich beschwatzen, Sophie – der schwache Fürst – der hofschlaue Walter – der alberne Marschall – Jeder von ihnen wird darauf schwören, daß diese Heurat das unfehlbarste Mittel sei, mich dem Herzog zu retten, unser Band um so fester zu knüpfen. – Ja! es auf ewig zu trennen! auf ewig diese schändliche Ketten zu brechen! – Belogene Lügner! Von einem schwachen Weib überlistet! – Ihr selbst führt mir jetzt meinen Geliebten zu. Das war es ja nur was ich wollte – Hab ich ihn einmal – hab ich ihn – o dann auf immer gute Nacht abscheuliche Herrlichkeit –

ZWEITE SZENE

Ein alter Kammerdiener des Fürsten, der ein Schmuckkästchen trägt. Die Vorigen.

KAMMERDIENER Seine Durchlaucht der Herzog empfehlen Sich Milady zu Gnaden, und schicken Ihnen diese Brillanten zur Hochzeit. Sie kommen so eben erst aus Venedig.

LADY *hat das Kästgen geöffnet und fährt erschrocken zurück:* Mensch! was bezahlt dein Herzog für diese Steine?

KAMMERDIENER *mit finsterm Gesicht:* Sie kosten ihn keinen Heller.

LADY Was? Bist du rasend? Nichts. – und *indem sie einen Schritt von ihm weg tritt* du wirfst mir ja einen Blick zu, als wenn du mich durchbohren wolltest – Nichts kosten ihn diese unermeßlich kostbaren Steine?

KAMMERDIENER Gestern sind siebentausend Landskinder nach Amerika fort – Die zahlen alles.

LADY *setzt den Schmuck plötzlich nieder, und geht rasch durch den Saal, nach einer Pause zum Kammerdiener:* Mann, was ist dir? Ich glaube, du weinst?

KAMMERDIENER *wischt sich die Augen, mit schrecklicher Stimm, alle Glieder zitternd:* Edelsteine wie diese da – Ich hab auch ein paar Söhne drunter.

LADY *wendet sich bebend weg, seine Hand fassend:* Doch keinen Gezwungenen?

KAMMERDIENER *lacht fürchterlich:* O Gott – Nein – lauter Freiwillige. Es traten wohl so etliche vorlaute Bursch' vor die Front heraus, und fragten den Obersten, wie teuer der Fürst das Joch Menschen verkaufe? – aber unser gnädigster Landesherr ließ alle Regimenter auf dem Paradeplatz aufmarschieren, und die Maulaffen niederschießen. Wir hörten die Büchsen knallen, sahen ihr Gehirn auf das Pflaster sprützen, und die ganze Armee schrie: Juchhe nach Amerika! –

LADY *fällt mit Entsetzen in den Sofa:* Gott! Gott! – Und ich hörte nichts? Und ich merkte nichts?

KAMMERDIENER Ja gnädige Frau – warum mußtet Ihr denn mit unserm Herrn gerad auf die Bärenhatz reiten, als man den Lärmen zum Aufbruch schlug? – Die Herrlichkeit hättet Ihr doch nicht versäumen sollen, wie uns die gellenden Trommeln verkündigten, es ist Zeit, und heulende Waisen dort einen lebendigen Vater verfolgten, und hier eine wü-

tende Mutter lief, ihr saugendes Kind an Bajonetten zu spie-
ßen, und wie man Bräutigam und Braut mit Säbelhieben
auseinander riß, und wir Graubärte verzweiflungsvoll da
standen, und den Burschen auch zuletzt die Krücken noch
nachwarfen in die neue Welt – Oh, und mitunter das pol-
ternde Wirbelschlagen, damit der Allwissende uns nicht
sollte beten hören –

LADY *steht auf, heftig bewegt:* Weg mit diesen Steinen – sie
blitzen Höllenflammen in mein Herz *sanfter zum Kammerdiener* Mäßige dich armer alter Mann. Sie werden wieder
kommen. Sie werden ihr Vaterland wieder sehen.

KAMMERDIENER *warm und voll:* Das weiß der Himmel! Das
werden Sie! Noch am Stadttor drehten sie sich um, und
schrieen: »Gott mit Euch, Weib und Kinder – Es leb unser
Landesvater – am jüngsten Gericht sind wir wieder da!« –

LADY *mit starkem Schritt auf und nieder gehend:* Abscheulich!
Fürchterlich! – M i c h beredete man, ich habe sie alle ge-
trocknet die Tränen des Landes – Schrecklich, schrecklich
gehen mir die Augen auf – Geh du – Sag deinem Herrn – Ich
werd ihm persönlich danken *Kammerdiener will gehen, sie
wirft ihm ihre Goldbörse in den Hut* Und das nimm, weil du
mir Wahrheit sagtest –

KAMMERDIENER *wirft sie verächtlich auf den Tisch zurück:*
Legts zu dem übrigen. *er geht ab.*

LADY *sieht ihm erstaunt nach:* Sophie, spring ihm nach, frag
ihn um seinen Namen. Er soll seine Söhne wieder haben.
*Sophie ab. Lady nachdenkend auf und nieder. Pause. Zu So-
phien, die wieder kommt* Ging nicht jüngst ein Gerüchte, daß
das Feuer eine Stadt an der Grenze verwüstet, und bei vier-
hundert Familien an den Bettelstab gebracht habe? *sie klingelt*

SOPHIE Wie kommen Sie auf das? Allerdings ist es so, und die
mehresten dieser Unglücklichen dienen jetzt ihren Gläubi-

gern als Sklaven, oder verderben in den Schachten der fürstlichen Silberbergwerke.

BEDIENTER *kommt:* Was befehlen Milady?

LADY *gibt ihm den Schmuck:* Daß das ohne Verzug in die
Landschaft gebracht werde! – Man soll es sogleich zu Geld
machen, befehl ich, und den Gewinst davon unter die Vier-
hundert verteilen, die der Brand ruiniert hat.

SOPHIE Milady, bedenken Sie, daß Sie die höchste Ungnade
wagen.

LADY *mit Größe:* Soll ich den Fluch seines Landes in meinen
Haaren tragen? *sie winkt dem Bedienten, dieser geht* Oder
willst du, daß ich unter dem schrecklichen Geschirr solcher
Tränen zu Boden sinke? – Geh Sophie – Es ist besser falsche
Juwelen im Haar, und das Bewußtsein dieser Tat im Herzen
zu haben.

SOPHIE Aber Juwelen, wie diese! Hätten Sie nicht Ihre
schlechtern nehmen können. Nein wahrlich Milady! Es ist
Ihnen nicht zu vergeben.

LADY Närrisches Mädchen! Dafür werden in e i n e m Augenblick mehr Brillanten und Perlen für mich fallen, als zehen
Könige in ihren Diademen getragen, und schönere –

BEDIENTER *kommt zurück:* Major von Walter –

SOPHIE *springt auf die Lady zu:* Gott! Sie verblassen –

LADY Der erste Mann der mir Schrecken macht – Sophie –
Ich sei unpäßlich Eduard – Halt – Ist er aufgeräumt? Lacht
er? Was spricht er? O Sophie! Nicht wahr, ich sehe häßlich
aus?

SOPHIE Ich bitte Sie Lady –

BEDIENTER Befehlen Sie, daß ich ihn abweise?

LADY *stotternd:* Er soll mir willkommen sein. *Bedienter hinaus*
Sprich Sophie – Was sag ich ihm? Wie empfang ich ihn? –
Ich werde stumm sein. – Er wird meiner Schwäche spotten –
Er wird – o was ahndet mir – Du verlässest mich Sophie? –

Bleib – Doch nein! Gehe! – So bleib doch. *der Major kommt durch das Vorzimmer.*

SOPHIE Sammeln Sie sich. Er ist schon da.

DRITTE SZENE

Ferdinand von Walter. Die Vorigen.

FERDINAND *mit einer kurzen Verbeugung:* Wenn ich Sie worin unterbreche, gnädige Frau –

LADY *unter merkbarem Herzklopfen:* In nichts, Herr Major, das mir wichtiger wäre.

FERDINAND Ich komme auf Befehl meines Vaters.

LADY Ich bin seine Schuldnerin.

FERDINAND Und soll Ihnen m e l d e n, daß wir uns heuraten – So weit der Auftrag meines Vaters.

LADY *entfärbt sich und zittert:* Nicht Ihres eigenen Herzens?

FERDINAND Minister und Kuppler pflegen das niemals zu fragen.

LADY *mit einer Beängstigung, daß ihr die Worte versagen:* Und Sie Selbst hätten sonst nichts beizusetzen?

FERDINAND *mit einem Blick auf die Mamsell:* Noch sehr viel, Milady.

LADY *gibt Sophien einen Wink, diese entfernt sich:* Darf ich Ihnen diesen Sofa anbieten?

FERDINAND Ich werde kurz sein, Milady.

LADY Nun?

FERDINAND Ich bin ein Mann von Ehre.

LADY Den ich zu schätzen weiß.

FERDINAND Kavalier.

LADY Kein beßrer im Herzogtum.

FERDINAND Und Offizier.

LADY *schmeichelhaft:* Sie berühren hier Vorzüge, die auch an-

dere mit Ihnen gemein haben. Warum verschweigen Sie
größere, worin Sie einzig sind?

FERDINAND *frostig:* Hier brauch ich sie nicht.

LADY *mit immer steigender Angst:* Aber für was muß ich diesen
Vorbericht nehmen?

FERDINAND *langsam und mit Nachdruck:* Für den Einwurf
der Ehre, wenn Sie Lust haben sollten, meine Hand zu erzwingen.

LADY *auffahrend:* Was ist das Herr Major?

FERDINAND *gelassen:* Die Sprache meines Herzens meines
Wappens – und dieses Degens.

LADY Diesen Degen gab Ihnen der Fürst.

FERDINAND Der Staat gab mir ihn, durch die Hand des Fürsten – Mein Herz Gott – mein Wappen ein halbes Jahrtau-
send.

LADY Der Name des Herzogs

FERDINAND *hitzig:* Kann der Herzog Gesetze der Menschheit
verdrehen, oder Handlungen münzen, wie seine Dreier? Er
selbst ist nicht über die Ehre erhaben, aber er kann ihren
Mund mit seinem Golde verstopfen. Er kann den Hermelin
über seine Schande herwerfen. Ich bitte mir aus, davon
nichts mehr Milady – Es ist nicht mehr die Rede von weg-
geworfenen Aussichten und Ahnen – oder von dieser De-
genquaste – oder von der Meinung der Welt. Ich bin bereit,
dies alles mit Füßen zu treten, sobald Sie mich nur überzeugt
haben werden, daß der Preis nicht schlimmer noch als
das Opfer ist.

LADY *schmerzhaft von ihm weggehend:* Herr Major! Das hab
ich nicht verdient.

FERDINAND *ergreift ihre Hand:* Vergeben Sie. Wir reden hier
ohne Zeugen. Der Umstand, der Sie und mich – heute und
nie mehr – zusammen führt, berechtigt mich, zwingt mich,
Ihnen mein geheimstes Gefühl nicht zurück zu halten. – Es

will mir nicht zu Kopfe, Milady, daß eine Dame von so viel Schönheit und Geist – Eigenschaften, die ein Mann schätzen würde – sich an einen Fürsten sollte wegwerfen können, der nur das Geschlecht an Ihr zu bewundern gelernt hat, wenn sich diese Dame nicht schämte, vor einen Mann mit ihrem Herzen zu treten.

LADY *schaut ihm groß in's Gesicht:* Reden Sie ganz aus.

FERDINAND Sie nennen sich eine Brittin. Erlauben Sie mir – ich kann es nicht glauben, daß Sie eine Brittin sind. Die freigeborene Tochter des freiesten Volks unter dem Himmel – das auch zu stolz ist, fremder Tugend zu räuchern, – kann sich nimmermehr an fremdes Laster verdingen. Es ist nicht möglich, daß Sie eine Brittin sind, – oder das Herz dieser Brittin muß um so viel kleiner sein, als größer und kühner Britanniens Adern schlagen.

LADY Sind Sie zu Ende?

FERDINAND Man könnte antworten, es ist weibliche Eitelkeit – Leidenschaft – Temperament – Hang zum Vergnügen. Schon öfters überlebte Tugend die Ehre. Schon manche, die mit Schande in diese Schranke trat, hat nachher die Welt durch edle Handlungen mit sich ausgesöhnt, und das häßliche Handwerk durch einen schönen Gebrauch geadelt – Aber woher denn jetzt diese ungeheure Pressung des Landes, die vorher nie so gewesen? – Das war im Namen des Herzogtums. – Ich bin zu Ende.

LADY *mit Sanftmut und Hoheit:* Es ist das erstemal, Walter, daß solche Reden an mich gewagt werden, und Sie sind der einige Mensch, dem ich darauf antworte – Daß Sie meine Hand verwerfen, darum schätz ich Sie. Daß Sie mein Herz lästern, vergebe ich Ihnen. Daß es Ihr Ernst ist, glaube ich Ihnen nicht. Wer sich herausnimmt, Beleidigungen dieser Art einer Dame zu sagen, die nicht mehr als eine Nacht braucht, ihn ganz zu verderben, muß dieser Dame eine

große Seele zutrauen, oder – von Sinnen sein – Daß Sie
den Ruin des Landes auf meine Brust wälzen, vergebe Ihnen
Gott der Allmächtige, der Sie und Mich und den Fürsten
einst gegeneinander stellt. – Aber Sie haben die Engländerin
in mir aufgefodert, und auf Vorwürfe dieser Art muß mein
Vaterland Antwort haben.

FERDINAND *auf seinen Degen gestützt:* Ich bin begierig.

LADY Hören Sie also, was ich, außer Ihnen, noch niemand
vertraute, noch jemals einem Menschen vertrauen will. – Ich
bin nicht die Abenteurerin, Walter, für die Sie mich halten.
Ich könnte groß tun und sagen: Ich bin fürstlichen Geblüts –
aus des unglücklichen Thomas Norfolks Geschlechte, der
für die schottische Maria ein Opfer war – Mein Vater, des
Königs oberster Kämmerer wurde bezüchtigt, in verrätri-
schem Vernehmen mit Frankreich zu stehen, durch einen
Spruch der Parlamente verdammt, und enthauptet. – Alle
unsre Güter fielen der Krone zu. Wir selbst wurden des
Landes verwiesen. Meine Mutter starb am Tage der Hinrichtung. Ich – ein vierzehnjähriges Mädchen – flohe nach
Teutschland mit meiner Wärterin – einem Kästchen Juwelen – und diesem Familienkreuz, das meine sterbende Mutter mit ihrem letzten Segen mir in den Busen steckte.

FERDINAND *wird nachdenkend, und heftet wärmere Blicke auf
die Lady.*

LADY *fährt fort mit immer zunehmender Rührung:* Krank –
ohne Namen – ohne Schutz und Vermögen – eine ausländi-
sche Waise kam ich nach Hamburg. Ich hatte nichts gelernt,
als das Bißchen Französisch – – ein wenig Filet, und den
Flügel – desto besser verstund ich auf Gold und Silber zu
speisen, unter damastenen Decken zu schlafen, mit einem
Wink zehen Bediente fliegen zu machen, und die Schmei-
cheleien der Großen Ihres Geschlechts aufzunehmen. –
Sechs Jahre waren schon hingeweint. – Die letzte Schmuck-

nadel flog dahin – Meine Wärterin starb – und jetzt führte mein Schicksal Ihren Herzog nach Hamburg. Ich spazierte damals an den Ufern der Elbe, sah in den Strom, und fing eben an zu phantasieren, ob dieses Wasser oder mein Leiden das tiefste wäre? – Der Herzog sah mich, verfolgte mich, fand meinen Aufenthalt, – lag zu meinen Füßen, und schwur, daß er mich liebe. *sie hält in großen Bewegungen inne, dann fährt sie fort mit weinender Stimme* Alle Bilder meiner glücklichen Kindheit wachten jetzt wieder mit verführendem Schimmer auf – Schwarz wie das Grab grau'te mich eine trostlose Zukunft an – Mein Herz brannte nach einem Herzen – Ich sank an das seinige *von ihm weg stürzend* Jetzt verdammen Sie mich!

FERDINAND *sehr bewegt, eilt ihr nach, und hält sie zurück:* Lady! o Himmel! Was hör ich? Was tat ich? – Schrecklich enthüllt sich mein Frevel mir. Sie können mir nicht mehr vergeben.

LADY *kommt zurück, und hat sich zu sammeln gesucht:* Hören Sie weiter. Der Fürst überraschte zwar meine wehrlose Jugend – aber das Blut der Norfolk empörte sich in mir: Du eine geborene Fürstin, Emilie, rief es, und jetzt eines Fürsten Konkubine? – Stolz und Schicksal kämpften in meiner Brust, als der Fürst mich hieher brachte, und auf einmal die schaudernaste Szene vor meinen Augen stand. – Die Wollust der Großen dieser Welt ist die nimmer satte Hyäne, die sich mit Heißhunger Opfer sucht. – Fürchterlich hatte sie schon in diesem Lande gewütet – hatte Braut und Bräutigam zertrennt – hatte selbst der Ehen göttliches Band zerrissen – hier das stille Glück einer Familie geschleift – dort ein junges unerfahrnes Herz der verheerenden Pest aufgeschlossen, und sterbende Schülerinnen schäumten den Namen ihres Lehrers unter Flüchen und Zuckungen aus – Ich stellte mich zwischen das Lamm und den Tyger; nahm einen fürstlichen Eid von ihm in einer Stunde der Leidenschaft, und diese abscheuliche Opferung mußte aufhören.

FERDINAND *rennt in der heftigsten Unruhe durch den Saal:* Nichts mehr Milady! Nicht weiter!

LADY Diese traurige Periode hatte einer noch traurigern Platz gemacht. Hof und Serail wimmelten jetzt von Italiens Auswurf. Flatterhafte Pariserinnen tändelten mit dem furchtbaren Zepter, und das Volk blutete unter ihren Launen – Sie alle erlebten ihren Tag. Ich sah sie neben mir in den Staub sinken, denn ich war mehr Kokette, als sie alle. Ich nahm dem Tyrannen den Zügel ab, der wollüstig in meiner Umarmung erschlappte – dein Vaterland, Walter, fühlte zum erstenmal eine Menschenhand, und sank vertrauend an meinen Busen. *Pause, worin sie ihn schmelzend ansieht* O daß der Mann, von dem ich allein nicht verkannt sein möchte, mich jetzt zwingen muß, groß zu prahlen, und meine stille Tugend am Licht der Bewunderung zu versengen! – Walter, ich habe Kerker gesprengt – habe Todesurteile zerrissen, und manche entsetzliche Ewigkeit auf Galeeren verkürzt. In unheilbare Wunden hab ich doch wenigstens stillenden Balsam gegossen – mächtige Frevler in Staub gelegt, und die verlorne Sache der Unschuld oft noch mit einer buhlerischen Träne gerettet – Ha Jüngling! wie süß war mir das! Wie stolz konnte mein Herz jede Anklage meiner fürstlichen Geburt widerlegen! – Und jetzt kommt der Mann, der allein mir das alles belohnen sollte – der Mann, den mein erschöpftes Schicksal vielleicht zum Ersatz meiner vorigen Leiden schuf der Mann, den ich mit brennender Sehnsucht im Traum schon umfasse –

FERDINAND *fällt ihr ins Wort, durch und durch erschüttert:* Zuviel! Zuviel! Das ist wider die Abrede, Lady. Sie sollten sich von Anklagen reinigen, und machen mich zu einem Verbrecher. Schonen Sie – ich beschwöre Sie – schonen Sie meines Herzens, das Beschämung und wütende Reue zerreißen –

LADY *hält seine Hand fest:* Jetzt oder nimmermehr. Lange genug hielt die Heldin stand – Das Gewicht dieser Tränen mußt du noch fühlen *im zärtlichsten Ton* Höre Walter – wenn eine Unglückliche – unwiderstehlich allmächtig an Dich gezogen – sich an Dich preßt mit einem Busen voll glühender unerschöpflicher Liebe, – Walter – und Du jetzt noch das kalte Wort Ehre sprichst – Wenn diese Unglückliche – niedergedrückt vom Gefühl ihrer Schande – des Lasters überdrüssig – heldenmäßig empor gehoben vom Rufe der Tugend – sich s o – in Deine Arme wirft *sie umfaßt ihn, beschwörend und feierlich* Durch Dich gerettet – durch D i c h dem Himmel wieder geschenkt sein will, oder *das Gesicht von ihm abgewandt, mit hohler bebender Stimme* Deinem Bild zu entfliehen, dem fürchterlichen Ruf der Verzweiflung gehorsam, in noch abscheulichere Tiefen des Lasters wieder hinuntertaumelt –

FERDINAND *von ihr losreißend, in der schrecklichsten Bedrängnis:* Nein, beim großen Gott! Ich kann das nicht aushalten – Lady, ich muß – Himmel und Erde liegen auf mir – ich muß Ihnen ein Geständnis tun, Lady.

LADY *von ihm wegfliehend:* Jetzt nicht! Jetzt nicht, bei allem was heilig ist – In diesem entsetzlichen Augenblick nicht, wo mein zerrissenes Herz an tausend Dolchstichen blutet – Sei's Tod oder Leben – ich darf es nicht – ich will es nicht hören.

FERDINAND Doch, doch beste Lady. Sie müssen es. Was ich Ihnen jetzt sagen werde, wird meine Strafbarkeit mindern, und eine warme Abbitte des Vergangenen sein – Ich habe mich in Ihnen betrogen, Milady. Ich erwartete – ich wünschte, Sie meiner Verachtung würdig zu finden. Fest entschlossen Sie zu beleidigen, und Ihren Haß zu verdienen, kam ich her – Glücklich wir beide, wenn mein Vorsatz gelungen wäre! *er schweigt eine Weile, darauf leiser und schüchterner* Ich liebe Milady – liebe ein bürgerliches Mädchen – Louisen Millerin – eines Musikus Tochter. *Lady wendet sich bleich von ihm weg, er fährt lebhafter fort* Ich weiß, worein ich mich stürze; aber wenn auch Klugheit die Leidenschaft schweigen heißt, so redet die Pflicht desto lauter – Ich bin der Schuldige. Ich zuerst zerriß ihrer Unschuld goldenen Frieden – wiegte ihr Herz mit vermessenen Hoffnungen, und gab es verräterisch der wilden Leidenschaft Preis. – Sie werden mich an Stand – an Geburt – an die Grundsätze meines Vaters erinnern – aber ich liebe – Meine Hoffnung steigt um so höher, je tiefer die Natur mit Konvenienzen zerfallen ist. – Mein Entschluß und das Vorurteil! – Wir wollen sehen, ob die Mode oder die Menschheit auf dem Platz bleiben wird. *Lady hat sich unterdes bis an das äußerste Ende des Zimmers zurückgezogen, und hält das Gesicht mit beiden Händen bedeckt. Er folgt ihr dahin* Sie wollten mir etwas sagen, Milady?

LADY *im Ausdruck des heftigsten Leidens:* Nichts Herr von Walter! Nichts, als daß sie Sich und Mich und noch eine Dritte zu Grund richten.

FERDINAND Noch eine Dritte?

LADY Wir können miteinander nicht glücklich werden. Wir müssen doch der Voreiligkeit Ihres Vaters zum Opfer werden. Nimmermehr werd ich das Herz eines Mannes haben, der mir seine Hand nur gezwungen gab.

FERDINAND Gezwungen Lady? Gezwungen gab? und also doch gab? Können Sie eine Hand ohne Herz erzwingen? Sie einem Mädchen den Mann entwenden, der die ganze Welt dieses Mädchens ist? Sie einen Mann von dem Mädchen reißen, das die ganze Welt dieses Mannes ist? Sie Milady – vor einem Augenblick die bewundernswürdige Brittin? – Sie können das?

LADY Weil ich es muß. *mit Ernst und Stärke* Meine Leidenschaft, Walter, weicht meiner Zärtlichkeit für Sie. Meine
Ehre kanns nicht mehr – Unsre Verbindung ist das Gespräch des ganzen Landes. Alle Augen, alle Pfeile des Spotts
sind auf mich gespannt. Die Beschimpfung ist unauslöschlich, wenn ein Untertan des Fürsten mich ausschlägt. Rechten Sie mit Ihrem Vater. Wehren Sie sich so gut Sie können. –
Ich laß alle Minen sprengen. *sie geht schnell ab. Der Major
bleibt in sprachloser Erstarrung stehn. Pause. Dann stürzt er
fort durch die Flügeltüre.*

VIERTE SZENE

Zimmer beim Musikanten.

Miller. Frau Millerin. Louise treten auf.

MILLER *hastig ins Zimmer:* Ich habs ja zuvor gesagt!

LOUISE *sprengt ihn ängstlich an:* Was, Vater, Was?

MILLER *rennt wie toll auf und nieder:* Meinen Staatsrock her –
hurtig – ich muß ihm zuvorkommen – und ein weißes
Manschettenhemd! – Das hab ich mir gleich eingebildet!

LOUISE Um Gotteswillen! Was?

MILLERIN Was gibts denn? Was ists denn?

MILLER *wirft seine Perücke ins Zimmer:* Nur gleich zum Fri-
seur das! – Was es gibt? *vor den Spiegel gesprungen* Und mein
Bart ist auch wieder Fingerslang – Was es gibt? – Was wirds
geben, du Rabenaas? – Der Teufel ist los, und d i c h soll das
Wetter schlagen.

FRAU Da sehe man! Über mich muß gleich alles kommen.

MILLER Über dich? Ja blaues Donnermaul und über wen anders? Heute früh mit deinem diabolischen Junker – Hab ichs
nicht im Moment gesagt? – Der Wurm hat geplaudert.

FRAU Ah was! Wie kannst du das wissen?

MILLER Wie kann ich das wissen? – Da! – unter der Haustüre spukt ein Kerl des Ministers, und fragt nach dem Geiger.

LOUISE Ich bin des Todes.

MILLER Du aber auch mit deinen Vergißmeinnichtsaugen *lacht voll Bosheit* Das hat seine Richtigkeit, wem der Teufel ein Ei in die Wirtschaft gelegt hat, dem wird eine hübsche Tochter geboren – Jetzt hab ichs blank!

FRAU Woher weißt du denn, daß es der Louise gilt? – Du kannst dem Herzog rekommendiert worden sein. Er kann dich ins Orchester verlangen.

MILLER *springt nach seinem Rohr:* Daß dich der Schwefelregen von Sodom! – Orchester! – Ja, wo du Kupplerin den Diskant wirst heulen, und mein blauer Hinterer den Konterbaß vorstellen. *wirft sich in seinen Stuhl* Gott im Himmel!

LOUISE *setzt sich todenbleich nieder:* Mutter! Vater! Warum wird mir auf einmal so bange?

MILLER *springt wieder vom Stuhl auf:* Aber soll mir der Dintenkleckser einmal in den Schuß laufen? Soll er mir laufen? – Es sei in dieser oder in jener Welt – Wenn ich ihm nicht Leib und Seele breiweich zusammen dresche, alle zehen Gebote und alle sieben Bitten im Vaterunser, und alle Bücher Mosis und der Propheten aufs Leder schreibe, daß man die blaue Flecken bei der Auferstehung der Toden noch sehen soll –

FRAU Ja! fluch du und poltre du! Das wird jetzt den Teufel bannen. Hilf heiliger Herregott! Wohinaus nun? Wie werden wir Rat schaffen? Was nun anfangen? Vater Miller, so rede doch! *Sie läuft heulend durchs Zimmer.*

MILLER Auf der Stell zum Minister will ich. Ich zuerst will mein Maul auftun – Ich selbst will es angeben. Du hast es vor mir gewußt. Du hättest mir einen Wink geben können. Das Mädel hätt sich noch weisen lassen. Es wäre noch Zeit gewesen – aber Nein! – Da hat sich was makeln lassen; da hat

sich was fischen lassen! Da hast du noch Holz obendrein
zugetragen! – Jetzt sorg auch für deinen Kuppelpelz. Friß
aus, was du einbrocktest. Ich nehme meine Tochter in Arm,
und marsch mit ihr über die Grenze.

FÜNFTE SZENE

*Ferdinand von Walter, stürzt erschrocken und außer Atem ins
Zimmer. Die Vorigen.*

FERDINAND War mein Vater da?

LOUISE *fährt mit Schrecken auf:* Sein Vater!
allmächtiger Gott!

FRAU *schlägt die Hände zusammen:* Der
Präsident! Es ist aus mit uns!

MILLER *lacht voll Bosheit:* Gottlob!
Gottlob! Da haben wir ja die Bescherung!

*Alle
zugleich.*

FERDINAND *eilt auf Louisen zu, und drückt sie stark in die
Arme:* Mein bist du, und wärfen Höll' und Himmel sich
zwischen uns.

LOUISE Mein Tod ist gewiß – Rede weiter – Du sprachst
einen schrecklichen Namen aus – dein Vater?

FERDINAND Nichts. Nichts. Es ist überstanden. Ich hab dich
ja wieder. Du hast mich ja wieder. O laß mich Atem schöpfen an dieser Brust. Es war eine schreckliche Stunde.

LOUISE Welche? Du tödest mich!

FERDINAND *tritt zurück, und schaut sie bedeutend an:* Eine
Stunde, Louise, wo zwischen mein Herz und Dich eine
fremde Gestalt sich warf – wo meine Liebe vor meinem
Gewissen erblaßte – wo meine Louise aufhörte, Ihrem Ferdinand alles zu sein – –

LOUISE *sinkt mit verhülltem Gesicht auf den Sessel nieder.*

FERDINAND *geht schnell auf sie zu, bleibt sprachlos mit starrem*

Blick vor ihr stehen, dann verläßt er sie plötzlich, in großer Bewegung: Nein! Nimmermehr! Unmöglich Lady! Z u v i e l verlangt! Ich kann Dir diese Unschuld nicht opfern – Nein beim unendlichen Gott! ich kann meinen Eid nicht verletzen, der mich laut wie des Himmels Donner aus diesem brechenden Auge mahnt – Lady blick h i e h e r – h i e h e r du Rabenvater – Ich soll diesen Engel würgen? Die Hölle soll ich in diesen himmlischen Busen schütten? *mit Entschluß auf sie zueilend* Ich will sie führen vor des Weltrichters Thron, und ob meine Liebe Verbrechen ist, soll der Ewige sagen. *er faßt sie bei der Hand, und hebt sie vom Sessel* Fasse Mut meine Teuerste! – Du hast gewonnen. Als Sieger komm ich aus dem gefährlichsten Kampf zurück.

LOUISE Nein! Nein! Verhehle mir nichts. Sprich es aus das entsetzliche Urteil. Deinen V a t e r nanntest du? Du nanntest die L a d y? – Schauer des Todes ergreifen mich – Man sagt, sie wird heiraten.

FERDINAND *stürzt betäubt zu Louisens Füßen nieder:* Mich, Unglückselige!

LOUISE *nach einer Pause, mit stillem bebenden Ton und schrecklicher Ruhe:* Nun – was erschreck ich denn? – Der alte Mann dort hat mirs ja oft gesagt – ich hab es ihm nie glauben wollen *Pause, dann wirft sie sich Millern laut weinend in den Arm* Vater, hier ist deine Tochter wieder – Verzeihung Vater – Dein Kind kann ja nicht dafür, daß dieser Traum so schön war, und – – so fürchterlich jetzt das Erwachen – –

MILLER Louise! Louise! – O Gott sie ist von sich – Meine Tochter, mein armes Kind – Fluch über den Verführer! – Fluch über das Weib, das ihm kuppelte!

FRAU *wirft sich jammernd auf Louisen:* Verdien ich diesen Fluch, meine Tochter? Vergebs Ihnen Gott, Baron – Was hat dieses Lamm getan, daß Sie es würgen?

FERDINAND *springt an ihr auf, voll Entschlossenheit:* Aber ich

will seine Kabalen durchbohren – durchreißen will ich alle
diese eiserne Ketten des Vorurteils – Frei wie ein Mann will
ich wählen, daß diese Insektenseelen am Riesenwerk meiner
Liebe hinaufschwindeln *er will fort*

LOUISE *zittert vom Sessel auf, folgt ihm:* Bleib! Bleib! Wohin
willst du? – Vater – Mutter – in dieser bangen Stunde verläßt
er uns?

FRAU *eilt ihm nach, hängt sich an ihn:* Der Präsident wird
hieher kommen – Er wird unser Kind mißhandeln – Er wird
u n s mißhandeln – Herr von Walter, und Sie verlassen uns?

MILLER *lacht wütend:* Verläßt uns! Freilich! Warum nicht? –
Sie gab ihm ja alles hin! *mit der einen Hand den Major, mit
der andern Louisen fassend* Geduld Herr! der Weg aus meinem Hause geht nur über D i e s e da – Erwarte erst deinen
Vater, wenn du kein Bube bist – Erzähl es ihm, wie du dich
in ihr Herz stahlst, Betrüger, oder bei Gott *ihm seine Tochter
zuschleudernd, wild und heftig* Du sollst mir zuvor diesen
wimmernden Wurm zertreten, den Liebe zu Dir s o zu
Schanden richtete.

FERDINAND *kommt zurück, und geht auf und ab in tiefen Gedanken:* Zwar die Gewalt des Präsidenten ist groß – V a t e r -
r e c h t ist ein weites Wort – der Frevel selbst kann sich in
seinen Falten verstecken – er kann es weit damit treiben –
Weit! – Doch aufs äußerste treibts nur die L i e b e – Hier
Louise! Deine Hand in die meinige *er faßt diese heftig* So
wahr mich Gott im letzten Hauch nicht verlassen soll! – Der
Augenblick, der diese zwo Hände trennt, zerreißt auch den
Faden zwischen M i r und der S c h ö p f u n g.

LOUISE Mir wird bange! Blick weg! Deine Lippen beben.
Dein Auge rollt fürchterlich –

FERDINAND Nein Louise. Zittre nicht. Es ist nicht Wahnsinn
was aus mir redet. Es ist das köstliche Geschenk des Himmels, E n t s c h l u ß in dem geltenden Augenblick, wo die

gepreßte Brust nur durch etwas Unerhörtes sich Luft macht –
Ich liebe dich Louise – Du sollst mir bleiben, Louise – Jetzt
zu meinem Vater *er eilt schnell fort und rennt – gegen den
Präsidenten.*

SECHSTE SZENE

Der Präsident mit einem Gefolge von Bedienten. Vorige.
PRÄSIDENT *im Hereintreten:* Da ist er schon.
ALLE *erschrocken.*
FERDINAND *weicht einige Schritte zurücke:* Im Hause der Un-
schuld.
PRÄSIDENT Wo der Sohn Gehorsam gegen den Vater lernt?
FERDINAND Lassen Sie uns das – –
PRÄSIDENT *unterbricht ihn, zu Millern:* Er ist der Vater?
MILLER Stadtmusikant Miller.
PRÄSIDENT *zur Frau:* Sie die Mutter?
FRAU Ach ja! die Mutter.
FERDINAND *zu Millern:* Vater, bring er die Tochter weg – Sie
droht eine Ohnmacht.
PRÄSIDENT Überflüssige Sorgfalt. Ich will sie anstreichen *zu
Louisen* Wie lang kennt Sie den Sohn des Präsidenten?
LOUISE Diesem habe ich nie nachgefragt. Ferdinand von Wal-
ter besucht mich seit dem November.
FERDINAND Betet sie an.
PRÄSIDENT Erhielt Sie Versicherungen?
FERDINAND Vor wenig Augenblicken die feierlichste im An-
gesicht Gottes.
PRÄSIDENT *zornig zu seinem Sohn:* Zur Beichte deiner Tor-
heit wird man dir schon das Zeichen geben *zu Louisen* Ich
warte auf Antwort.
LOUISE Er schwur mir Liebe.

FERDINAND Und wird sie halten.

PRÄSIDENT Muß ich befehlen, daß du schweigst? – Nahm Sie
den Schwur an?

LOUISE *zärtlich:* Ich erwiderte ihn.

FERDINAND *mit fester Stimme:* Der Bund ist geschlossen.

PRÄSIDENT Ich werde das Echo hinauswerfen lassen *boshaft zu
Louisen* Aber er bezahlte Sie doch jederzeit bar?

LOUISE *aufmerksam:* Diese Frage verstehe ich nicht ganz.

PRÄSIDENT *mit beißendem Lachen:* Nicht? Nun! ich meine
nur – Jedes Handwerk hat, wie man sagt, seinen goldenen
Boden – auch Sie, hoff ich, wird ihre Gunst nicht ver-
schenkt haben – oder wars Ihr vielleicht mit dem bloßen
Verschluß gedient? Wie?

FERDINAND *fährt wie rasend auf:* Hölle! was war das?

LOUISE *zum Major mit Würde und Unwillen:* Herr von Walter, jetzt sind Sie frei.

FERDINAND Vater! Ehrfurcht befiehlt die Tugend auch im
Bettlerkleid.

PRÄSIDENT *lacht lauter:* Eine lustige Zumutung! Der Vater
soll die Hure des Sohns respektieren.

LOUISE *stürzt nieder:* O Himmel und Erde!

FERDINAND *mit Louisen zu gleicher Zeit, indem er den Degen
nach dem Präsidenten zückt, den er aber schnell wieder sinken
läßt:* Vater! Sie hatten einmal ein Leben an mich zu fodern –
Es ist bezahlt *den Degen einsteckend* Der Schuldbrief der
kindlichen Pflicht liegt zerrissen da –

MILLER *der bis jetzt furchtsam auf der Seite gestanden, tritt her-
vor in Bewegung, wechselsweis für Wut mit den Zähnen knir-
schend, und für Angst damit klappernd:* Ewr Exzellenz – Das
Kind ist des Vaters Arbeit – Halten zu Gnaden – Wer das
Kind eine Mähre schilt, schlägt den Vater an's Ohr, und
Ohrfeig um Ohrfeig – Das ist so Tax bei uns – Halten zu
Gnaden.

FRAU Hilf Herr und Heiland! – Jetzt bricht auch der Alte los – über unserm Kopf wird das Wetter zusammenschlagen.

PRÄSIDENT *der es nur halb gehört hat:* Regt sich der Kuppler auch? – Wir sprechen uns gleich Kuppler.

MILLER Halten zu Gnaden. Ich heiße Miller, wenn Sie ein Adagio hören wollen – mit Buhlschaften dien ich nicht. So lang der Hof da noch Vorrat hat, kommt die Lieferung nicht an uns Bürgersleut'. Halten zu Gnaden.

FRAU Um des Himmels willen, Mann! Du bringst Weib und Kind um.

FERDINAND Sie spielen hier eine Rolle mein Vater, wobei Sie sich wenigstens die Zeugen hätten ersparen können.

MILLER *kommt ihm näher, herzhafter:* Teutsch und verständlich. Halten zu Gnaden. Ewr Exzellenz schalten und walten im Land. Das ist meine Stube. Mein devotestes Kompliment, wenn ich dermaleins ein pro memoria bringe, aber den ungehobelten Gast werf ich zur Tür hinaus – Halten zu Gnaden.

PRÄSIDENT *vor Wut blaß:* Was? – Was ist das? *tritt ihm näher*

MILLER *zieht sich sachte zurück:* Das war nur so meine Meinung, Herr – Halten zu Gnaden.

PRÄSIDENT *in Flammen:* Ha Spitzbube! In's Zuchthaus spricht dich deine vermessene Meinung – Fort! Man soll Gerichtsdiener holen *einige vom Gefolg gehen ab; Der Präsident rennt voll Wut durch das Zimmer* Vater ins Zuchthaus – an den Pranger, Mutter und Metze von Tochter! – Die Gerechtigkeit soll meiner Wut ihre Arme borgen. Für diesen Schimpf muß ich schreckliche Genugtuung haben – Ein solches Gesindel sollte meine Plane zerschlagen, und ungestraft Vater und Sohn aneinander hetzen? – Ha Verfluchte! Ich will meinen Haß an eurem Untergang sättigen, die ganze Brut, Vater, Mutter und Tochter, will ich meiner brennenden Rache opfern.

FERDINAND *tritt gelassen und standhaft unter sie hin:* O nicht
doch! Seid außer Furcht! Ich bin zugegen *zum Präsidenten
mit Unterwürfigkeit* Keine Übereilung mein Vater! Wenn Sie
sich selbst lieben, keine Gewalttätigkeit – Es gibt eine Gegend in meinem Herzen, worin das Wort Vater noch nie
gehört worden ist – Dringen Sie nicht bis in diese.

PRÄSIDENT Nichtswürdiger! Schweig! Reize meinen Grimm
nicht noch mehr.

MILLER *kommt aus einer dumpfen Betäubung zu sich selbst:*
Schau du nach deinem Kinde, Frau. Ich laufe zum Herzog.
Der Leibschneider – das hat mir Gott eingeblasen! – Der
Leibschneider lernt die Flöte bei mir. Es kann mir nicht
fehlen beim Herzog *er will gehen*

PRÄSIDENT Beim Herzog sagst du? – Hast du vergessen, daß
ich die Schwelle bin, worüber du springen oder den Hals
brechen mußt? – Beim Herzog du Dummkopf? – Versuch'
es, wenn du, lebendig tot, eine Turmhöhe tief, unter dem
Boden im Kerker liegst, wo die Nacht mit der Hölle liebäu-
gelt, und Schall und Licht wieder umkehren, raßle dann mit
deinen Ketten und wimmre: Mir ist zuviel geschehen!

SIEBENTE SZENE

Gerichtsdiener. Die Vorigen.

FERDINAND *eilt auf Louisen zu, die ihm halb tot in den Arm
fällt:* Louise! Hilfe! Rettung! Der Schrecken überwältigte sie.

MILLER *ergreift sein spanisches Rohr, setzt den Hut auf, und
macht sich zum Angriff gefaßt.*

FRAU *wirft sich auf die Knie vor den Präsident*

PRÄSIDENT *zu den Gerichtsdienern, seinen Orden entblößend:*
Legt Hand an im Namen des Herzogs – Weg von der Metze,
Junge – Ohnmächtig oder nicht – Wenn sie nur erst das

eiserne Halsband um hat, wird man sie schon mit Steinwür-
fen aufwecken.

FRAU Erbarmung Ihro Exzellenz! Erbarmung! Erbarmung!

MILLER *reißt seine Frau in die Höhe:* Knie vor Gott alte Heul-
hure, und nicht vor – – Schelmen, weil ich ja doch schon ins
Zuchthaus muß.

PRÄSIDENT *beißt die Lippen:* Du kannst dich verrechnen, Bube. Es stehen noch Galgen leer *zu den Gerichtsdienern* Muß
ich es noch einmal sagen?

GERICHTSDIENER *dringen auf Louisen ein*

FERDINAND *springt an ihr auf, und stellt sich vor sie, grimmig:*
Wer will was? *Er zieht den Degen samt der Scheide, und wehrt
sich mit dem Gefäß* Wag es, sie anzurühren, wer nicht auch
die Hirnschale an die Gerichte vermietet hat *zum Präsidenten* Schonen Sie Ihrer selbst. Treiben Sie mich nicht weiter
mein Vater.

PRÄSIDENT *drohend zu den Gerichtsdienern:* Wenn euch euer
Brot lieb ist, Memmen –

GERICHTSDIENER *greifen Louisen wieder an*

FERDINAND Tod und alle Teufel! Ich sage: Zurück – Noch
einmal. Haben Sie Erbarmen mit sich selbst. Treiben Sie
mich nicht aufs äußerste, Vater.

PRÄSIDENT *aufgebracht zu den Gerichtsdienern:* Ist das euer
Diensteifer, Schurken?

GERICHTSDIENER *greifen hitziger an*

FERDINAND Wenn es denn sein muß *indem er den Degen
zieht, und einige von denselben verwundet* so verzeih mir, Gerechtigkeit!

PRÄSIDENT *voll Zorn:* Ich will doch sehen, ob auch ich diesen
Degen fühle *er faßt Louisen selbst, zerrt sie in die Höh und
übergibt sie einem Gerichtsknecht*

FERDINAND *lacht erbittert:* Vater, Vater, Sie machen hier ein
beißendes Pasquill auf die Gottheit, die sich so übel auf

ihre Leute verstund, und aus vollkommenen Henkers-
knechten schlechte Minister machte.

PRÄSIDENT *zu den übrigen:* Fort mit ihr!

FERDINAND Vater, sie soll an den Pranger stehn, aber mit dem
Major, des Präsidenten Sohn – Bestehen Sie noch darauf?

PRÄSIDENT Desto possierlicher wird das Spektakel – Fort!

FERDINAND Vater! ich werfe meinen Offiziers-Degen auf das
Mädchen – Bestehen Sie noch darauf?

PRÄSIDENT Das Port d'Epee ist an Deiner Seite des Pran-
gerstehens gewohnt worden – Fort! Fort! Ihr wißt meinen
Willen.

FERDINAND *drückt einen Gerichtsdiener weg, faßt Louisen mit
einem Arm, mit dem andern zückt er den Degen auf sie:* Vater!
Eh Sie meine Gemahlin beschimpfen, durchstoß ich sie –
Bestehen Sie noch darauf?

PRÄSIDENT Tu es, wenn deine Klinge auch spitzig ist.

FERDINAND *läßt Louisen fahren, und blickt fürchterlich zum
Himmel:* Du Allmächtiger bist Zeuge! Kein menschliches
Mittel ließ ich unversucht – ich muß zu einem teuflischen
schreiten – Ihr führt sie zum Pranger fort, unterdessen *zum
Präsidenten in's Ohr rufend* erzähl' ich der Residenz eine
Geschichte, wie man Präsident wird *ab*

PRÄSIDENT *Wie vom Blitz gerührt:* Was ist das? – Ferdinand –
Laßt sie ledig *er eilt dem Major nach*

DRITTER AKT

ERSTE SZENE

Saal beim Präsidenten.

Der Präsident und Sekretair Wurm kommen.

PRÄSIDENT Der Streich war verwünscht.

WURM Wie ich befürchtete gnädiger Herr. Zwang erbittert die Schwärmer immer, aber bekehrt sie nie.

PRÄSIDENT Ich hatte mein bestes Vertrauen in diesen Anschlag gesetzt. Ich urteilte so: Wenn das Mädchen beschimpft wird, muß er, als Offizier, zurücktreten.

WURM Ganz vortrefflich. Aber zum Beschimpfen hätt' es auch kommen sollen.

PRÄSIDENT Und doch – wenn ich es jetzt mit kaltem Blut überdenke – Ich hätte mich nicht sollen eintreiben lassen. Es war eine Drohung, woraus er wohl nimmermehr Ernst gemacht hätte.

WURM Das denken Sie ja nicht. Der gereizten Leidenschaft ist keine Torheit zu bunt. Sie sagen mir, der Herr Major habe immer den Kopf zu ihrer Regierung geschüttelt. Ich glaubs. Die Grundsätze, die er aus Akademien hieherbrachte, wollten mir gleich nicht recht einleuchten. Was sollten auch die phantastischen Träumereien von Seelengröße und persönlichem Adel an einem Hof, wo die größte Weisheit diejenige ist, im rechten Tempo, auf eine geschickte Art, Groß und Klein zu sein. Er ist zu jung und zu feurig, um Geschmack am langsamen krummen Gang der Kabale zu finden, und nichts wird seine Ambition in Bewegung setzen, als was groß ist und abenteuerlich.

PRÄSIDENT *verdrüßlich:* Aber was wird diese wohlweise An-
merkung an unserm Handel verbessern?

WURM Sie wird Ewr. Exzellenz auf die Wunde hin weisen,
und auch vielleicht auf den Verband. Einen solchen Charakter – erlauben Sie – hätte man entweder nie zum Vertrauten, oder niemals zum Feind machen sollen. Er verabscheut das Mittel, wodurch Sie gestiegen sind. Vielleicht
war es bis jetzt nur der Sohn, der die Zunge des Verräters
band. Geben Sie ihm Gelegenheit, jenen rechtmäßig abzu-
schütteln. Machen Sie ihn durch wiederholte Stürme auf
seine Leidenschaft glauben, daß Sie der zärtliche Vater
nicht sind, so dringen die Pflichten des Patrioten bei ihm
vor. Ja, schon allein die seltsame Phantasie, der Gerechtigkeit
ein so merkwürdiges Opfer zu bringen, könnte Reiz genug
für ihn haben, selbst seinen Vater zu stürzen.

PRÄSIDENT Wurm – Wurm – Er führt mich da vor einen
entsetzlichen Abgrund.

WURM Ich will Sie zurückführen, gnädiger Herr. Darf ich
freimütig reden?

PRÄSIDENT *indem er sich niedersetzt:* Wie ein Verdammter
zum Mitverdammten.

WURM Also verzeihen Sie – Sie haben, dünkt mich, der bieg-
samen Hofkunst den ganzen Präsidenten zu danken, warum vertrauten Sie ihr nicht auch den Vater an? Ich besinne
mich, mit welcher Offenheit Sie ihren Vorgänger damals zu
einer Partie Piquet beredeten, und bei ihm die halbe Nacht
mit freundschaftlichem Burgunder hinwegschwemmten,
und das war doch die nämliche Nacht wo die große Mine
losgehen, und den guten Mann in die Luft blasen sollte –
Warum zeigten Sie ihrem Sohne den Feind? Nimmermehr
hätte dieser erfahren sollen, daß ich um seine Liebesangele-
genheit wisse. Sie hätten den Roman von Seiten des Mädchens unterhöhlt, und das Herz ihres Sohnes behalten. Sie

hätten den klugen General gespielt, der den Feind nicht am Kern seiner Truppen faßt, sondern Spaltungen unter den Gliedern stiftet.

PRÄSIDENT Wie war das zu machen?

WURM Auf die einfachste Art – und die Karten sind noch nicht ganz vergeben. Unterdrücken Sie eine Zeitlang, daß Sie Vater sind. Messen Sie sich mit einer Leidenschaft nicht, die jeder Widerstand nur mächtiger machte – Überlassen Sie es m i r, an ihrem eigenen Feuer den Wurm auszubrüten, der sie zerfrißt.

PRÄSIDENT Ich bin begierig.

WURM Ich müßte mich schlecht auf den Barometer der Seele verstehen, oder der Herr Major ist in der Eifersucht schrecklich, wie in der Liebe. Machen Sie ihm das Mädchen verdächtig – – Wahrscheinlich oder nicht. Ein G r a n Hefe reicht hin, die ganze Masse in eine zerstörende Gärung zu jagen.

PRÄSIDENT Aber woher diesen Gran nehmen?

WURM Da sind wir auf dem Punkt – Vor allen Dingen, gnädiger Herr, erklären Sie sich mir, wie viel Sie bei der fernern Weigerung des Majors auf dem Spiel haben – in welchem Grade es ihnen wichtig ist, den Roman mit dem Bürgermädchen zu endigen, und die Verbindung mit Lady Milford zu Stand zu bringen?

PRÄSIDENT Kann er noch fragen Wurm? – Mein ganzer Einfluß ist in Gefahr, wenn die Partie mit der Lady zurückgeht, und wenn ich den Major zwinge, mein Hals.

WURM *munter:* Jetzt haben Sie die Gnade und hören. – Den Herrn Major umspinnen wir mit List. Gegen das Mädchen nehmen wir ihre ganze Gewalt zu Hilfe. Wir diktieren i h r e i n B i l l e t d o u x a n e i n e d r i t t e P e r s o n i n d i e F e d e r, u n d s p i e l e n d a s m i t g u t e r A r t d e m M a j o r i n d i e H ä n d e.

PRÄSIDENT Toller Einfall! Als ob Sie sich so geschwind hin bequemen würde, ihr eigenes Todesurteil zu schreiben?

WURM Sie muß, wenn Sie mir freie Hand lassen wollen. Ich kenne das gute Herz auf und nieder. Sie hat nicht mehr als zwo tödliche Seiten, durch welche wir ihr Gewissen bestürmen können – ihren Vater und den Major. Der letztere bleibt ganz und gar aus dem Spiel, desto freier können wir mit dem Musikanten umspringen.

PRÄSIDENT Als zum Exempel?

WURM Nach dem, was Ewr. Exzellenz mir von dem Auftritt in seinem Hause gesagt haben, wird nichts leichter sein, als den Vater mit einen Halsprozeß zu bedrohen. Die Person des Günstlings und Siegelbewahrers ist gewissermaßen der Schatten der Majestät – Beleidigungen gegen jenen sind Verletzungen dieser – Wenigstens will ich den armen Schächer mit diesem zusammengeflickten Kobold durch ein Nadelöhr jagen.

PRÄSIDENT Doch – ernsthaft dürfte der Handel nicht werden.

WURM Ganz und gar nicht – Nur in so weit als es nötig ist, die Familie in die Klemme zu treiben – Wir setzen also in aller Stille den Musikus fest – Die Not um so dringender zu machen, könnte man auch die Mutter mitnehmen, – sprechen von peinlicher Anklage, von Schafott, von ewiger Festung, und machen den Brief der Tochter zur einzigen Bedingnis seiner Befreiung.

PRÄSIDENT Gut! Gut! Ich verstehe.

WURM Sie liebt ihren Vater – bis zur Leidenschaft möcht ich sagen. Die Gefahr seines Lebens – seiner Freiheit zum mindesten – Die Vorwürfe ihres Gewissens den Anlaß dazu gegeben zu haben – Die Unmöglichkeit, den Major zu besitzen – endlich die Betäubung ihres Kopfs, die ich auf mich nehme – Es kann nicht fehlen – Sie muß in die Falle gehn.

PRÄSIDENT Aber mein Sohn? Wird der nicht auf der Stelle Wind davon haben? Wird er nicht wütender werden?

WURM Das lassen Sie meine Sorge sein, gnädiger Herr – Vater und Mutter werden nicht eher frei gelassen, bis die ganze Familie einen körperlichen Eid darauf abgelegt, den ganzen Vorgang geheim zu halten, und den Betrug zu bestätigen.

PRÄSIDENT Einen Eid? Was wird ein Eid fruchten, Dummkopf?

WURM Nichts bei uns gnädiger Herr. Bei dieser Menschenart alles – Und sehen Sie nun, wie schön wir beide auf diese Manier zum Ziel kommen werden – Das Mädchen verliert die Liebe des Majors, und den Ruf ihrer Tugend. Vater und Mutter ziehen gelindere Saiten auf, und durch und durch weich gemacht von Schicksalen dieser Art, erkennen sie's noch zuletzt für Erbarmung, wenn ich der Tochter durch meine Hand ihre Reputation wieder gebe.

PRÄSIDENT *lacht unter Kopfschütteln:* Ja! ich gebe mich dir überwunden, Schurke. Das Geweb ist satanisch fein: Der Schüler übertrifft seinen Meister – – Nun ist die Frage, an Wen das Billet muß gerichtet werden? Mit Wem wir sie in Verdacht bringen müssen?

WURM Notwendig mit jemand, der durch den Entschluß Ihres Sohnes alles gewinnen oder alles verlieren muß.

PRÄSIDENT *nach einigem Nachdenken:* Ich weiß nur den Hofmarschall.

WURM *zuckt die Achseln:* Mein Geschmack wär er nun freilich nicht, wenn ich Louise Millerin hieße.

PRÄSIDENT Und warum nicht? Wunderlich! Eine blendende Garderobe – eine Atmosphäre von Eau de mille fleurs und Bisam – auf jedes alberne Wort eine Handvoll Dukaten – und alles das sollte die Delikatesse einer bürgerlichen Dirne nicht endlich bestechen können? – O guter Freund. So skru-

pulös ist die Eifersucht nicht. Ich schicke zum Marschall.
klingelt

WURM Unterdessen, daß Ewr Exzellenz dieses, und die Ge-
fangennehmung des Geigers besorgen, werd ich hingehen,
und den bewußten Liebesbrief aufsetzen.

PRÄSIDENT *zum Schreibpult gehend:* Den er mir zum Durch-
lesen heraufbringt, sobald er zu Stand sein wird. *Wurm geht
ab. Der Präsident setzt sich zu schreiben; ein Kammerdiener
kommt; er steht auf, und gibt ihm ein Papier* Dieser Verhafts-
befehl muß ohne Aufschub in die Gerichte – ein andrer von
euch wird den Hofmarschall zu mir bitten.

KAMMERDIENER Der gnädige Herr sind so eben hier angefah-
ren.

PRÄSIDENT Noch besser – Aber die Anstalten sollen mit Vorsicht getroffen werden, sagt ihr, daß kein Aufstand erfolgt.

KAMMERDIENER Sehr wohl, Ihr' Exzellenz.

PRÄSIDENT Versteht ihr? Ganz in der Stille.

KAMMERDIENER Ganz gut, Ihr' Exzellenz. *ab*

ZWEITE SZENE

Der Präsident und der Hofmarschall.

HOFMARSCHALL *eilfertig:* Nur en passant mein Bester – Wie
leben Sie? Wie befinden Sie sich? – Heute Abend ist große
Opera Dido – das süperbeste Feuerwerk – eine ganze Stadt
brennt zusammen – Sie sehen sie doch auch brennen? Was?

PRÄSIDENT Ich habe Feuerwerks genug in meinem eigenen
Hause, das meine ganze Herrlichkeit in die Luft nimmt – Sie
kommen erwünscht, lieber Marschall, mir in einer Sache zu
raten, tätig zu helfen, die uns beide poussiert oder völlig zu
Grund richtet. Setzen Sie sich.

HOFMARSCHALL Machen Sie mir nicht Angst, mein Süßer.

PRÄSIDENT Wie gesagt – poussiert oder ganz zu Grund richtet. Sie wissen mein Projekt mit dem Major und der Lady. Sie begreifen auch, wie unentbehrlich es war, unser beider Glück zu fixieren. Es kann alles zusammenfallen Kalb. Mein Ferdinand will nicht.

HOFMARSCHALL Will nicht – will nicht – ich habs ja in der ganzen Stadt schon herumgesagt. Die Mariage ist ja in Jedermanns Munde.

PRÄSIDENT Sie können vor der ganzen Stadt als Windmacher da stehen. Er liebt eine andere.

HOFMARSCHALL Sie scherzen. Ist das auch wohl ein Hindernis?

PRÄSIDENT Bei dem Trotzkopf das unüberwindlichste.

HOFMARSCHALL Er sollte so wahnsinnig sein, und sein Fortune von sich stoßen? Was?

PRÄSIDENT Fragen Sie ihn das und hören Sie, was er antwortet.

HOFMARSCHALL Aber mon Dieu! Was kann er denn antworten?

PRÄSIDENT Daß er der ganzen Welt das Verbrechen entdekken wolle, wodurch wir gestiegen sind – daß er unsere falschen Briefe und Quittungen angeben – daß er uns beide an's Messer liefern wolle – Das kann er antworten.

HOFMARSCHALL Sind Sie von Sinnen?

PRÄSIDENT Das hat er geantwortet. Das war er schon Willens ins Werk zu richten – Davon hab ich ihn kaum noch durch meine höchste Erniedrigung abgebracht. Was wissen Sie hierauf zu sagen?

HOFMARSCHALL *mit einem Schafsgesicht:* Mein Verstand steht still.

PRÄSIDENT Das könnte noch hingehen. Aber zugleich hinterbringen mir meine Spionen, daß der Oberschenk von Bok auf dem Sprunge sei, um die Lady zu werben.

HOFMARSCHALL Sie machen mich rasend. Wer sagen Sie?
Von Bok sagen Sie? – Wissen Sie denn auch, daß wir Tod-
feinde zusammen sind? Wissen Sie auch, warum wir es sind?

PRÄSIDENT Das erste Wort, das ich höre.

HOFMARSCHALL Bester! Sie werden hören und aus der Haut
werden Sie fahren – Wenn Sie sich noch des Hofballs ent-
sinnen – – es geht jetzt ins ein und zwanzigste Jahr – wissen
Sie, worauf man den ersten Englischen tanzte, und dem
Grafen von Meerschaum das heiße Wachs von einem Kron-
leuchter auf den Domino tröpfelte – Ach Gott! das müssen
Sie freilich noch wissen!

PRÄSIDENT Wer könnte so was vergessen?

HOFMARSCHALL Sehen Sie! Da hatte Prinzessin Amalie in der
Hitze des Tanzes ein Strumpfband verloren. – Alles kommt,
wie begreiflich ist, in Alarm – von Bok und Ich – Wir waren
noch Kammerjunker – wir kriechen durch den ganzen Redou-
tensaal, das Strumpfband zu suchen – endlich erblick Ichs –
von Bok merkts – von Bok darauf zu – reißt es mir aus den
Händen – ich bitte Sie! – bringts der Prinzessin und schnappt
mir glücklich das Kompliment weg – Was denken Sie?

PRÄSIDENT Impertinent!

HOFMARSCHALL Schnappt mir das Kompliment weg – Ich
meine in Ohnmacht zu sinken. Eine solche Malice ist gar
nicht erlebt worden. – Endlich ermann ich mich, nähere
mich Ihrer Durchlaucht und spreche: Gnädigste Frau! von
Bok war so glücklich, Höchstdenenselben das Strumpfband
zu überreichen, aber wer das Strumpfband zuerst erblickte,
belohnt sich in der Stille und schweigt.

PRÄSIDENT Bravo Marschall! Bravissimo!

HOFMARSCHALL Und schweigt – Aber ich werds dem von Bok
bis zum jüngsten Gerichte noch nachtragen – der nieder-
trächtige kriechende Schmeichler! – und das war noch nicht
genug – Wie wir beide zugleich auf das Strumpfband zu

Boden fallen, wischt mir von Bok an der rechten Frisur allen
Puder weg, und ich bin ruiniert auf den ganzen Ball.

PRÄSIDENT Das ist der Mann, der die Milford heuraten, und
die erste Person am Hof werden wird.

HOFMARSCHALL Sie stoßen mir ein Messer ins Herz. Wird?
Wird? Warum wird er? Wo ist die Notwendigkeit?

PRÄSIDENT Weil mein Ferdinand nicht will, und sonst keiner
sich meldet.

HOFMARSCHALL Aber wissen Sie denn gar kein einziges Mittel, den Major zum Entschluß zu bringen? – – Seis auch
noch so bisarr! so verzweifelt! – Was in der Welt kann so
widrig sein, das uns jetzt nicht willkommen wäre, den ver-
haßten von Bok auszustechen?

PRÄSIDENT Ich weiß nur e i n e s, und das bei Ihnen steht.

HOFMARSCHALL Bei m i r steht? Und das ist?

PRÄSIDENT Den Major mit seiner Geliebten zu entzweien.

HOFMARSCHALL Zu entzweien? Wie meinen Sie das? – und
wie mach ich das?

PRÄSIDENT Alles ist gewonnen, sobald wir ihm das Mädchen
verdächtig machen.

HOFMARSCHALL Daß sie s t e h l e, meinen Sie?

PRÄSIDENT Ach Nein doch! Wie glaubte er das? – daß sie es
noch mit einem andern habe.

HOFMARSCHALL Dieser andre?

PRÄSIDENT Müßten S i e sein, Baron.

HOFMARSCHALL Ich sein? Ich? – Ist sie von Adel?

PRÄSIDENT Wozu das? Welcher Einfall! – eines Musikanten
Tochter.

HOFMARSCHALL Bürgerlich also? Das wird nicht angehen.
Was?

PRÄSIDENT Was wird nicht angehen? Narrensposen! Wem
unter der Sonne wird es einfallen, ein paar runde Wangen
nach dem Stammbaum zu fragen?

HOFMARSCHALL Aber bedenken Sie doch, ein Ehmann! Und meine Reputation bei Hofe!

PRÄSIDENT Das ist was anders. Verzeihen Sie. Ich hab das noch nicht gewußt, daß Ihnen der Mann von unbescholtenen Sitten mehr ist als der von Einfluß. Wollen wir abbrechen?

HOFMARSCHALL Seien Sie klug Baron. Es war ja nicht so verstanden.

PRÄSIDENT *frostig:* Nein – nein! Sie haben vollkommen recht. Ich bin es auch müde. Ich lasse den Karren stehen. Dem von Bok wünsch ich Glück zum Premierminister. Die Welt ist noch anderswo. Ich fodre meine Entlassung vom Herzog.

HOFMARSCHALL Und Ich: – Sie haben gut schwatzen, Sie! Sie sind ein Stuttierter! Aber Ich: – Mon Dieu! Was bin dann ich, wenn mich Seine Durchleucht entlassen?

PRÄSIDENT Ein Bonmot von Vorgestern. Die Mode vom vorigen Jahr.

HOFMARSCHALL Ich beschwöre Sie, Teurer, Goldner! – Erstikken Sie diesen Gedanken! Ich will mir ja alles gefallen lassen.

PRÄSIDENT Wollen Sie ihren Namen zu einem Rendezvous hergeben, den Ihnen diese Millerin schriftlich vorschlagen soll?

HOFMARSCHALL Im Namen Gottes! Ich will ihn hergeben.

PRÄSIDENT Und den Brief irgend wo herausfallen lassen, wo er dem Major zu Gesicht kommen muß.

HOFMARSCHALL Zum Exempel auf der Parade will ich ihn als von Ohngefehr, mit dem Schnupftuch herausschleudern?

PRÄSIDENT Und die Rolle ihres Liebhabers gegen den Major behaupten?

HOFMARSCHALL Mort de ma vie! Ich will ihn schon waschen! Ich will dem Naseweis den Appetit nach meinen Amouren verleiden.

PRÄSIDENT Nun gehts nach Wunsch. Der Brief muß noch

heute geschrieben sein. Sie müssen vor Abend noch her
kommen, ihn abzuholen, und ihre Rolle mit mir zu berich-
tigen.

HOFMARSCHALL Sobald ich sechszehn Visiten werde gegeben
haben, die von allerhöchster Importance sind. Verzeihen Sie
also, wenn ich mich ohne Aufschub beurlaube *geht*

PRÄSIDENT *klingelt:* Ich zähle auf Ihre Verschlagenheit, Marschall.

HOFMARSCHALL *ruft zurück:* Ah mon Dieu! Sie kennen mich
ja.

DRITTE SZENE

Der Präsident und Wurm.

WURM Der Geiger und seine Frau sind glücklich und ohne
alles Geräusch in Verhaft gebracht. Wollen Ewr. Exzellenz
jetzt den Brief überlesen?

PRÄSIDENT *nachdem er gelesen:* Herrlich! Herrlich Sekretair!
Auch der Marschall hat angebissen! Ein Gift, wie das müßte
die Gesundheit selbst in eiternden Aussatz verwandeln –
Nun gleich mit den Vorschlägen zum Vater, und dann warm
zu der Tochter.

Gehen ab zu verschiedenen Seiten.

Zimmer in Millers Wohnung.

VIERTE SZENE

Louise und Ferdinand.

LOUISE Ich bitte dich, höre auf. Ich glaube an keine glückliche
Tage mehr. Alle meine Hoffnungen sind gesunken.

FERDINAND So sind die meinigen gestiegen. Mein Vater ist

aufgereizt. Mein Vater wird alle Geschütze gegen uns richten. Er wird mich zwingen, den unmenschlichen Sohn zu machen. Ich stehe nicht mehr für meine kindliche Pflicht. Wut und Verzweiflung werden mir das schwarze Geheimnis seiner Mordtat erpressen. Der Sohn wird den Vater in die Hände des Henkers liefern – Es ist die höchste Gefahr – – und die höchste Gefahr mußte da sein, wenn meine Liebe den Riesensprung wagen sollte. – – Höre Louise – ein Gedanke, groß und vermessen wie meine Leidenschaft drängt sich vor meine Seele – Du Louise und ich und die Liebe! – Liegt nicht in diesem Zirkel der ganze Himmel? oder brauchst du noch etwas Viertes dazu?

LOUISE Brich ab. Nichts mehr. Ich erblasse über das, was du sagen willst.

FERDINAND Haben wir an die Welt keine Foderung mehr, warum denn ihren Beifall erbetteln? Warum wagen, wo nichts gewonnen wird und alles verloren werden kann? – Wird dieses Aug nicht eben so schmelzend funkeln, ob es im Rhein oder in der Elbe sich spiegelt oder im baltischen Meer? Mein Vaterland ist, wo mich Louise liebt. Deine Fußtapfe in wilden sandigten Wüsten mir interessanter, als das Münster in meiner Heimat – Werden wir die Pracht der Städte vermissen? Wo wir sein mögen, Louise, geht eine Sonne auf, eine unter – Schauspiele, neben welchen der üppigste Schwung der Künste verblaßt. Werden wir Gott in keinem Tempel mehr dienen, so ziehet die Nacht mit begeisternden Schauern auf, der wechselnde Mond predigt uns Buße, und eine andächtige Kirche von Sternen betet mit uns. Werden wir uns in Gesprächen der Liebe erschöpfen? – Ein Lächeln meiner Louise ist Stoff für Jahrhunderte, und der Traum des Lebens ist aus, bis ich diese Träne ergründe.

LOUISE Und hättest du sonst keine Pflicht mehr, als deine Liebe?

FERDINAND *sie umarmend:* Deine Ruhe ist meine heiligste.

LOUISE *sehr ernsthaft:* So schweig und verlaß mich – Ich habe einen Vater, der kein Vermögen hat, als diese einzige Tochter – der morgen sechzig alt wird – der der Rache des Präsidenten gewiß ist. –

FERDINAND *fällt rasch ein:* Der uns begleiten wird. Darum keinen Einwurf mehr, Liebe. Ich gehe, mache meine Kostbarkeiten zu Geld, erhebe Summen auf meinen Vater. Es ist erlaubt einen Räuber zu plündern, und sind seine Schätze nicht Blutgeld des Vaterlands? – Schlag ein Uhr um Mitternacht wird ein Wagen hier anfahren. Ihr werft euch hinein. Wir fliehen.

LOUISE Und der Fluch deines Vaters uns nach? – ein Fluch Unbesonnener, den auch Mörder nie ohne Erhörung aussprechen, den die Rache des Himmels auch dem Dieb auf dem Rade hält, der uns Flüchtlinge, unbarmherzig, wie ein Gespenst, von Meer zu Meer jagen würde? – Nein mein Geliebter! Wenn nur ein Frevel dich mir erhalten kann, so hab ich noch Stärke, dich zu verlieren.

FERDINAND *steht still und murmelt düster:* Wirklich?

LOUISE Verlieren! – O ohne Grenzen entsetzlich ist der Gedanke – Gräßlich genug, den unsterblichen Geist zu durchbohren, und die glühende Wange der Freude zu bleichen – Ferdinand! dich zu verlieren! Doch! Man verliert ja nur, was man besessen hat, und dein Herz gehört deinem Stande – Mein Anspruch war Kirchenraub, und schauernd geb ich ihn auf.

FERDINAND *das Gesicht verzerrt, und an der Unterlippe nagend:* Gibst du ihn auf.

LOUISE Nein! Sieh mich an lieber Walter. Nicht so bitter die Zähne geknirscht. Komm! Laß mich jetzt deinen sterbenden Mut durch mein Beispiel beleben. Laß mich die Heldin dieses Augenblicks sein – einem Vater den entflohenen

Sohn wieder schenken – einem Bündnis entsagen, das die Fugen der Bürgerwelt auseinander treiben, und die allgemeine ewige Ordnung zu Grund stürzen würde – Ich bin die Verbrecherin – mit frechen törigten Wünschen hat sich mein Busen getragen – mein Unglück ist meine Strafe, so laß mir doch jetzt die süße schmeichelnde Täuschung, daß es mein Opfer war – Wirst du mir diese Wollust mißgönnen?

FERDINAND *hat in der Zerstreuung und Wut eine Violine ergriffen, und auf derselben zu spielen versucht – Jetzt zerreißt er die Saiten, zerschmettert das Instrument auf dem Boden, und bricht in ein lautes Gelächter aus.*

LOUISE Walter! Gott im Himmel! Was soll das? – Ermanne dich. Fassung verlangt diese Stunde – es ist eine trennende. Du hast ein Herz, lieber Walter. Ich kenne es. Warm wie das Leben ist deine Liebe, und ohne Schranken, wie's Unermeßliche – Schenke sie einer Edeln und Würdigern – sie wird die glücklichsten ihres Geschlechts nicht beneiden – – *Tränen unterdrückend* mich sollst du nicht mehr sehn – Das eitle betrogene Mädchen verweine seinen Gram in einsamen Mauren, um seine Tränen wird sich niemand bekümmern – Leer und erstorben ist meine Zukunft – Doch werd ich noch je und je am verwelkten Strauß der Vergangenheit riechen *indem sie ihm mit abgewandten Gesicht ihre zitternde Hand gibt* Leben Sie wohl Herr von Walter.

FERDINAND *springt aus seiner Betäubung auf:* Ich entfliehe, Louise. Wirst du mir wirklich nicht folgen?

LOUISE *hat sich im Hintergrund des Zimmers niedergesetzt, und hält das Gesicht mit beiden Händen bedeckt:* Meine Pflicht heißt mich bleiben und dulden.

FERDINAND Schlange, du lügst. Dich fesselt was anders hier.

LOUISE *im Ton des tiefsten inwendigen Leidens:* Bleiben Sie bei dieser Vermutung – sie macht vielleicht weniger elend.

FERDINAND Kalte Pflicht gegen feurige Liebe! – Und mich
soll das Märchen blenden? – Ein Liebhaber fesselt dich, und
Weh über dich und ihn, wenn mein Verdacht sich bestätigt
geht schnell ab.

FÜNFTE SZENE

LOUISE *allein.*
Sie bleibt noch eine Zeit lang ohne Bewegung und stumm in dem
Sessel liegen, endlich steht sie auf, kommt vorwärts, und sieht
furchtsam herum:
Wo meine Eltern bleiben? – Mein Vater versprach in weni-
gen Minuten zurück zu sein, und schon sind fünf volle
fürchterliche Stunden vorüber – Wenn ihm ein Unfall –
Wie wird mir? – Warum geht mein Odem so ängstlich?
Jetzt tritt Wurm in das Zimmer, und bleibt im Hintergrund
stehen, ohne von ihr bemerkt zu werden
Es ist nichts wirkliches – Es ist nichts als das schaudernde
Gaukelspiel des erhitzten Geblüts – Hat unsre Seele nur
einmal Entsetzen genug in sich getrunken, so wird das
Aug in jedem Winkel Gespenster sehn.

SECHSTE SZENE

Louise und Sekretair Wurm.
WURM *kommt näher:* Guten Abend Jungfer.
LOUISE Gott! Wer spricht da? *sie dreht sich um, wird den Se-*
kretair gewahr, und tritt erschrocken zurück Schrecklich!
Schrecklich! Meiner ängstlichen Ahndung eilt schon die un-
glückseligste Erfüllung nach! *zum Sekretair mit einem Blick*
voll Verachtung Suchen Sie etwa den Präsidenten? Er ist nicht
mehr da.

WURM Jungfer, ich suche Sie.

LOUISE So muß ich mich wundern, daß Sie nicht nach dem Marktplatz gingen.

WURM Warum eben dahin?

LOUISE Ihre Braut von der Schandbühne abzuholen.

WURM Mamsell Millerin, Sie haben einen falschen Verdacht –

LOUISE *unterdrückt eine Antwort:* Was steht Ihnen zu Diensten?

WURM Ich komme, geschickt von Ihrem Vater.

LOUISE *bestürzt:* Von meinem Vater? – Wo ist mein Vater?

WURM Wo er nicht gern ist.

LOUISE Um Gotteswillen! Geschwind! Mich befällt eine üble Ahndung – Wo ist mein Vater?

WURM Im Turm, wenn Sie es ja wissen wollen.

LOUISE *mit einem Blick zum Himmel:* Das noch! das auch noch! – – Im Turm? Und warum im Turm?

WURM Auf Befehl des Herzogs.

LOUISE Des Herzogs?

WURM Der die Verletzung der Majestät in der Person seines Stellvertreters –

LOUISE Was? Was? O ewige Allmacht!

WURM Auffallend zu ahnden beschlossen hat.

LOUISE Das war noch übrig! Das! – freilich, freilich, mein Herz hatte noch außer dem Major etwas teures – Das durfte nicht übergangen werden – Verletzung der Majestät – Himmlische Vorsicht! Rette, o rette meinen sinkenden Glauben! – und Ferdinand?

WURM Wählt Lady Milford oder Fluch und Enterbung.

LOUISE Entsetzliche Freiheit! – und doch – doch ist er glücklicher. Er hat keinen Vater zu verlieren. Zwar keinen haben ist Verdammnis genug! – Mein Vater auf Verletzung der Majestät – mein Geliebter die Lady oder Fluch und Enterbung – Wahrlich bewundernswert! Eine vollkommene Bü-

berei ist auch eine Vollkommenheit – Vollkommenheit?
Nein! dazu fehlte noch etwas – – Wo ist meine Mutter?

WURM Im Spinnhaus.

LOUISE *mit schmerzvollem Lächeln:* Jetzt ist es völlig! – völlig,
und jetzt wär ich ja f r e i – Abgeschält von allen Pflichten –
und Tränen – und Freuden. Abgeschält von der Vorsicht. Ich
brauch sie ja nicht mehr – *schreckliches Stillschweigen* Haben
Sie vielleicht noch eine Zeitung? Reden Sie immerhin. Jetzt
kann ich alles hören.

WURM Was g e s c h e h e n ist, wissen Sie.

LOUISE Also nicht, was noch k o m m e n wird? *wiederum Pause, worin sie den Sekretair von oben bis unten ansieht* Armer
Mensch! Du treibst ein trauriges Handwerk, wobei du ohnmöglich selig werden kannst. Unglückliche m a c h e n ist
schon schrecklich genug, aber g r ä ß l i c h ists, es ihnen v e r -
k ü n d i g e n – Ihn vorzusingen den Eulengesang, dabei zu
stehn, wenn das blutende Herz am eisernen Schaft der N o t -
w e n d i g k e i t zittert, und Christen an Gott zweifeln. – Der
Himmel bewahre mich! und würde dir jeder Angsttropfe,
den du fallen siehst, mit einer Tonne Golds aufgewogen –
ich möchte nicht D u sein – – Was kann noch geschehen?

WURM Ich weiß nicht.

LOUISE Sie w o l l e n nicht wissen? – Diese lichtscheue Bot-
schaft fürchtet das Geräusch der Worte, aber in der Grab-
stille Ihres Gesichts zeigt sich mir das Gespenst – Was ist
noch übrig – Sie sagten vorhin, der Herzog wolle es a u f -
f a l l e n d ahnden? Was nennen Sie auffallend?

WURM Fragen Sie nichts mehr.

LOUISE Höre Mensch! Du gingst beim Henker zur Schule.
Wie verstündest du sonst, das Eisen erst langsam-bedächt-
lich an den knirschenden Gelenken hinaufzuführen, und das
zuckende Herz mit dem Streich der Erbarmung zu necken? –
Welches Schicksal wartet auf meinen Vater? – Es ist Tod in

dem, was du lachend sagst, wie mag das aussehen, was du an dich hältst? Sprich es aus. Laß mich sie auf einmal haben die ganze zermalmende Ladung. Was wartet auf meinen Vater?

WURM Ein Kriminalprozeß.

LOUISE Was ist aber das? – Ich bin ein unwissendes unschuldiges Ding, verstehe mich wenig auf eure fürchterliche lateinische Wörter. Was heißt Kriminalprozeß?

WURM Gericht um Leben und Tod.

LOUISE *standhaft:* So dank ich Ihnen! *sie eilt schnell in ein Seitenzimmer*

WURM *steht betroffen da:* Wo will das hinaus? Sollte die Närrin etwa? – Teufel! sie wird doch nicht – Ich eile nach – ich muß für ihr Leben bürgen *im Begriff, ihr zu folgen*

LOUISE *kommt zurück, einen Mantel umgeworfen:* Verzeihen Sie, Sekretair. Ich schließe das Zimmer.

WURM Und wohin denn so eilig?

LOUISE Zum Herzog *will fort*

WURM Was? Wo hin? *er hält sie erschrocken zurück*

LOUISE Zum Herzog. Hören Sie nicht? Zu eben dem Herzog, der meinen Vater auf Tod und Leben will richten lassen – Nein! Nicht will – muß richten lassen, weil einige Böswichter wollen; der zu dem ganzen Prozeß der beleidigten Majestät nichts hergibt, als eine Majestät und seine fürstliche Handschrift.

WURM *lacht überlaut:* Zum Herzog!

LOUISE Ich weiß, worüber Sie lachen – aber ich will ja auch kein Erbarmen dort finden – Gott bewahre mich! nur Ekel – Ekel nur an meinem Geschrei. Man hat mir gesagt, daß die Großen der Welt noch nicht belehrt sind, was Elend ist – nicht wollen belehrt sein. Ich will ihm sagen was Elend ist – will es ihm vormalen in allen Verzerrungen des Todes, was Elend ist – will es ihm vorheulen in Mark und Bein zer-

malmenden Tönen, was Elend ist – und wenn ihm jetzt über
der Beschreibung die Haare zu Berge fliegen, will ich ihm
noch zum Schluß in die Ohren schrein, daß in der Sterbe-
stunde auch die Lungen der Erdengötter zu röcheln anfangen, und das jüngste Gericht Majestäten und Bettler in dem
nämlichen Siebe rüttle. *sie will gehen*

WURM *boshaft freundlich:* Gehen Sie, o gehen Sie ja. Sie können wahrlich nichts klügeres tun. Ich rate es Ihnen, gehen
Sie, und ich gebe Ihnen mein Wort, daß der Herzog willfahren wird.

LOUISE *steht plötzlich still:* Wie sagen Sie? – Sie raten mir
selbst dazu? *kommt schnell zurück* Hm! Was will ich denn?
Etwas abscheuliches muß es sein, weil dieser Mensch dazu
ratet – Woher wissen Sie, daß der Fürst mir willfahren wird?

WURM Weil er es nicht wird umsonst tun dürfen.

LOUISE Nicht umsonst? Welchen Preis kann er auf eine
Menschlichkeit setzen?

WURM Die schöne Supplikantin ist Preises genug.

LOUISE *bleibt erstarrt stehn, dann mit brechendem Laut:* All-
gerechter!

WURM Und einen Vater werden Sie doch, will ich hoffen,
um diese gnädige Taxe nicht überfodert finden?

LOUISE *auf und ab, außer Fassung:* Ja! Ja! Es ist wahr. Sie sind
verschanzt eure Großen – verschanzt vor der Wahrheit hinter
ihre eigene Laster, wie hinter Schwerter der Cherubim –
Helfe dir der Allmächtige, Vater. Deine Tochter kann für
dich sterben, aber nicht sündigen.

WURM Das mag ihm wohl eine Neuigkeit sein dem armen
verlassenen Mann – »Meine Louise« sagte er mir »hat mich
zu Boden geworfen. Meine Louise wird mich auch aufrichten« – Ich eile Mamsell, ihm die Antwort zu bringen. *stellt
sich als ob er ginge*

LOUISE *eilt ihm nach, hält ihn zurück:* Bleiben Sie! Bleiben

Sie! Geduld! – Wie flink dieser Satan ist, wenn es gilt, Menschen rasend zu machen! – Ich hab ihn niedergeworfen. Ich muß ihn aufrichten. Reden Sie. Raten Sie! Was kann ich? Was muß ich tun?

WURM Es ist nur ein Mittel.

LOUISE Dieses einzige Mittel?

WURM Auch Ihr Vater wünscht –

LOUISE Auch mein Vater? – Was ist das für ein Mittel?

WURM Es ist Ihnen leicht.

LOUISE Ich kenne nichts schwerers als die Schande.

WURM Wenn Sie den Major wieder frei machen wollen?

LOUISE Von seiner Liebe? Spotten Sie meiner? – Das meiner Willkür zu überlassen, wozu ich gezwungen ward?

WURM So ist es nicht gemeint, liebe Jungfer. Der Major muß zuerst und freiwillig zurücktreten.

LOUISE Er wird nicht.

WURM So scheint es. Würde man denn wohl seine Zuflucht zu Ihnen nehmen, wenn nicht Sie allein dazu helfen könnten?

LOUISE Kann ich ihn zwingen, daß er mich hassen muß?

WURM Wir wollen versuchen. Setzen Sie sich.

LOUISE *betreten:* Mensch! Was brütest du?

WURM Setzen Sie sich. Schreiben Sie! Hier ist Feder, Papier und Dinte.

LOUISE *setzt sich in höchster Beunruhigung:* Was soll ich schreiben? An wen soll ich schreiben?

WURM An den Henker Ihres Vaters.

LOUISE Ha! du verstehst dich darauf, Seelen auf die Folter zu schrauben *ergreift eine Feder*

WURM *diktiert:* »Gnädiger Herr« –

LOUISE *schreibt mit zitternder Hand*

WURM »Schon drei unerträgliche Tage sind vorüber – – sind vorüber – und wir sahen uns nicht«

LOUISE *stutzt, legt die Feder weg:* An wen ist der Brief?

WURM An den Henker Ihres Vaters.

LOUISE O mein Gott!

WURM »Halten Sie sich deswegen an den Major – an den Major – der mich den ganzen Tag wie ein Argus hütet«

LOUISE *springt auf:* Büberei, wie noch keine erhört worden! An wen ist der Brief?

WURM An den Henker Ihres Vaters.

LOUISE *die Hände ringend auf und nieder:* Nein! Nein! Nein! Das ist tyrannisch o Himmel! Strafe Menschen menschlich, wenn sie dich reizen, aber warum mich zwischen zwei Schröcknisse pressen? Warum zwischen Tod und Schande mich hin und her wiegen? Warum diesen blutsaugenden Teufel mir auf den Nacken setzen? – Macht was ihr wollt. Ich schreibe das nimmermehr.

WURM *greift nach dem Hut:* Wie Sie wollen, Mademoiselle. Das steht ganz in Ihrem Belieben.

LOUISE Belieben, sagen Sie? In meinem Belieben? – Geh Barbar! hänge einen Unglücklichen über dem Abgrund der Hölle aus, bitt ihn um etwas, und lästre Gott, und frag ihn, obs ihm beliebe? – O du weißt allzugut, daß unser Herz an natürlichen Trieben, so fest als an Ketten liegt – Nunmehr ist alles gleich. Diktieren Sie weiter. Ich denke nichts mehr. Ich weiche der überlistenden Hölle *sie setzt sich zum zweitenmal*

WURM »Den ganzen Tag wie ein Argus hütet« – Haben Sie das?

LOUISE Weiter! Weiter!

WURM »Wir haben gestern den Präsidenten im Haus gehabt. Es war possierlich zu sehen, wie der gute Major um meine Ehre sich wehrte«

LOUISE O schön, schön! o herrlich! – Nur immer fort.

WURM »Ich nahm meine Zuflucht zu einer Ohnmacht – zu einer Ohnmacht – daß ich nicht laut lachte«

LOUISE O Himmel!

WURM »Aber bald wird mir meine Maske unerträglich – unerträglich – Wenn ich nur loskommen könnte –«

LOUISE *hält inne, steht auf, geht auf und nieder, den Kopf gesenkt, als suchte sie was auf dem Boden; dann setzt sie sich wiederum, schreibt weiter:* »Loskommen könnte«

WURM »Morgen hat er den Dienst – Passen Sie ab, wenn er von mir geht, und kommen an den bewußten Ort« – Haben Sie bewußten?

LOUISE Ich habe alles.

WURM »An den bewußten Ort zu Ihrer zärtlichen . . . . . Louise«

LOUISE Nun fehlt die Adresse noch.

WURM »An Herrn Hofmarschall von Kalb«

LOUISE Ewige Vorsicht! ein Name, so fremd meinen Ohren, als meinem Herzen diese schändlichen Zeilen *sie steht auf, und betrachtet eine große Pause lang mit starrem Blick das Geschriebene, endlich reicht sie es dem Sekretair, mit erschöpfter hinsterbender Stimme* Nehmen Sie mein Herr. Es ist mein ehrlicher Name – es ist Ferdinand – ist die ganze Wonne meines Lebens, was ich jetzt in Ihre Hände gebe – Ich bin eine Bettlerin!

WURM O Nein doch! Verzagen Sie nicht, liebe Mademoiselle. Ich habe herzliches Mitleid mit Ihnen. Vielleicht – wer weiß? – Ich könnte mich noch wohl über gewisse Dinge hinwegsetzen – Wahrlich! Bei Gott! Ich habe Mitleid mit Ihnen.

LOUISE *blickt ihn starr und durchdringend an:* Reden Sie nicht aus mein Herr. Sie sind auf dem Wege sich etwas Entsetzliches zu wünschen.

WURM *im Begriff ihre Hand zu küssen:* Gesetzt, es wäre diese niedliche Hand – Wie so liebe Jungfer?

LOUISE *groß und schrecklich:* Weil ich dich in der Brautnacht erdrosselte, und mich dann mit Wollust aufs Rad flechten ließe *sie will gehen, kommt aber schnell zurück* Sind wir jetzt fertig mein Herr? Darf die Taube nun fliegen?

WURM Nur noch die Kleinigkeit Jungfer. Sie müssen mit mir, und das Sakrament darauf nehmen, diesen Brief für einen freiwilligen zu erkennen.

LOUISE Gott! Gott! und du selbst mußt das Siegel geben, die Werke der Hölle zu verwahren?

Wurm zieht sie fort.

VIERTER AKT

Saal beim Präsidenten.

ERSTE SZENE

Ferdinand von Walter einen offenen Brief in der Hand, kommt stürmisch durch eine Türe, durch eine andre ein Kammerdiener.

FERDINAND   War kein Marschall da?

KAMMERDIENER   Herr Major, der Herr Präsident fragen nach Ihnen.

FERDINAND   Alle Donner! Ich frag, war kein Marschall da?

KAMMERDIENER   Der gnädige Herr sitzen oben am Pharotisch.

FERDINAND   Der gnädige Herr soll im Namen der ganzen Hölle daher kommen. *Kammerdiener geht*

ZWEITE SZENE

FERDINAND *allein.*
den Brief durchfliegend, bald erstarrend, bald wütend herumstürzend:

Es ist nicht möglich. Nicht möglich. Diese himmlische Hülle versteckt kein so teuflisches Herz – – Und doch! doch! Wenn alle Engel herunter stiegen, für ihre Unschuld bürgten – wenn Himmel und Erde, wenn Schöpfung und Schöpfer zusammen träten, für ihre Unschuld bürgten – Es ist ihre H a n d – ein unerhörter ungeheurer Betrug, wie die Menschheit noch keinen erlebte! – D a s also wars, warum man sich so beharrlich der Flucht widersetzte! – D a r u m – o

Gott! jetzt erwach ich, jetzt enthüllt sich mir alles! – Darum gab man seinen Anspruch auf meine Liebe mit so viel Heldenmut auf, und bald bald hätte selbst mich die himmlische Schminke betrogen!

er stürzt rascher durchs Zimmer, dann steht er wieder nachdenkend still

Mich so ganz zu ergründen! – Jedes kühne Gefühl, jede leise schüchterne Bebung zu erwidern, jede feurige Wallung – An der feinsten Unbeschreiblichkeit eines schwebenden Lauts meine Seele zu fassen – Mich zu berechnen in einer Träne – Auf jeden gähen Gipfel der Leidenschaft mich zu begleiten, mir zu begegnen vor jedem schwindelnden Absturz – Gott! Gott! und alles das nichts als Grimasse: – Grimasse? – O wenn die Lüge eine so haltbare Farbe hat, wie ging es zu, daß sich kein Teufel noch in das Himmelreich hineinlog?

Da ich ihr die Gefahr unsrer Liebe entdeckte, mit welch überzeugender Täuschung erblaßte die Falsche da! Mit welch siegender Würde schlug sie den frechen Hohn meines Vaters zu Boden, und in eben dem Augenblick fühlte das Weib sich doch schuldig – Was? hielt sie nicht selbst die Feuerprobe der Wahrheit aus – die Heuchlerin sinkt in Ohnmacht. Welche Sprache wirst du jetzt führen, Empfindung? Auch Koketten sinken in Ohnmacht. Womit wirst Du dich rechtfertigen Unschuld – Auch Metzen sinken in Ohnmacht.

Sie weiß, was sie aus mir gemacht hat. Sie hat meine ganze Seele gesehn. Mein Herz trat beim Erröten des ersten Kusses sichtbar in meine Augen – und sie empfand nichts? Empfand vielleicht nur den Triumph ihrer Kunst? – Da mein glücklicher Wahnsinn den ganzen Himmel in ihr zu umspannen wähnte? Meine wildesten Wünsche schwiegen? Vor meinem Gemüt stand kein Gedanke als die Ewigkeit und das Mädchen – Gott! da empfand sie nichts? Fühlte nichts, als ihren Anschlag gelungen? Nichts, als ihre Reize geschmeichelt? Tod und Rache! Nichts, als daß ich betrogen sei?

DRITTE SZENE

Der Hofmarschall und Ferdinand.

HOFMARSCHALL *ins Zimmer trippelnd:* Sie haben den Wunsch blicken lassen, mein Bester –

FERDINAND *vor sich hinmurmelnd:* Einem Schurken den Hals zu brechen. *laut* Marschall, dieser Brief muß Ihnen bei der Parade aus der Tasche gefallen sein – und i c h *mit boshaftem Lachen* war zum Glück noch der Finder.

HOFMARSCHALL Sie?

FERDINAND Durch den lustigsten Zufall. Machen Sie's mit der Allmacht aus.

HOFMARSCHALL Sie sehen, wie ich erschrecke, Baron.

FERDINAND Lesen Sie! Lesen Sie! *von ihm weggehend* Bin ich auch schon zum Liebhaber zu schlecht, vielleicht laß ich mich desto besser als Kuppler an. *während daß jener liest, tritt er zur Wand und nimmt zwei Pistolen herunter.*

HOFMARSCHALL *wirft den Brief auf den Tisch und will sich davon machen:* Verflucht!

FERDINAND *führt ihn am Arm zurück:* Geduld, lieber Marschall. Die Zeitungen dünken mich angenehm. Ich will meinen Finderlohn haben. *hier zeigt er ihm die Pistolen.*

HOFMARSCHALL *tritt bestürzt zurück:* Sie werden vernünftig sein, Bester.

FERDINAND *mit starker schrecklicher Stimme:* Mehr als zuviel um einen Schelmen, wie Du bist, in jene Welt zu schicken! *er dringt ihm die eine Pistole auf, zugleich zieht er sein Schnupftuch* Nehmen Sie! dieses Schnupftuch da fassen Sie! – Ich habs von der Buhlerin.

HOFMARSCHALL Über dem Schnupftuch? Rasen Sie? Wohin denken Sie?

FERDINAND Faß dieses End' an sag ich. Sonst wirst du ja fehl schießen Memme! – Wie sie zittert die Memme! Du solltest Gott danken, Memme, daß du zum erstenmal etwas in deinen Hirnkasten kriegst. *Hofmarschall macht sich auf die Beine* Sachte! Dafür wird gebeten sein. *er überholt ihn, und riegelt die Türe.*

HOFMARSCHALL Auf dem Zimmer, Baron?

FERDINAND Als ob sich mit Dir ein Gang vor den Wall verlohnte? – Schatz, so knallts desto lauter, und das ist ja doch wohl das e r s t e Geräusch, das Du in der Welt machst – Schlag an!

HOFMARSCHALL *wischt sich die Stirn:* Und Sie wollen Ihr kostbares Leben so aussetzen, junger hoffnungsvoller Mann?

FERDINAND Schlag an, sag ich. Ich habe nichts mehr in dieser Welt zu tun.

HOFMARSCHALL Aber i c h desto mehr, mein Allervortrefflichster.

FERDINAND D u Bursche? Was D u? – Der Notnagel zu sein, wo die M e n s c h e n sich rar machen? In e i n e m Augenblick siebenmal kurz und siebenmal lang zu werden, wie der Schmetterling an der Nadel? Ein Register zu führen über die Stuhlgänge deines Herrn, und der Mietgaul seines Witzes zu sein? Eben so gut. Ich führe dich, wie irgend ein seltenes Murmeltier mit mir. Wie ein zahmer Affe sollst du zum Geheul der Verdammten tanzen, apportieren und aufwarten, und mit deinen höfischen Künsten die ewige Verzweiflung belustigen.

HOFMARSCHALL Was Sie befehlen, Herr, wie Sie belieben – Nur die Pistolen weg!

FERDINAND Wie er da steht der Schmerzenssohn! – Da steht, dem sechsten Schöpfungstag zum Schimpfe! Als wenn ihn

ein Tübinger Buchhändler dem Allmächtigen nachgedruckt
hätte! – Schade nur, ewig Schande für die Unze Gehirn, die
so schlecht in diesem undankbaren Schädel wuchert. Diese
einzige Unze hätte dem Pavian noch vollends zum Menschen geholfen, da sie jetzt nur einen Bruch von Vernunft
macht – Und mit diesem ihr Herz zu teilen? – Ungeheuer!
Unverantwortlich! – Einem Kerl, mehr gemacht, von Sünden zu entwöhnen, als dazu anzureizen.

HOFMARSCHALL O! Gott sei ewig Dank! Er wird witzig.

FERDINAND Ich will ihn gelten lassen. Die Toleranz, die der
Raupe schont, soll auch diesem zu gute kommen. Man begegnet ihm, zuckt etwa die Achsel, bewundert vielleicht
noch die kluge Wirtschaft des Himmels, der auch mit Trä-
bern und Bodensatz noch Kreaturen speist; der dem Raben
am Hochgericht, und einem Höfling im Schlamme der Majestäten den Tisch deckt – Zuletzt erstaunt man noch über
die große Polizei der Vorsicht, die auch in der Geisterwelt
ihre Blindschleichen und Tarandeln zur Ausfuhr des Gifts
besoldet. – Aber *indem seine Wut sich erneuert* an meine
Blume soll mir das Ungeziefer nicht kriechen, oder ich will
es *den Marschall fassend und unsanft herumschüttelnd* so und
so und wieder so durcheinander quetschen.

HOFMARSCHALL *für sich hinseufzend:* O mein Gott! Wer hier
weg wäre! Hundert Meilen von hier im Biçetre zu Paris! nur
bei diesem nicht!

FERDINAND Bube! Wenn sie nicht r e i n mehr ist? Bube! Wenn
du g e n o s s e s t, wo ich a n b e t e t e: *wütender* S c h w e l g t e s t,
wo ich einen G o t t mich fühlte? *plötzlich schweigt er, darauf
fürchterlich* Dir wäre besser, Bube, du flöhest der Hölle zu,
als daß dir mein Zorn im Himmel begegnete! – Wie weit
kamst du mit dem Mädchen? Bekenne!

HOFMARSCHALL Lassen Sie mich los. Ich will alles verraten.

FERDINAND O! es muß reizender sein mit diesem Mädchen

zu b u h l e n, als mit andern noch so himmlisch zu s c h w ä r -
m e n — Wollte sie ausschweifen, wollte sie, sie könnte den
Wert der S e e l e herunter bringen, und die Tugend mit der
Wollust verfälschen. *dem Marschall die Pistole auf's Herz
drückend* Wie weit kamst du mit ihr? Ich drücke ab, oder
bekenne!

HOFMARSCHALL Es ist nichts — ist ja alles nichts. Haben Sie
nur eine Minute Geduld. Sie sind ja betrogen.

FERDINAND Und daran mahnst du mich Bösewicht? — Wie
weit kamst du mit ihr? Du bist des Todes, oder bekenne!

HOFMARSCHALL Mon Dieu! Mein Gott! Ich spreche ja — So
hören Sie doch nur — Ihr Vater — Ihr eigener leiblicher Vater —

FERDINAND *grimmiger:* Hat seine Tochter an Dich verkup-
pelt? Und wie weit kamst du mit ihr? Ich ermorde dich, oder
bekenne!

HOFMARSCHALL Sie rasen. Sie hören nicht. Ich sah sie nie. Ich
kenne sie nicht. Ich weiß gar nichts von ihr.

FERDINAND *zurücktretend:* Du sahst sie nie? Kennst sie nicht?
Weißt gar nichts von ihr? — Die Millerin ist v e r l o r e n um
deinetwillen, du leugnest sie dreimal in Einem Atem hinweg? — Fort schlechter Kerl. *er gibt ihm mit der Pistole einen
Streich, und stößt ihn aus dem Zimmer* Für Deinesgleichen ist
kein Pulver erfunden!

VIERTE SZENE

FERDINAND
*nach einem langen Stillschweigen, worin seine Züge einen
schrecklichen Gedanken entwickeln:*
Verloren! Ja Unglückselige! — I c h bin es. D u bist es auch. Ja
bei dem großen Gott! Wenn ich verloren bin, bist du es
auch! — Richter der Welt! Fodre Sie mir nicht ab. Das Mäd-

chen ist mein. Ich trat dir deine ganze Welt für das Mädchen
ab, habe Verzicht getan auf deine ganze herrliche Schöpfung.
Laß mir das Mädchen. – Richter der Welt! Dort winseln
Millionen Seelen nach dir – Dorthin kehre das Aug deines
Erbarmens – Mich laß allein machen, Richter der Welt!
indem er schrecklich die Hände faltet Sollte der reiche vermö-
gende Schöpfer mit einer Seele geizen, die noch dazu die
schlechteste seiner Schöpfung ist? – Das Mädchen ist mein!
Ich einst ihr Gott, jetzt ihr Teufel!

    die Augen graß in einen Winkel geworfen
Eine Ewigkeit mit Ihr auf ein Rad der Verdammnis gefloch-
ten – Augen in Augen wurzelnd – Haare zu Berge stehend
gegen Haare – Auch unser hohles Wimmern in eins ge-
schmolzen – Und jetzt zu wiederholen meine Zärtlichkeiten,
und jetzt ihr vorzusingen ihre Schwüre – Gott! Gott! Die
Vermählung ist fürchterlich – aber ewig! *er will schnell hinaus. Der Präsident tritt herein.*

FÜNFTE SZENE

    Der Präsident und Ferdinand.

FERDINAND *zurücktretend:* O! – Mein Vater!

PRÄSIDENT Sehr gut, daß wir uns finden, mein Sohn. Ich
komme, dir etwas angenehmes zu verkündigen, und etwas,
lieber Sohn, das dich ganz gewiß überraschen wird. Wollen
wir uns setzen?

FERDINAND *sieht ihn lange Zeit starr an:* Mein Vater! *mit stär-
kerer Bewegung zu ihm gehend und seine Hand fassend* Mein
Vater! *seine Hand küssend, vor ihm niederfallend* O mein
Vater!

PRÄSIDENT Was ist dir mein Sohn? Steh auf. Deine Hand
brennt und zittert.

FERDINAND *mit wilder feuriger Empfindung:* Verzeihung für meinen Undank mein Vater! Ich bin ein verworfener Mensch. Ich habe ihre Güte mißkannt. Sie meinten es mit mir so väterlich – O! Sie hatten eine weissagende Seele – Jetzt ists zu spät – Verzeihung! Verzeihung! Ihren Segen, mein Vater!

PRÄSIDENT *heuchelt eine schuldlose Miene:* Steh auf mein Sohn! Besinne dich, daß du mir Rätsel sprichst.

FERDINAND Diese Millerin mein Vater – O Sie kennen den Menschen – Ihre Wut war damals so gerecht, so edel, so väterlich warm – Nur verfehlte der warme Vatereifer des Weges – Diese Millerin!

PRÄSIDENT Martre mich nicht mein Sohn. Ich verfluche meine Härte! Ich bin gekommen dir abzubitten.

FERDINAND Abbitten an m i r ! Verfluchen an m i r ! – Ihre Mißbilligung war Weisheit. Ihre Härte war himmlisches Mitleid – – Diese Millerin, Vater –

PRÄSIDENT Ist ein edles, ein liebes Mädchen. – Ich widerrufe meinen übereilten Verdacht. Sie hat meine Achtung erworben.

FERDINAND *springt erschüttert auf:* Was? auch Sie? – Vater! auch Sie? – Und nicht wahr, mein Vater, ein Geschöpf wie die Unschuld? – und es ist so menschlich, dieses Mädchen zu lieben?

PRÄSIDENT Sage so: Es ist Verbrechen, es nicht zu lieben.

FERDINAND Unerhört! Ungeheuer! – Und Sie schauen ja doch sonst die Herzen so durch! Sahen Sie noch dazu mit Augen des Hasses! – Heuchelei ohne Beispiel – Diese Millerin, Vater –

PRÄSIDENT Ist es wert meine Tochter zu sein. Ich rechne ihre Tugend für Ahnen, und ihre Schönheit für Gold. Meine Grundsätze weichen deiner Liebe – Sie sei dein!

FERDINAND *stürzt fürchterlich aus dem Zimmer:* Das fehlte noch! – Leben Sie wohl mein Vater. *ab*

PRÄSIDENT *ihm nachgehend:* Bleib! Bleib! Wohin stürmst du?
ab

SECHSTE SZENE

Ein sehr prächtiger Saal bei der Lady.

Lady und Sophie treten herein.

LADY Also sahst du sie? Wird sie kommen?

SOPHIE Diesen Augenblick. Sie war noch im Hausgewand,
und wollte sich nur in der Geschwindigkeit umkleiden.

LADY Sage mir nichts von ihr – Stille – wie eine Verbrecherin
zittre ich, die Glückliche zu sehen, die mit meinem Herzen
so schrecklich harmonisch fühlt – Und wie nahm sie sich bei
der Einladung?

SOPHIE Sie schien bestürzt, wurde nachdenkend, sah mich
mit großen Augen an, und schwieg. Ich hatte mich schon
auf ihre Ausflüchte vorbereitet, als sie mit einem Blick, der
mich ganz überraschte, zur Antwort gab: Ihre Dame befiehlt
mir, was ich mir morgen erbitten wollte.

LADY *sehr unruhig:* Laß mich Sophie. Beklage mich. Ich muß
erröten, wenn sie nur das gewöhnliche Weib ist, und wenn
sie mehr ist, verzagen.

SOPHIE Aber Milady – Das ist die Laune nicht, eine Neben-
buhlerin zu empfangen. Erinnern Sie sich wer Sie sind. Rufen Sie Ihre Geburt, Ihren Rang, Ihre Macht zu Hilfe. Ein
stolzeres Herz muß die stolze Pracht Ihres Anblicks erheben.

LADY *zerstreut:* Was schwatzt die Närrin da?

SOPHIE *boshaft:* Oder ist es vielleicht Zufall, daß eben heute die
kostbarsten Brillanten an Ihnen blitzen? Zufall, daß eben heute der reichste Stoff Sie bekleiden muß – daß Ihre Antischamber von Heiducken und Pagen wimmelt, und das Bürgermädchen im fürstlichsten Saal Ihres Pallastes erwartet wird?

LADY *auf und ab voll Erbitterung:* Verwünscht! Unerträglich!
Daß Weiber für Weiberschwächen solche Luchsaugen haben! – – Aber wie tief, wie tief muß ich schon gesunken sein,
daß eine solche Kreatur mich ergründet!

EIN KAMMERDIENER *tritt auf:* Mamsell Millerin –

LADY *zu Sophien:* Hinweg du! Entferne dich! *drohend, da diese
noch zaudert* Hinweg! Ich befehl es. *Sophie geht ab. Lady
macht einen Gang durch den Saal.* Gut! Recht gut, daß ich
in Wallung kam. Ich bin, wie ich wünschte. *zum Kammerdiener* Die Mamsell mag hereintreten. *Kammerdiener geht.
Sie wirft sich in den Sofa, und nimmt eine vornehm-nachlässige
Lage an.*

SIEBENTE SZENE

*Louise Millerin tritt schüchtern herein, und bleibt in einer gro-
ßen Entfernung von der Lady stehen; Lady hat ihr den Rücken
zugewandt, und betrachtet sie eine Zeit lang aufmerksam in dem
gegenüber stehenden Spiegel.*

Nach einer Pause.

LOUISE Gnädige Frau, ich erwarte ihre Befehle.

LADY *dreht sich nach Louisen um, und nickt nur eben mit dem
Kopf, fremd und zurückgezogen:* Aha! Ist Sie hier? – Ohne
Zweifel die Mamsell – eine gewisse – Wie nennt man sie
doch?

LOUISE *etwas empfindlich:* Miller nennt sich mein Vater, und
Ihro Gnaden s c h i c k t e n nach seiner Tochter.

LADY Recht! Recht! Ich entsinne mich – die arme Geigerstochter, wovon neulich die Rede war. *nach einer Pause, vor
sich* Sehr interessant, und doch keine Schönheit – *laut zu
Louisen* Trete sie näher mein Kind. *wieder vor sich* Augen, die

sich im Weinen übten – Wie lieb' ich sie, diese Augen! *wiederum laut* Nur näher – Nur ganz nah – Gutes Kind, ich glaube, du fürchtest mich?

LOUISE *groß, mit entschiednem Ton:* Nein Milady. Ich verachte das Urteil der Menge.

LADY *vor sich:* Sieh doch! – und diesen Trotzkopf hat sie von ihm. *laut* Man hat sie mir empfohlen, Mamsell. Sie soll was gelernt haben, und sonst auch zu leben wissen – Nun ja. Ich wills glauben – auch nähm ich die ganze Welt nicht, einen so warmen Fürsprecher Lügen zu strafen.

LOUISE Doch kenn ich niemand, Milady, der sich Mühe gäbe, mir eine Patronin zu suchen.

LADY *geschraubt:* Mühe um die Klientin oder Patronin?

LOUISE Das ist mir zu hoch, gnädige Frau.

LADY Mehr Schelmerei, als diese offene Bildung vermuten läßt! Louise nennt sie sich? Und wie jung, wenn man fragen darf?

LOUISE Sechszehn gewesen.

LADY *steht rasch auf:* Nun ists heraus! Sechszehen Jahre! Der erste Puls dieser Leidenschaft! – Auf dem unberührten Klavier der erste einweihende Silberton! – Nichts ist verführender – Setz dich, ich bin dir gut, liebes Mädchen – Und auch Er liebt zum erstenmal – Was Wunder, wenn sich die Strahlen Eines Morgenrots finden? *sehr freundlich, und ihre Hand ergreifend* Es bleibt dabei, ich will dein Glück machen, liebe – Nichts, nichts als die süße früheverfliegende Träumerei *Louisen auf die Wange klopfend* Meine Sophie heiratet. Du sollst ihre Stelle haben – Sechszehn Jahr! Es kann nicht von Dauer sein.

LOUISE *küßt ihr ehrerbietig die Hand:* Ich danke für diese Gnade Milady, als wenn ich sie annehmen dürfte.

LADY *in Entrüstung zurückfallend:* Man sehe die große Dame! – Sonst wissen sich Jungfern ihrer Herkunft noch glück-

lich, wenn sie Herrschaften finden – wo will denn S i e hinaus, meine Kostbare? Sind diese Finger zur Arbeit zu nied-
lich? Ist es Ihr Bißchen Gesicht, worauf Sie so trotzig tut?

LOUISE Mein Gesicht, gnädige Frau, gehört mir so wenig, als
meine Herkunft.

LADY Oder glaubt Sie vielleicht, das werde nimmer ein Ende
nehmen? – Armes Geschöpf, wer dir das in den Kopf setzte –
mag er sein, wer er will – er hat euch beide zum Besten
gehabt. Diese Wangen sind nicht im Feuer vergoldet. Was
dir dein Spiegel für massiv und ewig verkauft, ist nur ein
dünner angeflogener Goldschaum, der deinem Anbeter über
kurz oder lang in der Hand bleiben muß – Was werden wir
d a n n machen?

LOUISE Den Anbeter bedauern, Milady, der einen D e m a n t
kaufte, weil er in G o l d schien gefaßt zu sein.

LADY *ohne darauf achten zu wollen:* Ein Mädchen von ihren
Jahren hat immer zween Spiegel zugleich, den Wahren und
ihren Bewunderer – Die gefällige Geschmeidigkeit des letztern macht die rauhe Offenherzigkeit des erstern wieder gut.
Der eine rügt eine häßliche Blatternarbe. Weit gefehlt, sagt
der andere, es ist ein Grübchen der Grazien. Ihr guten Kinder glaubt j e n e m nur, was euch d i e s e r gesagt hat, hüpft
von einem zum andern, bis ihr zuletzt die Aussagen beider
verwechselt – Warum begafft sie mich so?

LOUISE Verzeihen Sie gnädige Frau – Ich war so eben im
Begriff, diesen prächtig blitzenden Rubin zu beweinen, der
es nicht wissen muß, daß seine Besitzerin so scharf wider
Eitelkeit eifert.

LADY *errötend:* Keinen Seitensprung, Lose! – Wenn es nicht
die Promessen Ihrer Gestalt sind, was in der Welt könnte Sie
abhalten, einen Stand zu erwählen, der der einzige ist, wo Sie
Manieren und Welt lernen kann, der einzige ist, wo Sie sich
ihrer bürgerlichen Vorurteile entledigen kann?

LOUISE Auch meiner bürgerlichen Unschuld, Milady?

LADY Läppischer Einwurf! Der ausgelassenste Bube ist zu ver-
zagt, uns etwas beschimpfendes zuzumuten, wenn wir ihm
nicht selbst ermunternd entgegen gehn. Zeige Sie, wer Sie
ist. Gebe Sie sich Ehre und Würde, und ich sage ihrer Jugend
für alle Versuchung gut.

LOUISE Erlauben Sie, gnädige Frau, daß ich mich unterstehe,
daran zu zweifeln. Die Palläste gewisser Damen sind oft die
Freistätten der frechsten Ergötzlichkeit. Wer sollte der Tochter des armen Geigers den Heldenmut zutrauen, den Heldenmut, mitten in die Pest sich zu werfen, und doch dabei
vor der Vergiftung zu schaudern? Wer sollte sich träumen
lassen, daß Lady Milford ihrem Gewissen einen ewigen
Skorpion halte, daß sie Geldsummen aufwende, um den
Vorteil zu haben, jeden Augenblick schamrot zu werden? –
Ich bin offenherzig, gnädige Frau – Würde Sie mein Anblick
ergötzen, wenn Sie einem Vergnügen entgegengingen? Würden Sie ihn ertragen, wenn Sie zurückkämen? – – O Besser!
Besser! Sie lassen Himmelsstriche uns trennen – Sie lassen
Meere zwischen uns fließen! – Sehen Sie sich wohl für, Milady – Stunden der Nüchternheit, Augenblicke der Er-
schöpfung könnten sich melden – Schlangen der Reue
könnten ihren Busen anfallen, und nun – welche Folter
für Sie, im Gesicht ihres Dienstmädchens die heitre Ruhe
zu lesen, womit die Unschuld ein reines Herz zu belohnen
pflegt *sie tritt einen Schritt zurück* Noch einmal, gnädige
Frau. Ich bitte sehr um Vergebung.

LADY *in großer innrer Bewegung herumgehend:* Unerträglich,
daß Sie mir das sagt! Unerträglicher, daß sie recht hat! *zu
Louisen tretend, und ihr starr in die Augen sehend* Mädchen,
du wirst mich nicht überlisten. So warm sprechen Meinungen nicht. Hinter diesen Maximen lauert ein feurigeres
Interesse, das dir meine Dienste besonders abscheulich

malt – das dein Gespräch so erhitzte – das ich *drohend* entdecken muß.

LOUISE *gelassen und edel:* Und wenn Sie es nun entdeckten? und wenn ihr verächtlicher Fersenstoß den beleidigten Wurm aufweckte, dem sein Schöpfer gegen Mißhandlung noch einen Stachel gab? – Ich fürchte Ihre Rache nicht, Lady – Die arme Sünderin auf dem berüchtigten Henkerstuhl lacht zu Weltuntergang. – Mein Elend ist so hoch gestiegen, daß selbst Aufrichtigkeit es nicht mehr vergrößern kann. *nach einer Pause, sehr ernsthaft* Sie wollen mich aus dem Staub meiner Herkunft reißen. Ich will sie nicht zergliedern diese verdächtige Gnade. Ich will nur fragen, was Milady bewegen konnte, mich für die Törin zu halten, die über ihre Herkunft errötet? Was sie berechtigen konnte, sich zur Schöpferin meines Glücks aufzuwerfen, ehe sie noch wußte, ob ich mein Glück auch von ihren Händen empfangen wolle? – Ich hatte meinen ewigen Anspruch auf die Freuden der Welt zerrissen. Ich hatte dem Glück seine Übereilung vergeben – Warum mahnen Sie mich aufs neu an dieselbe? – Wenn selbst die Gottheit dem Blick der Erschaffenen ihre Strahlen verbirgt, daß nicht ihr oberster Seraph vor seiner Verfinsterung zurückschaure – warum wollen Menschen so grausambarmherzig sein? – Wie kommt es Milady, daß Ihr gepriesenes Glück das Elend so gern um Neid und Bewunderung anbettelt? – Hat ihre Wonne die Verzweiflung so nötig zur Folie? – O lieber! So gönnen Sie mir doch eine Blindheit, die mich allein noch mit meinem barbarischen Los versöhnt – Fühlt sich doch das Insekt in einem Tropfen Wassers so selig, als wär es ein Himmelreich, so froh und so selig, bis man ihm von einem Weltmeer erzählt, worin Flotten und Wallfische spielen! – – – Aber glücklich wollen Sie mich ja wissen? *nach einer Pause plötzlich zur Lady hintretend und mit Überraschung sie fragend* Sind Sie glücklich, Milady?

diese verläßt sie schnell und betroffen, Louise folgt ihr, und hält ihr die Hand vor den Busen Hat dieses Herz auch die lachende Gestalt Ihres Standes? Und wenn wir jetzt Brust gegen Brust, und Schicksal gegen Schicksal auswechseln sollten – und wenn ich in kindlicher Unschuld – und wenn ich auf ihr Gewissen – und wenn ich als meine Mutter Sie fragte – Würden Sie mir wohl zu dem Tausche raten?

LADY *heftig bewegt in den Sopha sich werfend:* Unerhört! Unbegreiflich! Nein Mädchen! Nein! Diese Größe hast du nicht auf die Welt gebracht, und für einen V a t e r ist sie zu jugendlich. Lüge mir nicht. Ich höre einen a n d e r n Lehrer –

LOUISE *fein und scharf ihr in die Augen sehend:* Es sollte mich doch wundern, Milady, wenn Sie j e t z t erst auf diesen Lehrer fielen, und doch v o r h i n schon eine Kondition für mich wußten.

LADY *springt auf:* Es ist nicht auszuhalten! – Ja denn! weil ich dir doch nicht entwischen kann. Ich kenn ihn – weiß alles – weiß mehr als ich wissen mag *plötzlich hält sie inne, darauf mit einer Heftigkeit, die nach und nach bis beinahe zum Toben steigt* Aber wag' es, Unglückliche – wag es, ihn jetzt noch zu lieben, oder von ihm geliebt zu werden – Was sage ich? – Wag es an ihn zu denken, oder einer von s e i n e n Gedanken zu sein – Ich bin m ä c h t i g, Unglückliche – f ü r c h t e r l i c h – So wahr Gott lebt! du bist verloren!

LOUISE *standhaft:* Ohne Rettung Milady, sobald Sie ihn zwingen, daß er Sie l i e b e n muß.

LADY Ich verstehe dich – aber er s o l l mich nicht lieben. Ich will über diese schimpfliche Leidenschaft siegen, mein Herz unterdrücken, und das deinige zermalmen – Felsen und Abgründe will ich zwischen euch werfen; eine Furie will ich mitten durch euren Himmel gehn; mein Name soll eure Küsse wie ein Gespenst Verbrecher auseinander scheuchen; deine junge blühende Gestalt unter seiner Umarmung welk

wie eine Mumie zusammenfallen – Ich kann nicht mit ihm
glücklich werden – aber Du sollst es auch nicht werden –
Wisse das Elende! Seligkeit zerstören ist auch Seligkeit.

LOUISE Eine Seligkeit, um die man Sie schon gebracht hat,
Milady. Lästern Sie ihr eigenes Herz nicht. Sie sind nicht
fähig das auszuüben, was Sie so drohend auf mich herab-
schwören. Sie sind nicht fähig ein Geschöpf zu quälen, das
Ihnen nichts zu Leide getan, als daß es empfunden hat, wie
Sie – Aber ich liebe Sie um dieser Wallung willen, Milady.

LADY *die sich jetzt gefaßt hat:* Wo bin ich? Wo war ich? Was
hab ich merken lassen? Wen hab ichs merken lassen? – O
Louise, edle, große, göttliche Seele! Vergibs einer Rasenden –
Ich will dir kein Haar kränken, mein Kind. Wünsche! Fodre!
Ich will dich auf den Händen tragen, deine Freundin, deine
Schwester will ich sein – Du bist arm – Sieh! *einige Brillanten
herunternehmend* Ich will diesen Schmuck verkaufen – meine Garderobe, Pferd und Wagen verkaufen – Dein sei alles,
aber entsag ihm!

LOUISE *tritt zurück voll Befremdung:* Spottet Sie einer Ver-
zweifelnden, oder sollte Sie an der barbarischen Tat im Ernst
keinen Anteil gehabt haben? – Ha! So könnt ich mir ja noch
den Schein einer Heldin geben, und meine Ohnmacht zu
einem Verdienst aufputzen *sie steht eine Weile gedankenvoll,
dann tritt sie näher zur Lady, faßt ihre Hand und sieht sie starr
und bedeutend an* Nehmen Sie ihn denn hin Milady – Freiwillig tret ich Ihnen ab den Mann, den man mit Haken der
Hölle von meinem blutenden Herzen riß – – Vielleicht
wissen Sie es selbst nicht, Milady, aber Sie haben den Himmel zweier Liebenden geschleift, voneinander gezerrt zwei
Herzen, die Gott aneinander band; zerschmettert ein Geschöpf, das ihm nahe ging, wie Sie, das er zur Freude schuf,
wie Sie, das ihn gepriesen hat, wie Sie, und ihn nun nimmermehr preisen wird – Lady! Ins Ohr des Allwissenden schreit

auch der letzte Krampf des zertretenen Wurms – es wird ihm nicht gleichgültig sein, wenn man Seelen in seinen Händen mordet! Jetzt ist er Ihnen! Jetzt Milady nehmen Sie ihn hin! Rennen Sie in seine Arme! Reißen Sie ihn zum Altar – Nur vergessen Sie nicht, daß zwischen ihren Brautkuß das Gespenst einer Selbstmörderin stürzen wird – Gott wird barmherzig sein – Ich kann mir nicht anders helfen *sie stürzt hinaus*

ACHTE SZENE

LADY *allein,*

steht erschüttert und außer sich, den starren Blick nach der Türe gerichtet, durch welche die Millerin weggeeilt, endlich erwacht sie aus ihrer Betäubung: Wie war das? Wie geschah mir? Was sprach die Unglückliche? – Noch o Himmel! noch zerreißen sie mein Ohr die fürchterlichen mich verdammenden Worte: Nehmen Sie ihn hin! – Wen Unglückselige? Das Geschenk deines Sterberöchelns – das schauervolle Vermächtnis deiner Verzweiflung! Gott! Gott! Bin ich so tief gesunken – so plötzlich von allen Thronen meines Stolzes herabgestürzt, daß ich heißhungrig erwarte, was einer Bettlerin Großmut aus ihrem letzten Todeskampfe mir zuwerfen wird? – Nehmen Sie ihn hin, und das spricht sie mit einem Tone, begleitet sie mit einem Blicke – Ha! Emilie! Bist du darum über die Grenzen deines Geschlechts weggeschritten? Mußtest du darum um den prächtigen Namen des großen brittischen Weibes buhlen, daß das prahlende Gebäude deiner Ehre neben der höheren Tugend einer verwahrlosten Bürgerdirne versinken soll? – Nein stolze Unglückliche! Nein! – Beschämen läßt sich Emilie Milford – doch beschimpfen nie! Auch ich habe Kraft, zu entsagen.

mit majestätischen Schritten auf und nieder
Verkrieche dich jetzt weiches leidendes Weib – Fahret hin
süße goldene Bilder der Liebe – Großmut allein sei jetzt
meine Führerin! – – Dieses liebende Paar ist verloren, oder
Milford muß ihren Anspruch vertilgen, und im Herzen des
Fürsten erlöschen! *nach einer Pause, lebhaft* Es ist geschehen! – Gehoben das furchtbare Hindernis – Zerbrochen alle
Bande zwischen mir und dem Herzog, gerissen aus meinem
Busen diese wütende Liebe! – – In deine Arme werf ich
mich, Tugend! – Nimm sie auf, deine reuige Tochter Emilie! – Ha! wie mir so wohl ist! Wie ich auf einmal so leicht! so
gehoben mich fühle! – Groß, wie eine fallende Sonne, will
ich heut vom Gipfel meiner Hoheit heruntersinken, meine
Herrlichkeit sterbe mit meiner Liebe, und nichts als mein
Herz begleite mich in diese stolze Verweisung *entschlossen
zum Schreibpult gehend* Jetzt gleich muß es geschehen – jetzt
auf der Stelle, ehe die Reize des lieben Jünglings den blutigen
Kampf meines Herzens erneuren.

    Sie setzt sich nieder, und fängt an zu schreiben

NEUNTE SZENE

*Lady. ein Kammerdiener. Sophie, hernach der Hofmarschall.
zuletzt Bediente.*

KAMMERDIENER Hofmarschall von Kalb stehen im Vorzimmer mit einem Auftrag vom Herzog.
LADY *in der Hitze des Schreibens:* Auftaumeln wird sie die
fürstliche Drahtpuppe! Freilich! der Einfall ist auch drollig
genug, so eine Durchlauchtige Hirnschale auseinander zu
treiben! – Seine Hofschranzen werden wirbeln – Das ganze
Land wird in Gärung kommen.

KAMMERDIENER UND SOPHIE Der Hofmarschall, Milady –

LADY *dreht sich um:* Wer? Was? – Desto besser! Diese Sorte von Geschöpfen ist zum Sacktragen auf der Welt. Er soll mir willkommen sein.

KAMMERDIENER *geht ab*

SOPHIE *ängstlich näher kommend:* Wenn ich nicht fürchten müßte, Milady, es wäre Vermessenheit *Lady schreibt hitzig fort* Die Millerin stürzte außer sich durch den Vorsaal – Sie glühen – Sie sprechen mit sich selbst *Lady schreibt immer fort* Ich erschrecke – Was muß geschehen sein?

HOFMARSCHALL *tritt herein, macht dem Rücken der Lady tausend Verbeugungen; da sie ihn nicht bemerkt, kommt er näher, stellt sich hinter ihren Sessel, sucht den Zipfel ihres Kleids wegzukriegen und drückt einen Kuß darauf, mit furchtsamen Lispeln:* Serenissimus –

LADY *indem sie Sand streut und das Geschriebene durchfliegt:* Er wird mir schwarzen Undank zur Last legen – Ich war eine Verlassene. Er hat mich aus dem Elend gezogen – Aus dem Elend? – Abscheulicher Tausch! – Zerreiße deine Rechnung, Verführer! Meine ewige Schamröte bezahlt sie mit Wucher.

HOFMARSCHALL *nachdem er die Lady vergeblich von allen Seiten umgangen hat:* Milady scheinen etwas distrait zu sein – Ich werde mir wohl selbst die Kühnheit erlauben müssen. *sehr laut* Serenissimus schicken mich, Milady zu fragen, ob diesen Abend Vauxhall sein werde, oder teutsche Komödie?

LADY *lachend aufstehend:* Eins von beiden, mein Engel – Unterdessen bringen Sie ihrem Herzog diese Charte zum Dessert! *gegen Sophien* Du, Sophie, befiehlst, daß man anspannen soll, und rufst meine ganze Garderobe in diesen Saal zusammen. –

SOPHIE *geht ab voll Bestürzung:* O Himmel! Was ahndet mir? Was wird das noch werden?

HOFMARSCHALL Sie sind echauffiert meine Gnädige?

LADY Um so weniger wird hier gelogen sein – Hurra Herr Hofmarschall! Es wird eine Stelle vakant. Gut Wetter für Kuppler *da der Marschall einen zweifelhaften Blick auf den Zettel wirft* Lesen Sie, lesen Sie! – Es ist mein Wille, daß der Inhalt nicht unter vier Augen bleibe.

HOFMARSCHALL *liest; unterdessen sammeln sich die Bedienten der Lady im Hintergrund:*
»Gnädigster Herr,
Ein Vertrag, den S i e so leichtsinnig brachen, kann M i c h nicht mehr binden. Die Glückseligkeit Ihres Landes war die Bedingung meiner Liebe. Drei Jahre währte der Betrug. Die Binde fällt mir von den Augen; ich verabscheue Gunstbezeugungen, die von den Tränen der Untertanen triefen. – Schenken Sie die Liebe, die i c h Ihnen nicht mehr erwidern kann, ihrem weinenden Lande, und lernen von einer b r i t t i s c h e n F ü r s t i n Erbarmen gegen Ihr t e u t s c h e s Volk. In einer Stunde bin ich über der Grenze.

Johanna Norfolk.«

ALLE BEDIENTE *murmeln bestürzt durcheinander:* Über der Grenze?

HOFMARSCHALL *legt die Charte erschrocken auf den Tisch:* Behüte der Himmel, meine Beste und Gnädige! Den Überbringer müßte der Hals eben so jücken, als der Schreiberin.

LADY Das ist deine Sorge du Goldmann – Leider weiß ich es, daß Du und Deinesgleichen am Nachbeten dessen, was andre getan haben, erwürgen! – Mein Rat wäre, man backte den Zettel in eine Wildpretpastete, so fänden ihn Serenissimus auf dem Teller –

HOFMARSCHALL Ciel! Diese Vermessenheit! – So erwägen Sie doch, so bedenken Sie doch, wie sehr Sie sich in Disgrace setzen, Lady!

LADY *wendet sich zu der versammelten Dienerschaft, und spricht das folgende mit der innigsten Rührung:* Ihr steht bestürzt guten Leute, erwartet angstvoll, wie sich das Rätsel entwickeln wird? – Kommt näher, meine Lieben – Ihr dientet mir redlich und warm, sahet mir öfter in die Augen, als in die Börse, euer Gehorsam war eure Leidenschaft, euer Stolz – meine Gnade! – – Daß das Andenken eurer Treue zugleich das Gedächtnis meiner Erniedrigung sein muß! Trauriges Schicksal, daß meine schwärzesten Tage eure glücklichen waren! *mit Tränen in den Augen* Ich entlasse euch meine Kinder – – Lady Milford ist nicht mehr, und Johanna von Norfolk zu arm, ihre Schuld abzutragen – Mein Schatzmeister stürze meine Schatulle unter euch – Dieser Pallast bleibt dem Herzog – Der Ärmste von euch wird reicher von hinnen gehen als seine Gebieterin. *sie reicht ihre Hände hin, die alle nacheinander mit Leidenschaft küssen* Ich verstehe euch meine guten – Lebt wohl! Lebt ewig wohl! *faßt sich aus ihrer Beklemmung* Ich höre den Wagen vorfahren. *sie reißt sich los, will hinaus, der Hofmarschall verrennt ihr den Weg* Mann des Erbarmens, stehst du noch immer da?

HOFMARSCHALL *der diese ganze Zeit über mit einem Geistesbankerott auf den Zettel sah:* Und dieses Billet soll ich Seiner Hochfürstlichen Durchlaucht zu höchsteigenen Händen geben?

LADY Mann des Erbarmens! zu höchsteigenen Händen, und sollst melden zu höchsteigenen Ohren, weil ich nicht barfuß nach Loretto könne, so werde ich um den Taglohn arbeiten, mich zu reinigen von dem Schimpf, ihn beherrscht zu haben. *Sie eilt ab. Alle übrigen gehen sehr bewegt auseinander.*

FÜNFTER AKT

Abends zwischen Licht, in einem Zimmer beim Musikanten

ERSTE SZENE

Louise sitzt stumm und ohne sich zu rühren in dem finstersten Winkel des Zimmers, den Kopf auf den Arm gesunken. Nach einer großen und tiefen Pause kommt Miller mit einer Handlaterne, leuchtet ängstlich im Zimmer herum, ohne Louisen zu bemerken, dann legt er den Hut auf den Tisch und setzt die Laterne nieder.

MILLER   Hier ist sie auch nicht. Hier wieder nicht – Durch alle Gassen bin ich gezogen, bei allen Bekannten bin ich gewesen, auf allen Toren hab ich gefragt – Mein Kind hat man nirgends gesehen *nach einigem Stillschweigen* Geduld armer unglücklicher Vater. Warte ab, bis es morgen wird. Vielleicht kommt deine Einzige dann ans Ufer geschwommen – – Gott! Gott! Wenn ich mein Herz zu abgöttisch an diese Tochter hing? – Die Strafe ist hart. Himmlischer Vater, hart! Ich will nicht murren, himmlischer Vater, aber die Strafe ist hart *er wirft sich gramvoll in einem Stuhl*

LOUISE *spricht aus dem Winkel:* Du tust recht, armer alter Mann! Lerne bei Zeit noch verlieren.

MILLER *springt auf:* Bist du da mein Kind? Bist du? Aber warum denn so einsam und ohne Licht?

LOUISE   Ich bin darum doch nicht einsam. Wenns so recht schwarz wird um mich herum, hab ich meine besten Besuche.

MILLER   Gott bewahre dich! Nur der Gewissenswurm schwärmt mit der Eule. Sünden und böse Geister scheuen das Licht.

LOUISE Auch die Ewigkeit Vater, die mit der Seele ohne Gehilfen redet.

MILLER Kind! Kind! Was für Reden sind das?

LOUISE *steht auf und kommt vorwärts:* Ich hab einen harten Kampf gekämpft. Er weiß es Vater. Gott gab mir Kraft. Der Kampf ist entschieden. Vater! man pflegt unser Geschlecht zart und zerbrechlich zu nennen. Glaub Er das nicht mehr. Vor einer Spinne schütteln wir uns, aber das schwarze Ungeheuer Verwesung drücken wir im Spaß in die Arme. Dieses zur Nachricht Vater. Seine Louise ist lustig.

MILLER Höre Tochter! Ich wollte du heultest. Du gefielst mir so besser.

LOUISE Wie ich ihn überlisten will, Vater. Wie ich den Tyrannen betrügen will! – Die Liebe ist schlauer als die Bosheit und kühner – das hat er nicht gewußt, der Mann mit dem traurigen Stern – O! sie sind pfiffig, so lang sie es nur mit dem Kopf zu tun haben, aber sobald sie mit dem Herzen anbinden, werden die Böswichter dumm – – Mit einem Eid gedachte er seinen Betrug zu versiegeln? Eide, Vater, binden wohl die Lebendigen, im Tode schmilzt auch der Sakramente eisernes Band. Ferdinand wird seine Louise kennen – Will er mir dies Billet besorgen, Vater? Will er so gut sein?

MILLER An Wen, meine Tochter?

LOUISE Seltsame Frage! Die Unendlichkeit und mein Herz haben miteinander nicht Raum genug für einen einzigen Gedanken an ihn – Wenn hätt ich denn wohl an sonst jemand schreiben sollen?

MILLER *unruhig* Höre Louise! Ich erbreche den Brief.

LOUISE Wie Er will, Vater – aber Er wird nicht klug daraus werden. Die Buchstaben liegen wie kalte Leichname da, und leben nur Augen der Liebe.

MILLER *liest:* »Du bist verraten, Ferdinand – ein Bubenstück ohne Beispiel zerriß den Bund unsrer Herzen, aber ein

schröcklicher Schwur hat meine Zunge gebunden, und dein
Vater hat überall seine Horcher gestellt. Doch wenn du Mut
hast, Geliebter – ich weiß einen d r i t t e n Ort, wo kein Eid-
schwur mehr bindet, und wohin ihm kein Horcher geht«
Miller hält inne, und sieht ihr ernsthaft in's Gesicht.

LOUISE Warum sieht Er mich so an? Les' Er doch ganz aus,
Vater.

MILLER »Aber Mut genug mußt du haben, eine finstre Straße
zu wandeln, wo dir nichts leuchtet als deine Louise und Gott –
Ganz nur L i e b e mußt du kommen, daheim lassen all deine
Hoffnungen, und alle deine brausenden Wünsche; nichts
kannst du brauchen als dein Herz. Willst du – so brich
auf, wenn die Glocke den zwölften Streich tut auf dem Kar-
meliterturm. Bangt dir – so durchstreiche das Wort s t a r k
vor deinem Geschlechte, denn ein Mädchen hat dich zu
schanden gemacht« *Miller legt das Billet nieder, schaut lange
mit einem schmerzlichen starren Blick vor sich hinaus, endlich
kehrt er sich gegen sie, und sagt mit leiser gebrochener Stimme*
Und dieser dritte Ort, meine Tochter?

LOUISE Er kennt ihn nicht, Er kennt ihn wirklich nicht, Vater? – Sonderbar! Der Ort ist zum Finden gemalt. Ferdinand
wird ihn finden.

MILLER Hum! Rede deutlicher.

LOUISE Ich weiß so eben kein liebliches Wort dafür –. Er muß
nicht erschrecken Vater, wenn ich ihm ein häßliches nenne.
Dieser Ort – O warum hat die Liebe nicht Namen erfunden!
Den schönsten hätte sie diesem gegeben. Der dritte Ort,
guter Vater – aber Er muß mich ausreden lassen – Der dritte
Ort ist das G r a b.

MILLER *zu einem S e s s e l hin wankend:* O mein Gott!

LOUISE *geht auf ihn zu und hält ihn:* Nicht doch mein Vater!
Das sind nur Schauer, die sich um das Wort herum lagern –
Weg mit diesem, und es liegt ein Brautbette da, worüber der

Morgen seinen goldenen Teppich breitet, und die Frühlinge ihre bunte Guirlanden streun. Nur ein heulender Sünder konnte den Tod ein Gerippe schelten; es ist ein holder niedlicher Knabe, blühend, wie sie den Liebesgott malen, aber so tückisch nicht – ein stiller dienstbarer Genius, der der erschöpften Pilgerin Seele den Arm bietet über den Graben der Zeit, das Feenschloß der ewigen Herrlichkeit aufschließt, freundlich nickt, und verschwindet.

MILLER Was hast du vor, meine Tochter? – Du willst eigenmächtig Hand an dich legen.

LOUISE Nenn Er es nicht so mein Vater. Eine Gesellschaft räumen, wo ich nicht wohl gelitten bin – An einen Ort vorausspringen, den ich nicht länger missen kann – Ist denn das Sünde?

MILLER Selbstmord ist die abscheulichste mein Kind – die einzige, die man nicht mehr bereuen kann, weil Tod und Missetat zusammenfallen.

LOUISE *bleibt erstarrt stehn:* Entsetzlich! – Aber so rasch wird es doch nicht gehn. Ich will in den Fluß springen, Vater, und im Hinuntersinken Gott den Allmächtigen um Erbarmen bitten.

MILLER Das heißt, du willst den Diebstahl bereuen, sobald du das Gestohlene in Sicherheit weißt – Tochter! Tochter! gib acht, daß du Gottes nicht spottest, wenn du seiner am meisten vonnöten hast. O! es ist weit! weit mit dir gekommen! – Du hast dein Gebet aufgegeben, und der Barmherzige zog seine Hand von dir.

LOUISE Ist lieben denn Frevel, mein Vater?

MILLER Wenn du Gott liebst, wirst du nie bis zum Frevel lieben – – Du hast mich tief gebeugt, meine Einzige! tief, tief, vielleicht zur Grube gebeugt. – Doch! ich will dir dein Herz nicht noch schwerer machen – Tochter! ich sprach vorhin etwas. Ich glaubte allein zu sein. Du hast mich be-

horcht, und warum sollt ich's noch länger geheim halten? Du
warst mein Abgott. Höre Louise, wenn du noch Platz für das
Gefühl eines Vaters hast – Du warst mein Alles. Jetzt vertust
du nicht mehr von deinem Eigentum. Auch Ich hab alles zu
verlieren. Du siehst, mein Haar fängt an grau zu werden. Die
Zeit meldet sich allgemach bei mir, wo uns Vätern die Ka-
pitale zu statten kommen, die wir im Herzen unsrer Kinder
anlegten – Wirst du mich darum betrügen, Louise? Wirst du
dich mit dem Hab und Gut deines Vaters auf und davon
machen?

LOUISE *küßt seine Hand mit der heftigsten Rührung:* Nein
mein Vater. Ich gehe als Seine große Schuldnerin aus der
Welt, und werde in der Ewigkeit mit Wucher bezahlen.

MILLER Gib acht, ob du dich da nicht verrechnest, mein
Kind. *sehr ernst und feierlich* Werden wir uns dort wohl noch
finden? – – Sieh! Wie du blaß wirst! – Meine Louise begreift
es von selbst, daß ich sie in jener Welt nicht wohl mehr
einholen kann, weil ich nicht so früh dahin eile, wie sie
*Louise stürzt ihm in den Arm, von Schauern ergriffen – Er
drückt sie mit Feuer an seine Brust und fährt fort mit beschwö-
render Stimme* o Tochter! Tochter! Gefallene, vielleicht schon
verlorene Tochter! Beherzige das ernsthafte Vaterwort! Ich
kann nicht über dich wachen. Ich kann dir die Messer nehmen, du kannst dich mit einer Stricknadel töten. Für Gift
kann ich dich bewahren, du kannst dich mit einer Schnur
Perlen erwürgen. – Louise – Louise – nur warnen kann ich
dich noch – Willst du es darauf ankommen lassen, daß dein
treuloses Gaukelbild auf der schröcklichen Brücke zwischen
Zeit und Ewigkeit von dir weiche? Willst du dich vor des
Allwissenden Thron mit der Lüge wagen: Deinetwegen,
Schöpfer, bin ich da! wenn deine strafbare Augen ihre sterb-
liche Puppe suchen? – Und wenn dieser zerbrechliche Gott
deines Gehirns, jetzt Wurm wie du, zu den Füßen deines

Richters sich windet, deine gottlose Zuversicht in diesem
schwankenden Augenblick Lügen straft, und deine betrogene Hoffnungen an die ewige Erbarmung verweist, die der
Elende für sich selbst kaum erflehen kann – Wie dann?
nachdrücklicher, lauter Wie dann Unglückselige? *er hält sie
fester, blickt sie eine Weile starr und durchdringend an, dann
verläßt er sie schnell* Jetzt weiß ich nichts mehr *mit aufgeho-
bener Rechte* stehe dir, Gott Richter! für diese Seele nicht
mehr. Tu was du willst. Bring deinem schlanken Jüngling
ein Opfer, daß deine Teufel jauchzen, und deine guten Engel
zurücktreten – Zieh hin! Lade alle deine Sünden auf, lade
auch diese, die letzte, die entsetzlichste auf, und wenn die
Last noch zu leicht ist, so mache mein Fluch das Gewicht
vollkommen – Hier ist ein Messer – durchstich dein Herz,
und *indem er lautweinend fortstürzen will* das Vaterherz!

LOUISE *springt auf und eilt ihm nach:* Halt! Halt! O mein
Vater! – Daß die Zärtlichkeit noch barbarischer zwingt, als
Tyrannenwut! – Was soll ich? Ich kann nicht! Was muß ich
tun?

MILLER Wenn die Küsse deines Majors heißer brennen als die
Tränen deines Vaters – stirb!

LOUISE *nach einem qualvollen Kampf mit einiger Festigkeit:*
Vater! Hier ist meine Hand! Ich will – Gott! Gott! was tu
ich? was will ich? – Vater ich schwöre – Wehe mir, wehe!
Verbrecherin wohin ich mich neige! – Vater es sei! – Ferdinand – Gott sieht herab! – So zernicht' ich sein letztes Gedächtnis *sie zerreißt ihren Brief*

MILLER *stürzt ihr freudetrunken an den Hals:* Das ist meine
Tochter! – Blick auf! Um einen Liebhaber bist du leichter,
dafür hast du einen glücklichen Vater gemacht. *unter Lachen
und Weinen sie umarmend* Kind! Kind, daß ich den Tag
meines Lebens nicht wert war! Gott weiß, wie ich schlechter
Mann zu diesem Engel gekommen bin! – Meine Louise,

mein Himmelreich! – O Gott! ich verstehe ja wenig vom Lieben, aber daß es eine Qual sein muß, aufzuhören – so was begreif ich noch.

LOUISE Doch hinweg aus dieser Gegend mein Vater – Weg von der Stadt, wo meine Gespielinnen meiner spotten, und mein guter Name dahin ist auf immerdar – Weg, weg, weit weg von dem Ort, wo mich so viele Spuren der verlorenen Seligkeit anreden – Weg, wenn es möglich ist –

MILLER Wohin du nur willst, meine Tochter. Das Brot unsers Herrgotts wächst überall, und Ohren wird er auch meiner Geige bescheren. Ja! Laß auch alles dahingehn – Ich setze die Geschichte deines Grams auf die Laute, singe dann ein Lied von der Tochter, die, ihren Vater zu ehren, ihr Herz zerriss' – wir betteln mit der Ballade von Türe zu Türe, und das Almosen wird köstlich schmecken von den Händen der Weinenden –

ZWEITE SZENE

Ferdinand zu den Vorigen.

LOUISE *wird ihn zuerst gewahr, und wirft sich Millern laut schreiend um den Hals:* Gott! Da ist er! Ich bin verloren.

MILLER Wo? Wer?

LOUISE *zeigt mit abgewandtem Gesicht auf den Major, und drückt sich fester an ihren Vater:* Er! Er selbst! – Seh er nur um sich Vater – Mich zu ermorden ist er da.

MILLER *erblickt ihn, fährt zurück:* Was? Sie hier Baron?

FERDINAND *kommt langsam näher, bleibt Louisen gegenüber stehn, und läßt den starren forschenden Blick auf ihr ruhen, nach einer Pause:* Überraschtes Gewissen, habe Dank! Dein Bekenntnis ist schrecklich aber schnell und gewiß, und erspart mir die Folterung. – Guten Abend Miller.

MILLER Aber um Gotteswillen! Was wollen Sie Baron? Was führt Sie her? Was soll dieser Überfall?

FERDINAND Ich weiß eine Zeit, wo man den Tag in seine Sekunden zerstückte, wo Sehnsucht nach mir sich an die Gewichte der zögernden Wanduhr hing, und auf den Aderschlag lauerte, unter dem ich erscheinen sollte – Wie kommts, daß ich jetzt überrasche?

MILLER Gehen Sie, gehen Sie Baron – Wenn noch ein Funke von Menschlichkeit in Ihrem Herzen zurückblieb – Wenn Sie die nicht erwürgen wollen, die Sie zu lieben vorgeben, fliehen Sie, bleiben Sie keinen Augenblick länger. Der Segen war fort aus meiner Hütte, sobald S i e einen Fuß darein setzten – Sie haben das Elend unter mein Dach gerufen, wo sonst nur die Freude zu Hause war. Sind Sie n o c h nicht zufrieden? Wollen Sie auch in der Wunde noch w ü h l e n, die Ihre unglückliche Bekanntschaft meinem einzigen Kinde schlug?

FERDINAND Wunderlicher Vater, jetzt komm ich ja, deiner Tochter etwas erfreuliches zu sagen.

MILLER Neue Hoffnungen etwa zu einer neuen Verzweiflung? – Geh Unglücksbote! Dein Gesicht schimpft deine Ware.

FERDINAND Endlich ist es erschienen, das Ziel meiner Hoffnungen! Lady Milford, das furchtbarste Hindernis unsrer Liebe, floh diesen Augenblick aus dem Lande. Mein Vater billigt meine Wahl. Das Schicksal läßt nach, uns zu verfolgen. Unsre glücklichen Sterne gehen auf – Ich bin jetzt da, mein gegebenes Wort einzulösen, und meine Braut zum Altar abzuholen.

MILLER Hörst du ihn meine Tochter? Hörst du ihn sein Gespötte mit deinen getäuschten Hoffnungen treiben? O wahrlich Baron! Es steht dem Verführer so schön, an seinem Verbrechen seinen Witz noch zu kützeln.

FERDINAND Du glaubst, ich scherze. Bei meiner Ehre nicht!

Meine Aussage ist wahr, wie die Liebe meiner Louise, und heilig will ich sie halten, wie Sie ihre Eide. – Ich kenne nichts heiligers – Noch zweifelst du? Noch kein freudiges Erröten auf den Wangen meiner schönen Gemahlin? Sonderbar! Die Lüge muß hier gangbare Münze sein, wenn die Wahrheit so wenig Glauben findet. Ihr mißtraut meinen Worten? So glaubt diesem schriftlichen Zeugnis. *er wirft Louisen den Brief an den Marschall zu*

LOUISE *schlägt ihn auseinander, und sinkt leichenblaß nieder*

MILLER *ohne das zu bemerken, zum Major:* Was soll das bedeuten, Baron? Ich verstehe Sie nicht.

FERDINAND *führt ihn zu Louisen hin:* Desto besser hat mich diese verstanden!

MILLER *fällt an ihr nieder:* O Gott! meine Tochter!

FERDINAND Bleich wie der Tod! – Jetzt erst gefällt sie mir deine Tochter! So schön war sie nie die fromme rechtschaffne Tochter – Mit diesem Leichengesicht – – Der Odem des Weltgerichts, der den Firnis von jeder Lüge streift, hat jetzt die Schminke verblasen, womit die Tausendkünstlerin auch die Engel des Lichts hintergangen hat – Es ist ihr schönstes Gesicht! Es ist ihr erstes wahres Gesicht! Laß mich es küssen *er will auf sie zugehen*

MILLER Zurück! Weg! Greife nicht an das Vaterherz, Knabe! Vor deinen Liebkosungen konnt ich sie nicht bewahren, aber ich kann es vor deinen Mißhandlungen.

FERDINAND Was willst du Graukopf? Mit dir hab ich nichts zu schaffen. Menge dich ja nicht in ein Spiel, das so offenbar verloren ist – oder bist du auch vielleicht klüger, als ich dir zugetraut habe? Hast du die Weißheit deiner sechzig Jahre zu den Buhlschaften deiner Tochter geborgt, und dies ehrwürdige Haar mit dem Gewerb eines Kupplers geschändet? – O! wenn das nicht ist, unglücklicher alter Mann, lege dich nieder und stirb – Noch ist es Zeit. Noch kannst du in dem süßen Taumel entschlafen: Ich war ein glücklicher Vater! – einen Augenblick später, und du schleuderst die giftige Natter ihrer höllischen Heimat zu, verfluchst das Geschenk und den Geber, und fährst mit der Gotteslästerung in die Grube. *zu Louisen* Sprich Unglückselige! Schriebst du diesen Brief?

MILLER *warnend zu Louisen:* Um Gotteswillen Tochter! Vergiß nicht! Vergiß nicht!

LOUISE O dieser Brief mein Vater –

FERDINAND Daß er in die unrechte Hände fiel? – Gepriesen sei mir der Zufall, er hat größere Taten getan als die klügelnde Vernunft, und wird besser bestehn an jenem Tag als der Witz aller Weisen – Zufall sage ich? – O die Vorsehung ist dabei, wenn Sperlinge fallen, warum nicht, wo ein Teufel entlarvt werden soll? – Antwort will ich! – Schriebst du diesen Brief?

MILLER *seitwärts zu ihr mit Beschwörung:* Standhaft! Standhaft meine Tochter! Nur noch das einzige Ja, und alles ist überwunden.

FERDINAND Lustig! Lustig! Auch der Vater betrogen. Alles betrogen! Nun sieh, wie sie dasteht die Schändliche, und selbst ihre Zunge nun ihrer letzten Lüge den Gehorsam aufkündigt! Schwöre bei Gott! bei dem fürchterlich wahren! Schriebst du diesen Brief?

LOUISE *nach einem qualvollen Kampf, worin sie durch Blicke mit ihrem Vater gesprochen hat, fest und entscheidend:* Ich schrieb ihn.

FERDINAND *bleibt erschrocken stehen:* Louise – Nein! Sowahr meine Seele lebt! du lügst – Auch die Unschuld bekennt sich auf der Folterbank zu Freveln, die sie nie beging – Ich fragte zu heftig – Nicht wahr Louise – Du bekanntest nur, weil ich zu heftig fragte?

LOUISE Ich bekannte was wahr ist.

FERDINAND Nein sag ich! Nein! Nein! Du schriebst nicht. Es
ist deine Hand gar nicht – Und wäre sie's, warum sollten
Handschriften schwerer nachzumachen sein, als Herzen zu
verderben? Rede mir wahr Louise – oder nein, nein, tu es
nicht, du könntest Ja sagen, und ich wär verloren – Eine
Lüge Louise – eine Lüge – O wenn du jetzt eine wüßtest, mir
hinwärfest mit der offenen Engelmiene, nur mein Ohr, nur
mein Aug überredetest, dieses Herz auch noch so abscheulich täuschtest – O Louise! Alle Wahrheit möchte dann mit
d i e s e m Hauch aus der Schöpfung wandern, und die gute
Sache ihren starren Hals von nun an zu einem höfischen
Bückling beugen! *mit scheuem bebenden Ton* Schriebst du
diesen Brief?

LOUISE Bei Gott! Bei dem fürchterlich wahren! Ja!

FERDINAND *nach einer Pause im Ausdruck des tiefsten Schmer-*
zens: Weib! Weib! – Das Gesicht, mit dem du j e t z t vor mir
stehst! – Teile mit diesem Gesicht Paradiese aus, du wirst
selbst im Reich der Verdammnis keinen Käufer finden –
Wußtest du, was du mir warest, Louise? Ohnmöglich! Nein!
Du wußtest nicht, daß du mir A l l e s warst! Alles! – Es ist ein
armes verächtliches Wort, aber die Ewigkeit hat Mühe, es zu
umwandern, Weltsysteme vollenden ihre Bahnen darin –
Alles! Und so frevelhaft damit zu spielen – O es ist schrecklich –

LOUISE Sie haben mein Geständnis Herr von Walter. Ich habe
mich selbst verdammt. Gehen Sie nun! Verlassen Sie ein
Haus, wo Sie so unglücklich waren.

FERDINAND Gut! Gut! Ich bin ja ruhig – ruhig, sagt man ja,
ist auch der schaudernde Strich Landes, worüber die Pest
ging – ich bins *nach einigem Nachdenken* Noch eine Bitte
Louise – die letzte! Mein Kopf brennt so fieberisch. Ich
brauche Kühlung – Willst du mir ein Glas Limonade zurecht machen. *Louise geht ab*

DRITTE SZENE

Ferdinand und Miller.
*Beide gehen ohne ein Wort zu reden einige Pausen lang auf den
entgegengesetzten Seiten des Zimmers auf und ab*

MILLER *bleibt endlich stehen und betrachtet den Major mit
trauriger Miene:* Lieber Baron, kann es Ihren Gram vielleicht
mindern, wann ich Ihnen gestehe, daß ich Sie herzlich be-
daure?

FERDINAND Laß er es gut sein Miller *wieder einige Schritte*
Miller, ich weiß nur kaum noch, wie ich in sein Haus kam –
Was war die Veranlassung?

MILLER Wie Herr Major? Sie wollten ja Lektion auf der Flöte
bei mir nehmen? Das wissen Sie nicht mehr?

FERDINAND *rasch:* Ich sah seine Tochter *wiederum einige Pausen* Er hat nicht Wort gehalten, Freund. Wir akkordierten
R u h e für meine einsame Stunden. Er betrog mich, und
verkaufte mir Skorpionen *da er Millers Bewegung sieht* Nein!
Erschrick nur nicht alter Mann *gerührt an seinem Hals* Du
bist nicht schuldig.

MILLER *die Augen wischend:* Das weiß der allwissende Gott!

FERDINAND *aufs neue hin und her, in düstres Grübeln versunken:* Seltsam o unbegreiflich seltsam spielt Gott mit uns. An
dünnen unmerkbaren Seilen hängen oft fürchterliche Gewichte – Wüßte der Mensch, daß er an d i e s e m Apfel den
Tod essen sollte – Hum! – wüßte er das? *heftiger auf und
nieder, dann Millers Hand mit starker Bewegung fassend*
Mann! ich bezahle dir dein Bißchen Flöte zu teuer – –
und du gewinnst nicht einmal – auch du verlierst – verlierst
vielleicht alles *gepreßt von ihm weggehend* Unglückseliges
Flötenspiel, das mir nie hätte einfallen sollen.

MILLER *sucht seine Rührung zu verbergen:* Die Limonade

bleibt auch gar zulang außen. Ich denke, ich sehe nach, wenn
Sie mirs nicht für übel nehmen –

FERDINAND Es eilt nicht lieber Miller *vor sich hin murmelnd*
zumal für den Vater nicht – Bleib er nur – Was hatt ich doch
fragen wollen? – Ja! – Ist Louise seine einzige Tochter? Sonst
hat er keine Kinder mehr?

MILLER *warm:* Habe sonst keins mehr Baron – wünsch mir
auch keins mehr. Das Mädel ist just so recht, mein ganzes
Vaterherz einzustecken – hab meine ganze Barschaft von
Liebe an der Tochter schon zugesetzt.

FERDINAND *heftig erschüttert:* Ha! – – Seh Er doch lieber nach
dem Trank, guter Miller. *Miller geht ab*

VIERTE SZENE

FERDINAND *allein:*

Das einzige Kind! – Fühlst du das, Mörder? Das einzige!
Mörder! hörst du, das einzige? – Und der Mann hat auf
der großen Welt Gottes nichts, als sein Instrument und
das einzige – Du willst's ihm rauben?

Rauben? – Rauben den letzten Notpfennig einem Bettler?
Die Krücke zerbrochen vor die Füße werfen dem Lahmen?
Wie? Hab ich auch Brust für das? – – Und wenn er nun
heimeilt, und nicht erwarten kann, die ganze Summe seiner
Freuden vom Gesicht dieser Tochter herunter zu zählen, und
hereintritt, und sie da liegt die Blume – welk – tot – zertreten, mutwillig die letzte, einzige, unüberschwengliche
Hoffnung – Ha! und er da steht vor ihr, und da steht, und
ihm die ganze Natur den lebendigen Odem anhält, und sein
erstarrter Blick die entvölkerte Unendlichkeit fruchtlos
durchwandert, Gott sucht, und Gott nicht mehr finden
kann, und leerer zurück kommt – – Gott! Gott! aber auch

m e i n Vater hat diesen einzigen Sohn – den einzigen Sohn,
doch nicht den einzigen Reichtum – *nach einer Pause* Doch
wie? was verliert er denn? Das Mädchen, dem die heiligsten
Gefühle der Liebe nur Puppen waren, wird es den Vater
glücklich machen können? – Es wird nicht! Es wird nicht!
Und ich verdiene noch Dank, daß ich die Natter zertrete,
ehe sie auch noch den Vater verwundet.

FÜNFTE SZENE

Miller der zurück kommt und Ferdinand.

MILLER Gleich sollen Sie bedient sein, Baron. Draußen sitzt
das arme Ding, und will sich zu Tode weinen. Sie wird Ihnen
mit der Limonade auch Tränen zu trinken geben.

FERDINAND Und wohl, wenns nur Tränen wären! – – Weil
wir vorhin von der Musik sprachen Miller *eine Börse ziehend*
Ich bin noch sein Schuldner.

MILLER Wie? Was? Gehen Sie mir Baron! Wofür halten Sie
mich? Das steht ja in guter Hand, tun Sie mir doch den
Schimpf nicht an, und sind wir ja, wills Gott, nicht das
letztemal bei einander.

FERDINAND Wer kann das wissen? Nehm er nur. Es ist für
Leben und Sterben.

MILLER *lachend:* O deswegen Baron! Auf den Fall, denk ich,
kann mans wagen bei Ihnen.

FERDINAND Man wagte wirklich – Hat er nie gehört, daß
Jünglinge gefallen sind – Mädchen und Jünglinge, die Kinder der Hoffnung, die Luftschlösser betrogener Väter – Was
Wurm und Alter nicht tun, kann oft ein Donnerschlag aus-
richten – Auch seine Louise ist nicht unsterblich.

MILLER Ich hab sie von Gott.

FERDINAND Hör er – Ich sag ihm, sie ist nicht unsterblich.

Diese Tochter ist sein Augapfel. Er hat sich mit Herz und Seel an diese Tochter gehängt. Sei er vorsichtig Miller. Nur ein verzweifelter Spieler setzt alles auf einen einzigen Wurf. Einen Waghals nennt man den Kaufmann, der auf ein Schiff sein ganzes Vermögen ladet – Hör er, denk er der Warnung nach – – Aber warum nimmt er sein Geld nicht?

MILLER Was Herr? Die ganze allmächtige Börse? Wohin denken Euer Gnaden?

FERDINAND Auf meine Schuldigkeit – Da! *er wirft den Beutel auf den Tisch, daß Goldstücke herausfallen* Ich kann den Quark nicht eine Ewigkeit so halten.

MILLER *bestürzt:* Was beim großen Gott? Das klang nicht wie Silbergeld! *er tritt zum Tisch, und ruft mit Entsetzen* Wie um aller Himmel willen Baron? Baron? Wo sind Sie? Was treiben Sie Baron? Das nenn ich mir Zerstreuung! *mit zusammengeschlagenen Händen* Hier liegt ja – oder bin ich verhext, oder – Gott verdamm mich! Da greif ich ja das bare gelbe leibhafte Gottesgold – – Nein Satanas! Du sollst mich nicht daran kriegen!

FERDINAND Hat er Alten oder Neuen getrunken, Miller?

MILLER *grob:* Donner und Wetter! Da schauen Sie nur hin! – Gold!

FERDINAND Und was nun weiter?

MILLER Ins Henkers Namen – ich sage – ich bitte Sie um Gottes Christi willen – Gold!

FERDINAND Das ist nun freilich etwas merkwürdiges.

MILLER *nach einigem Stillschweigen zu ihm gehend mit Empfindung:* Gnädiger Herr, ich bin ein schlichter gerader Mann, wenn Sie mich etwa zu einem Bubenstück anspannen wollen – denn so viel Geld läßt sich, weiß Gott, nicht mit etwas Gutem verdienen.

FERDINAND *bewegt:* Sei er ganz getrost, lieber Miller. Das Geld hat er längst verdient, und Gott bewahre mich, daß ich mich mit seinem guten Gewissen dafür bezahlt machen sollte.

MILLER *wie ein Halbnarr in die Höhe springend:* Mein also! Mein! Mit des guten Gottes Wissen und Willen, mein! *nach der Türe laufend, schreiend* Weib! Tochter! Viktoria! Herbei! *zurück kommend* Aber du lieber Himmel! wie komm ich denn so auf einmal zu dem ganzen grausamen Reichtum? Wie verdien ich ihn? Lohn ich ihn? Heh?

FERDINAND Nicht mit seinen Musikstunden, Miller – Mit dem Geld hier bezahl ich ihm *von Schauern ergriffen hält er inn* bezahl ich ihm *nach einer Pause mit Wehmut* den dreimonatlangen glücklichen Traum von seiner Tochter.

MILLER *faßt seine Hand, die er stark drückt:* Gnädiger Herr! Wären Sie ein schlechter geringer Bürgersmann – *rasch* und mein Mädel liebte Sie nicht? Erstechen wollt ich's, das Mädel *wieder beim Geld, darauf niedergeschlagen* Aber da hab ich ja nun alles, und Sie nichts, und da werd ich nun das ganze Gaudium wieder heraus blechen müssen? Heh?

FERDINAND Laß er sich das nicht anfechten, Freund – Ich reise ab, und in dem Land, wo ich mich zu setzen gedenke, gelten die Stempel nicht.

MILLER *unterdessen mit unverwandten Augen auf das Gold hingeheftet, voll Entzückung:* Bleibts also mein? Bleibts? – Aber das tut mir nur leid, daß Sie verreisen – Und wart, was ich jetzt auftreten will! Wie ich die Backen jetzt voll nehmen will! *er setzt den Hut auf, und schießt durch das Zimmer* Und auf dem Markt will ich meine Musikstunden geben, und Numero fünfe Dreikönig rauchen, und wenn ich wieder auf den Dreibatzenplatz sitze, soll mich der Teufel holen. *will fort*

FERDINAND Bleib Er! Schweig Er! und streich Er sein Geld ein. *nachdrücklich* Nur diesen Abend noch schweig Er, und geb Er, mir zu Gefallen, von Nun an keine Musikstunden mehr.

MILLER *noch hitziger, und ihn hart an der Weste fassend voll inniger Freude:* Und Herr! meine Tochter! *ihn wieder loslassend* Geld macht den Mann nicht – Geld nicht – Ich habe Kartoffeln gegessen oder ein wildes Huhn; satt ist satt, und dieser Rock da ist ewig gut, wenn Gottes liebe Sonne nicht durch den Ärmel scheint – Für mich ist das Plunder – Aber dem Mädel soll der Segen bekommen, was ich ihr nur an den Augen absehen kann, soll sie haben –

FERDINAND *fällt rasch ein:* Stille, o Stille –

MILLER *immer feuriger:* Und soll mir Französisch lernen aus dem Fundament, und Menuettanzen, und Singen, daß mans in den Zeitungen lesen soll; und eine Haube soll sie tragen wie die Hofratstöchter, und einen Kidebarri, wie sies heißen, und von der Geigerstochter soll man reden auf vier Meilen weit –

FERDINAND *ergreift seine Hand mit der schrecklichsten Bewegung:* Nichts mehr! Nichts mehr! Um Gottes willen, schweig er still! Nur noch h e u t e schweig er still, das sei der einzige Dank, den ich von ihm fordre.

SECHSTE SZENE

Louise mit der Limonade und die Vorigen.

LOUISE *mit rotgeweinten Augen, und zitternder Stimme, indem sie dem Major das Glas auf einem Teller bringt:* Sie befehlen, wenn sie nicht stark genug ist?

FERDINAND *nimmt das Glas, setzt es nieder, und dreht sich rasch gegen Millern:* O beinahe hätt ich das vergessen! – Darf ich Ihn um etwas bitten lieber Miller? Will Er mir einen kleinen Gefallen tun?

MILLER Tausend für einen! Was befehlen – –

FERDINAND Man wird mich bei der Tafel erwarten. Zum

Unglück hab ich eine sehr böse Laune. Es ist mir ganz unmöglich, unter Menschen zu gehn – Will Er einen Gang tun
zu meinem Vater und mich entschuldigen?

LOUISE *erschrickt und fällt schnell ein:* Den Gang kann ja Ich
tun.

MILLER Zum Präsidenten?

FERDINAND Nicht zu ihm selbst. Er übergibt seinen Auftrag
in der Garderobe einem Kammerdiener – Zu seiner Legiti-
mation ist hier meine Uhr – Ich bin noch da, wenn er wieder
kommt. – Er wartet auf Antwort.

LOUISE *sehr ängstlich:* Kann denn Ich das nicht auch besorgen?

FERDINAND *zu Millern, der eben fort will:* Halt, und noch
etwas! Hier ist ein Brief an meinen Vater, der diesen Abend
an mich eingeschlossen kam – Vielleicht dringende Geschäfte – Es geht in e i n e r Bestellung hin –

MILLER Schon gut, Baron!

LOUISE *hängt sich an Ihn, in der entsetzlichsten Bangigkeit:*
Aber mein Vater, dies alles könnt ich ja recht gut besorgen.

MILLER Du bist allein, und es ist finstre Nacht meine Tochter.
ab

FERDINAND Leuchte deinem Vater, Louise. *während dem, daß
sie Millern mit dem Licht begleitet, tritt er zum Tisch, und
wirft Gift in ein Glas Limonade:* Ja! Sie soll dran! Sie soll! Die
obern Mächte nicken mir ihr schreckliches Ja herunter, die
Rache des Himmels unterschreibt, ihr guter Engel läßt sie
fahren –

SIEBENTE SZENE

Ferdinand und Louise.
Sie kommt langsam mit dem Lichte zurück, setzt es nieder, und
stellt sich auf die entgegen gesetzte Seite vom Major, das Gesicht
auf den Boden geschlagen, und nur zuweilen furchtsam und
verstohlen nach ihm herüber schielend. Er steht auf der andern
Seite, und sieht starr vor sich hinaus.

Großes Stillschweigen, das diesen Auftritt ankündigen muß.
LOUISE Wollen Sie mich akkompagnieren Herr von Walter,
so mach ich einen Gang auf dem Fortepiano. *sie öffnet den*
Pantalon
Ferdinand gibt ihr keine Antwort. Pause
LOUISE Sie sind mir auch noch Revange auf dem Schachbrett
schuldig. Wollen wir eine Partie Herr von Walter?
Eine neue Pause.
LOUISE Herr von Walter, die Brieftasche, die ich Ihnen ein-
mal zu sticken versprochen – Ich habe sie angefangen –
Wollen sie das Dessein nicht besehen?
Wieder eine Pause.
LOUISE O ich bin sehr elend!
FERDINAND *in der bisherigen Stellung:* Das könnte wahr sein.
LOUISE Meine Schuld ist es nicht, Herr von Walter, daß Sie so
schlecht unterhalten werden.
FERDINAND *lacht beleidigend vor sich hin:* Denn was kannst
du für meine blöde Bescheidenheit?
LOUISE Ich hab es ja wohl gewußt, daß wir jetzt nicht zusam-
men taugen. Ich erschrak auch gleich, ich bekenne es, als Sie
meinen Vater verschickten – Herr von Walter, ich vermute,
dieser Augenblick wird uns beiden gleich unerträglich sein –
Wenn Sie mirs erlauben wollen, so geh ich, und bitte einige
von meinen Bekannten her.

FERDINAND O ja doch, das tu. Ich will auch gleich gehn, und
von den meinigen bitten.

LOUISE *sieht ihn stutzend an:* Herr von Walter?

FERDINAND *sehr hämisch:* Bei meiner Ehre! der gescheideste
Einfall, den ein Mensch in dieser Lage nur haben kann. Wir
machen aus diesem verdrüßlichen Duett eine Lustbarkeit,
und rächen uns mit Hilfe gewisser Galanterien an den Gril-
len der Liebe.

LOUISE Sie sind aufgeräumt, Herr von Walter?

FERDNAND Ganz außerordentlich, um die Knaben auf dem
Markt hinter mir herzujagen! Nein! in Wahrheit Louise.
Dein Beispiel bekehrt mich – Du sollst meine Lehrerin sein.
Toren sinds, die von ewiger Liebe schwatzen, ewiges Einerlei
widersteht, Veränderung nur ist das Salz des Vergnügens –
Topp Louise! Ich bin dabei – Wir hüpfen von Roman zu
Romane, wälzen uns von Schlamme zu Schlamm – Du dahin – Ich dorthin – Vielleicht, daß meine verlorene Ruhe
sich in einem Bordell wieder finden läßt – Vielleicht, daß
wir dann nach dem lustigen Wettlauf, zwei moderne Gerippe, mit der angenehmsten Überraschung von der Welt
zum zweitenmal aufeinander stoßen, daß wir da an dem
gemeinschaftlichen Familienzug, den kein Kind dieser Mutter verleugnet, wie in Komödien wieder erkennen, daß Ekel
und Scham noch eine Harmonie veranstalten, die der zärtlichsten Liebe unmöglich gewesen ist.

LOUISE O Jüngling! Jüngling! Unglücklich bist du schon,
willst du es auch noch verdienen?

FERDINAND *ergrimmt durch die Zähne murmelnd:* Unglücklich bin ich? Wer hat dir das gesagt? Weib, du bist zu
schlecht, um selbst zu empfinden – womit kannst du eines
andern Empfindungen wägen? – Unglücklich, sagte sie? –
Ha! dieses Wort könnte meine Wut aus dem Grabe rufen! –
Unglücklich muß ich werden, das wußte sie. Tod und Ver-

dammnis! das wußte sie, und hat mich dennoch verraten –
Siehe Schlange! Das war der einzige Fleck der Vergebung –
Deine Aussage bricht dir den Hals – Bis jetzt konnt ich
deinen Frevel mit deiner Einfalt beschönigen, in meiner
Verachtung wärst du beinahe meiner Rache entsprungen. *indem er hastig das Glas ergreift* Also leichtsinnig warst
du nicht – dumm warst du nicht – du warst nur ein Teufel *er
trinkt* Die Limonade ist matt, wie deine Seele – Versuche!

LOUISE O Himmel! Nicht umsonst hab ich diesen Auftritt
gefürchtet.

FERDINAND *gebieterisch:* Versuche!

LOUISE *nimmt das Glas etwas unwillig und trinkt*

FERDINAND *wendet sich, sobald sie das Glas an den Mund setzt,
mit einer plötzlichen Erblassung weg, und eilt nach dem hinter-
sten Winkel des Zimmers.*

LOUISE Die Limonade ist gut.

FERDINAND *ohne sich umzukehren, von Schauer geschüttelt:*
Wohl bekomms!

LOUISE *nachdem sie es niedergesetzt:* O wenn Sie wüßten, Walter, wie ungeheuer Sie meine Seele beleidigen.

FERDINAND Hum!

LOUISE Es wird eine Zeit kommen, Walter –

FERDINAND *wieder vorwärts kommend:* O! Mit der Zeit wären wir fertig.

LOUISE Wo der heutige Abend schwer auf Ihr Herz fallen
dürfte –

FERDINAND *fängt an stärker zu gehen, und beunruhigter zu
werden, indem er Schärpe und Degen von sich wirft:* Gute
Nacht, Herrendienst.

LOUISE Mein Gott! Wie wird Ihnen?

FERDINAND Heiß und enge – will mirs bequemer machen.

LOUISE Trinken Sie! Trinken Sie! Der Trank wird Sie küh-
len.

FERDINAND Das wird er auch ganz gewiß – Die Metze ist gutherzig, doch! das sind alle!

LOUISE *mit dem vollen Ausdruck der Liebe ihm in die Arme eilend:* Das deiner Louise, Ferdinand?

FERDINAND *drückt sie von sich:* Fort! Fort! Diese sanfte schmelzende Augen weg! Ich erliege. Komm in deiner ungeheuren Furchtbarkeit, Schlange, spring an mir auf, Wurm – krame vor mir deine gräßliche Knoten aus, bäume deine Wirbel zum Himmel – So abscheulich als dich jemals der Abgrund sah – Nur keinen Engel mehr – Nur jetzt keinen Engel mehr – es ist zu spät – Ich muß dich zertreten, wie eine Natter, oder verzweifeln – Erbarme dich!

LOUISE O! Daß es so weit kommen mußte!

FERDINAND *sie von der Seite betrachtend:* Dieses schöne Werk des himmlischen Bildners – Wer kann das glauben? – Wer sollte das glauben? *ihre Hand fassend und emporhaltend* Ich will dich nicht zur Rede stellen, Gott Schöpfer – aber warum denn dein Gift in so schönen Gefäßen? – – Kann das Laster in diesem milden Himmelstrich fortkommen? – O es ist seltsam.

LOUISE Das anzuhören, und schweigen zu müssen!

FERDINAND Und die süße melodische Stimme – Wie kann so viel Wohlklang kommen aus zerrissenen Saiten? *mit trunkenem Aug auf ihrem Anblick verweilend* Alles so schön – so voll Ebenmaß – so göttlich vollkommen! – Überall das Werk seiner himmlischen Schäferstunde! Bei Gott! als wäre die große Welt nur entstanden, den Schöpfer für dieses Meisterstück in Laune zu setzen! – – Und nur in der S e e l e sollte Gott sich vergriffen haben? Ist es möglich, daß diese empörende Mißgeburt in die Natur ohne Tadel kam? *indem er sie schnell verläßt* Oder sah er einen Engel unter dem Meißel hervorgehen, und half diesem Irrtum in der Eile mit einem desto schlechteren Herzen ab?

LOUISE O des frevelhaften Eigensinns! Ehe er sich eine Übereilung gestände, greift er lieber den Himmel an.

FERDINAND *stürzt ihr heftig weinend an den Hals:* Noch einmal Louise – Noch einmal, wie am Tag unsers ersten Kusses,
da du Ferdinand stammeltest, und das erste Du auf deine
brennende Lippen trat – O eine Saat unendlicher unaus-
sprechlicher Freuden schien in dem Augenblick wie in der
Knospe zu liegen – Da lag die Ewigkeit wie ein schöner
Maitag vor unsern Augen; goldne Jahrtausende hüpften,
wie Bräute, vor unsrer Seele vorbei – – Da war ich der
Glückliche! – O Louise! Louise! Louise! Warum hast du
mir das getan?

LOUISE Weinen Sie, weinen Sie Walter. Ihre Wehmut wird
gerechter gegen mich sein, als Ihre Entrüstung.

FERDINAND Du betrügst dich. Das sind ihre Tränen nicht –
Nicht jener warme wollüstige Tau, der in die Wunde der
Seele balsamisch fließt, und das starre Rad der Empfindung
wieder in Gang bringt. Es sind einzelne – kalte Tropfen – das
schauerliche ewige Lebewohl meiner Liebe. *furchtbar-feier-
lich, indem er die Hand auf ihren Kopf sinken läßt* Tränen um
deine Seele, Louise – Tränen um die Gottheit, die ihres
unendlichen Wohlwollens hier verfehlte, die so mutwillig
um das herrlichste ihrer Werke kommt – O mich deucht,
die ganze Schöpfung sollte den Flor anlegen, und über das
Beispiel betreten sein, das in ihrer Mitte geschieht – Es ist
was gemeines, daß Menschen fallen, und Paradiese verloren
werden; aber wenn die Pest unter Engel wütet, so rufe man
Trauer aus durch die ganze Natur.

LOUISE Treiben Sie mich nicht aufs äußerste, Walter. Ich habe
Seelenstärke so gut wie eine – aber sie muß auf eine menschliche Probe kommen. Walter, das Wort noch, und dann
geschieden – Ein entsetzliches Schicksal hat die Sprache
unsrer Herzen verwirrt. Dürft ich den Mund auftun, Walter,

ich könnte dir Dinge sagen – ich könnte – aber das harte
Verhängnis band meine Zunge, wie meine Liebe, und dulden muß ichs, wenn du mich wie eine gemeine Metze miß-
handelst.

FERDINAND Fühlst du dich wohl, Louise?

LOUISE Wozu diese Frage?

FERDINAND Sonst sollte mirs leid um dich tun, wenn du mit
dieser Lüge von hinnen müßtest.

LOUISE Ich beschwöre Sie Walter –

FERDINAND *unter heftigen Bewegungen:* Nein! Nein! zu satanisch wäre diese Rache! Nein, Gott bewahre mich! in j e n e
Welt hinaus will ichs nicht treiben – Louise! Hast du den
Marschall geliebt? Du wirst nicht mehr aus diesem Zimmer
gehen.

LOUISE Fragen Sie was Sie wollen. Ich antworte nichts mehr.
sie setzt sich nieder

FERDINAND *ernster:* Sorge für deine unsterbliche Seele, Louise! – Hast du den Marschall geliebt? Du wirst nicht mehr aus
diesem Zimmer gehen.

LOUISE Ich antworte nichts mehr.

FERDINAND *fällt in fürchterlicher Bewegung vor ihr nieder:*
Louise! Hast du den Marschall geliebt? Ehe dieses Licht
noch ausbrennt – stehst du – vor Gott!

LOUISE *fährt erschrocken in die Höhe:* Jesus! Was ist das? – – –
und mir wird sehr übel. *sie sinkt auf den Sessel zurück*

FERDINAND Schon? – Über euch Weiber und das ewige Rätsel! Die zärtliche Nerve hält Freveln fest, die die Menschheit
an ihren Wurzeln zernagen; ein elender Gran Arsenik wirft
sie um –

LOUISE Gift! Gift! O mein Herrgott!

FERDINAND So fürcht ich. Deine Limonade war in der Hölle
gewürzt. Du hast sie dem Tod zugetrunken.

LOUISE Sterben! Sterben! Gott Allbarmherziger! Gift in der

Limonade und sterben! – O meiner Seele erbarme dich Gott der Erbarmer!

FERDINAND Das ist die Hauptsache. Ich bitt ihn auch darum.

LOUISE Und meine Mutter – mein Vater – Heiland der Welt! mein armer verlorener Vater! Ist keine Rettung mehr? Mein junges Leben und keine Rettung! und muß ich jetzt schon dahin?

FERDINAND Keine Rettung, mußt jetzt schon dahin – aber sei ruhig. Wir machen die Reise zusammen.

LOUISE Ferdinand auch du! Gift Ferdinand! Von dir? O Gott vergiß es ihm – Gott der Gnade, nimm die Sünde von ihm –

FERDINAND Sieh du nach d e i n e n Rechnungen – Ich fürchte, sie stehen übel.

LOUISE Ferdinand! Ferdinand! – O – Nun kann ich nicht mehr schweigen – der Tod – der Tod hebt alle Eide auf – Ferdinand – Himmel und Erde hat nichts unglückseligers als dich – Ich sterbe unschuldig, Ferdinand.

FERDINAND *erschrocken:* Was sagt sie da? – Eine Lüge pflegt man doch sonst nicht auf d i e s e Reise zu nehmen?

LOUISE Ich lüge nicht – lüge nicht – hab nur e i n m a l gelogen mein Lebenlang – Huh! Wie das eiskalt durch meine Adern schauert – – als ich den Brief schrieb an den Hofmarschall –

FERDINAND Ha! dieser Brief! – Gottlob! Jetzt hab ich all meine Mannheit wieder.

LOUISE *ihre Zunge wird schwerer, ihre Finger fangen an gichterisch zu zucken:* Dieser Brief – Fasse dich, ein entsetzliches Wort zu hören – Meine Hand schrieb, was mein Herz verdammte – dein Vater hat ihn diktiert.

FERDINAND *starr und einer Bildsäule gleich, in langer toter Pause hingewurzelt, fällt endlich wie von einem Donnerschlag nieder*

LOUISE O des kläglichen Mißverstands – Ferdinand – Man

zwang mich – vergib – deine Louise hätte den Tod vorgezogen – aber mein Vater – die Gefahr – sie machten es listig.

FERDINAND *schrecklich emporgeworfen:* Gelobet sei Gott!
Noch spür ich den Gift nicht *er reißt den Degen heraus*

LOUISE *von Schwäche zu Schwäche sinkend:* Weh! Was be-
ginnst du? Es ist dein Vater –

FERDINAND *im Ausdruck der unbändigsten Wut:* Mörder und
Mördervater! – Mit muß er, daß der Richter der Welt nur
gegen den Schuldigen rase *will hinaus*

LOUISE Sterbend vergab mein Erlöser – Heil über dich und
ihn *sie stirbt*

FERDINAND *kehrt schnell um, wird ihre letzte sterbende Bewegung gewahr und fällt in Schmerz aufgelöst vor der Toten nieder:* Halt! Halt! Entspringe mir nicht Engel des Himmels! *er
faßt ihre Hand an, und läßt sie schnell wieder fallen* Kalt, kalt
und feucht! Ihre Seele ist dahin *er springt wieder auf* Gott
meiner Louise! Gnade! Gnade dem Verruchtesten der Mörder! Es war ihr letztes Gebet! – – Wie reizend und schön auch
im Leichnam! Der gerührte Würger ging schonend über
diese freundliche Wangen hin – Diese Sanftmut war keine
Larve – sie hat auch dem Tod stand gehalten *nach einer Pause*
Aber wie? Warum fühl ich nichts? Will die Kraft meiner
Jugend mich retten? Undankbare Mühe! Das ist meine Meinung nicht *er greift nach dem Glase*

LETZTE SZENE

*Ferdinand. Der Präsident. Wurm und Bediente welche alle voll
Schrecken ins Zimmer stürzen, darauf Miller mit Volk und
Gerichtsdienern, welche sich im Hintergrund sammeln.*

PRÄSIDENT *den Brief in der Hand:* Sohn, was ist das? – Ich will
doch nimmermehr glauben –

FERDINAND *wirft ihm das Glas vor die Füße:* So sieh Mörder!

PRÄSIDENT *taumelt hinter sich. Alle erstarren. Eine schröckhafte Pause:* Mein Sohn! Warum hast du mir das getan?

FERDINAND *ohne ihn anzusehen:* O ja freilich! Ich hätte den Staatsmann erst hören sollen, ob der Streich auch zu seinen Charten passe? – Fein und bewundernswert, ich gesteh's, war die Finte, den Bund unsrer Herzen zu zerreißen durch Eifersucht – Die Rechnung hatte ein Meister gemacht, aber schade nur, daß die zürnende Liebe dem Draht nicht so gehorsam blieb, wie deine hölzerne Puppe.

PRÄSIDENT *sucht mit verdrehten Augen im ganzen Kreis herum:* Ist hier niemand, der um einen trostlosen Vater weinte?

MILLER *hinter der Szene rufend:* Laßt mich hinein! Um Gotteswillen! Laßt mich!

FERDINAND Das Mädchen ist eine Heilige – für sie muß ein anderer rechten *er öffnet Millern die Türe, der mit Volk und Gerichtsdienern hereinstürzt*

MILLER *in der fürchterlichsten Angst:* Mein Kind! Mein Kind! – Gift – Gift, schreit man, sei hier genommen worden – Meine Tochter! Wo bist du?

FERDINAND *führt ihn zwischen den Präsidenten und Louisens Leiche:* Ich bin unschuldig – Danke diesem hier.

MILLER *fällt an ihr zu Boden:* O Jesus!

FERDINAND In wenig Worten Vater – sie fangen an mir kostbar zu werden – Ich bin bübisch um mein Leben bestohlen, bestohlen durch Sie, Wie ich mit Gott stehe, zittre ich – doch ein Bösewicht bin ich niemals gewesen. Mein ewiges Los falle, wie es will – auf Sie fall es nicht – Aber ich hab einen Mord begangen *mit furchtbar erhobener Stimme* einen Mord, den Du mir nicht zumuten wirst allein vor den Richter der Welt hinzuschleppen, feierlich walz ich dir hier die größte gräßlichste Hälfte zu, wie du damit zurecht kommen magst, siehe du selber *zu Louisen ihn hinführend* Hier

Barbar! weide dich an der entsetzlichen Frucht deines Witzes, auf dieses Gesicht ist mit Verzerrungen Dein Name geschrieben, und die Würgengel werden ihn lesen – Eine Gestalt, wie diese, ziehe den Vorhang von deinem Bette, wenn du schläfst, und gebe dir ihre eiskalte Hand – Eine Gestalt, wie diese, stehe vor deiner Seele, wenn du stirbst, und dränge dein letztes Gebet weg. – Eine Gestalt, wie diese, stehe auf deinem Grabe, wenn du auferstehst – und neben Gott, wenn er dich richtet *er wird ohnmächtig, Bediente halten ihn*

PRÄSIDENT *eine schreckliche Bewegung des Arms gegen den Himmel:* Von mir nicht, von mir nicht, Richter der Welt, fodre diese Seelen von Diesem! *er geht auf Wurm zu*

WURM *auffahrend:* Von Mir?

PRÄSIDENT Verfluchter von Dir! Von Dir Satan! – Du, du gabst den Schlangenrat – Über Dich die Verantwortung – Ich wasche die Hände.

WURM Über mich? *er fängt gräßlich an zu lachen* Lustig! Lustig! So weiß ich doch nun auch, auf was Art sich die Teufel danken. – Über mich dummer Bösewicht? War es mein Sohn? War ich dein Gebieter? – Über mich die Verantwortung? Ha! bei diesem Anblick, der alles Mark in meinen Gebeinen erkältet! Über mich soll sie kommen! – Jetzt will ich verloren sein, aber Du sollst es mit mir sein – Auf! Auf! Ruft Mord durch die Gassen! Weckt die Justiz auf! Gerichtsdiener bindet mich! Führt mich von hinnen! Ich will Geheimnisse aufdecken, daß denen, die sie hören, die Haut schauern soll *will gehn*

PRÄSIDENT *hält ihn:* Du wirst doch nicht, Rasender?

WURM *klopft ihn auf die Schultern:* Ich werde, Kamerad! Ich werde – Rasend bin ich, das ist wahr – das ist dein Werk – so will ich auch jetzt handeln wie ein Rasender – Arm in Arm mit Dir zum Blutgerüst! Arm in Arm mit Dir zur Hölle! Es

soll mich kitzeln, Bube, mit Dir verdammt zu sein *er wird*
abgeführt

MILLER *der die ganze Zeit über, den Kopf in Louisens Schoß*
gesunken, in stummem Schmerze gelegen hat, steht schnell auf
und wirft dem Major die Börse vor die Füße: Giftmischer!
Behalt dein verfluchtes Gold! – Wolltest du mir mein Kind
damit abkaufen? *er stürzt aus dem Zimmer*

FERDINAND *mit brechender Stimme:* Geht ihm nach! Er verzweifelt – Das Geld hier soll man ihm retten – Es ist meine
fürchterliche Erkenntlichkeit Louise – Louise – Ich komme – – Lebt wohl – – Laßt mich an diesem Altar verscheiden –

PRÄSIDENT *aus einer dumpfen Betäubung, zu seinem Sohn:*
Sohn Ferdinand! Soll kein Blick mehr auf einen zerschmet-
terten Vater fallen? *der Major wird neben Louisen niederge-*
lassen

FERDINAND Gott dem Erbarmenden gehört dieser letzte.

PRÄSIDENT *in der schrecklichsten Qual vor ihm niederfallend:*
Geschöpf und Schöpfer verlassen mich – Soll kein Blick
mehr zu meiner letzten Erquickung fallen?

FERDINAND *reicht ihm seine sterbende Hand*

PRÄSIDENT *steht schnell auf:* Er vergab mir! *zu den andern* Jetzt
euer Gefangener! *er geht ab, Gerichtsdiener folgen ihm, der*
Vorhang fällt.